América Latina hoy
¿reforma o revolución?

América Latina hoy ¿reforma o revolución?

Coordinado por Germán Rodas

Edición y presentación de Roberto Regalado

ocean
sur

una editorial latinoamericana

ISBN: 978-1-921438-72-1

Library of Congress Control Number: 2009932356

Primera edición 2009

Impreso en México por Quebecor World, S.A., Querétaro

PUBLICADO POR OCEAN SUR

OCEAN SUR ES UN PROYECTO DE OCEAN PRESS

México: Juan de la Barrera N. 9, Col. Condesa, Del. Cuauhtémoc, CP 06140, México, D.F.
             E-mail: mexico@oceansur.com • Tel: (52) 5553 5512
EE.UU.:   E-mail: info@oceansur.com
Cuba: E-mail: lahabana@oceansur.com
El Salvador: E-mail: elsalvador@oceansur.com
Venezuela: E-mail: venezuela@oceansur.com

DISTRIBUIDORES DE OCEAN SUR

Argentina: Cartago Ediciones, S.A. • Tel: 011 4304 8961 • E-mail: info@cartago-ediciones.com.ar
Australia: Ocean Press • Tel: (03) 9326 4280 • E-mail: info@oceanbooks.com.au
Bolivia: Ocean Sur Bolivia • E-mail: bolivia@oceansur.com
Chile: Editorial La Vida es Hoy • Tel: 2221612 • E-mail: lavidaeshoy.chile@gmail.com
Colombia: Ediciones Izquierda Viva • Tel/Fax: 2855586 • E-mail: ediciones@izquierdaviva.com
Cuba: Ocean Sur • E-mail: lahabana@oceansur.com
Ecuador: Libri Mundi, S.A. • Tel: 593-2 224 2696 • E-mail: ext_comercio@librimundi.com
EE.UU. y Canadá: CBSD • Tel: 1-800-283-3572 • www.cbsd.com
El Salvador y Centroamérica: Editorial Morazán • E-mail: editorialmorazan@hotmail.com
Gran Bretaña y Europa: Turnaround Publisher Services • E-mail: orders@turnaround-uk.com
México: Ocean Sur • Tel: 5553 5512 • E-mail: mexico@oceansur.com
Perú: Ocean Sur Perú • Tel: 330 7122 • E-mail: oceansurperu@gmail.com
Puerto Rico: Libros El Navegante • Tel: 7873427468 • E-mail: libnavegante@yahoo.com
Venezuela: Ocean Sur • E-mail: venezuela@oceansur.com

www.oceansur.com
www.oceanbooks.com.au

Índice

Presentación

El mapa político de América Latina se redibujó casi por completo durante las últimas dos décadas. En una región donde, salvo excepciones, a lo largo de su historia republicana imperaron la dictadura y el autoritarismo, hace veinte años que la democracia burguesa funciona con estabilidad relativa. Esto no es, sin embargo, lo más notable del nuevo escenario político latinoamericano, sino que la izquierda, a la cual se le cerró siempre el acceso al gobierno, y que fue despojada de él cuando llegó a ejercerlo, como lo ejemplifica el derrocamiento de los gobiernos de Jacobo Arbenz en Guatemala y Salvador Allende en Chile, haya conquistado crecientes espacios institucionales, hasta llegar a ocupar los gobiernos nacionales de gran parte del subcontinente.

El cambio de etapa histórica o cambio de época por el que atraviesa América Latina fue presentado, en sus inicios, por los grandes centros de poder como resultado de una abigarrada y confusa yuxtaposición de hechos y procesos: el derrumbe de la URSS y el campo socialista, la supuesta ruptura epistemológica con la historia anterior de la humanidad atribuida a la «globalización» y la «Revolución Científico Técnica», la avalancha universal del neoliberalismo, la imposición del «Nuevo Orden Mundial» —con la Guerra del Golfo y las intervenciones militares en Somalia y Panamá como cartas de presentación—, el cierre de la etapa de flujo y reflujo de la lucha armada abierta por el triunfo de la Revolución Cubana, la derrota de la Revolución Popular Sandinista, y el restablecimiento de la democracia burguesa en los últimos países aún gobernados por dictaduras: Paraguay y Chile. Por supuesto que estos no eran hechos y procesos yuxtapuestos, sino expresiones concatenadas de la reestructuración del sistema imperialista de dominación mundial ocurrido a raíz del fin de la bipolaridad.

Como el imperialismo norteamericano «abjuraba» de las dictaduras militares —que ya habían cumplido su objetivo de crear a sangre y fuego las condiciones para la reestructuración neoliberal— y priorizaba la utilización de nuevos mecanismos de dominación supranacional —que aparentaban ser menos intervencionistas—, una parte de la izquierda latinoamericana creyó que se abría en la región una era «poscomunista» de capitalismo democrático y redistributivo, semejante al de la Europa Occidental de la posguerra, en la cual el gobierno «le caería en los brazos». No obstante, lo que siguió fue un proceso de concentración de la riqueza y ampliación de la exclusión social, de intensidad y alcances sin precedentes, que incluyó la implantación de su correspondiente «democracia neoliberal», concebida como la alternancia en el gobierno solo de figuras y fuerzas políticas neoliberales.

En medio del confuso clima creado por la imagen de omnipotencia que el imperialismo proyectaba de sí y del derrumbe del paradigma socialista que se consideraba predestinado a resolver los problemas de la humanidad, fue acuñada la frase «búsqueda de alternativas». Para las corrientes entonces predominantes en la *izquierda política*, esa difusa noción sepultaba los conceptos de *poder, revolución* y *socialismo*, que supuestamente se habían derrumbado junto con el «socialismo real», mientras que para las corrientes predominantes en la *izquierda social*, también habría sucumbido la razón de ser de la *izquierda política*.

Con el impulso a la sazón incontenible que el fin de la bipolaridad le imprime al proceso de reforma y reestructuración neoliberal iniciado en las postrimerías de la década de 1970, sus consecuencias económicas, políticas y sociales no se hicieron esperar. En la segunda mitad de los años ochenta, nuevos partidos, movimientos y coaliciones de izquierda, caracterizados por la unidad dentro de la diversidad, empezaban a conquistar espacios institucionales mediante la lucha político-electoral, a contracorriente de las tendencias de la democracia neoliberal. Símbolos de la nueva época son la elección presidencial mexicana de 1988, en la que Cuauhtémoc Cárdenas, candidato del Frente Democrático Nacional, fue despojado del triunfo, y la elección presidencial brasileña de 1989, en la que el candidato del Partido de los Trabajadores y el frente Brasil Popular, Luiz Inácio Lula da Silva, tuvo un desempeño sin precedentes, al margen de que no llegara a alzarse con la victoria.

Aunque la nueva época nace determinada por la avalancha universal del neoliberalismo, ya en su seno se incubaba la simiente de la resistencia. Los primeros años de la década de 1990 eran años de ilusión, cuando muchos creían que la elección de la izquierda al gobierno conduciría, de manera semiautomática, no solo a la satisfacción de las reivindicaciones socioeconómicas tradicionales, sino también de las nuevas reivindicaciones enarboladas por las mujeres, los jóvenes, los ancianos, los indígenas, los afrodescendientes, los ambientalistas, los defensores de la diversidad sexual, y otros grupos que han adquirido visibilidad y protagonismo social. Sin embargo, pese a que la crisis financiera mexicana de diciembre de 1994 y otros hechos similares destruyeron los mitos del «efecto de derrame» con que el neoliberalismo logró «robarle tiempo» a los pueblos, aún conservaba la capacidad de infundir miedo sobre las «consecuencias negativas» que acarrearía la elección de gobiernos no-neoliberales.

Pero, el rechazo venció al miedo y los pueblos comenzaron a ejercer el voto a favor de figuras y fuerzas políticas que prometían llevar a la práctica «las alternativas». En algunos países, como Venezuela, Bolivia y Ecuador, el colapso o el debilitamiento extremo de la institucionalidad neoliberal, condujo al gobierno a líderes que capitalizaron el descontento de la ciudadanía, pese a no contar de inicio con fuertes partidos de izquierda. En otros, como Brasil y Uruguay, fue el acumulado organizativo y político de la izquierda el que llevó a sus candidatos a la presidencia. A ellos se suman situaciones, como las de Argentina y Honduras, donde a falta de candidatos presidenciales provenientes de los sectores populares emergen figuras progresistas de los partidos tradicionales.

A más de 10 años de la primera elección de un gobierno nacional de la izquierda latinoamericana ocurrida en la etapa abierta a raíz del fin de la bipolaridad —la celebrada en Venezuela en diciembre de 1998— y a pocos meses de la más reciente —la efectuada en El Salvador en marzo de 2009—, la tozuda realidad vuelve a plantearle a esa izquierda la necesidad ineludible de definir su rumbo estratégico en términos de *gobierno* y *poder*, *reforma* o *revolución*, y *capitalismo* o *anticapitalismo*.

Con el propósito de ofrecer a sus lectores diversas aproximaciones a esta problemática, la editorial Ocean Sur, invitó a un grupo de politólogos y dirigentes políticos a reflexionar sobre el tema «América Latina hoy: ¿reforma o revolución?». Estos puntos de vista se agrupan en el presente volumen de la colección Contexto Latinoamericano.

Roberto Regalado
La Habana, julio de 2009

De Marx, Engels y Lenin a Chávez, Evo y Correa. Reforma y revolución entre imaginario y realidad

*Roberto Regalado**

Antecedentes históricos: la construcción de los paradigmas

La Revolución Francesa de 1789 es el proceso histórico que sienta las bases para el nacimiento de las ideas socialistas.[1] No es que de ella emanara un pensamiento, y mucho menos un movimiento, de esa orientación. Su aporte consiste en liberar la propiedad de las trabas feudales, cambio que devela la contradicción entre ricos y pobres que hasta entonces se ocultaba tras la pugna entre las clases privilegiadas y las no privilegiadas. Su fuerza ideológica motriz fue el *iluminismo,* basado en la creencia de que *la razón* sería el principio rector de una sociedad en la que imperarían la igualdad, la fraternidad y la legalidad,[2] pero esa *razón* «no era más que el sentido común idealizado del hombre del estado llano que, precisamente por aquel entonces, se estaba convirtiendo en burgués».[3] En su balance de aquel gran parto de la historia, Engels afirma:

> Hoy sabemos ya que ese reino de la razón no era más que el reino idealizado de la burguesía; que la justicia eterna vino a tomar cuerpo en la justicia burguesa; que la igualdad se redujo a la igualdad burguesa ante la ley; que como uno de los derechos más esenciales del hombre se

---

* Politólogo cubano, editor de la revista *Contexto Latinoamericano* y la colección homónima de la editorial Ocean Sur.

proclamó la propiedad burguesa; y que el Estado de la razón, el «contrato social» de Rousseau, pisó y solamente podía pisar el terreno de la realidad, convertido en la república democrática burguesa […].

En una palabra, comparadas con las brillantes promesas de los pensadores, las instituciones sociales y políticas instauradas por el «triunfo de la razón» resultaron ser unas tristes y decepcionantes caricaturas.[4]

Esa observación plantea un problema que se repite en todos los proyectos y procesos posteriores de transformación social de signo popular, incluso en aquellos con respecto a los cuales no cabe emplear el calificativo de «tristes y decepcionantes caricaturas». Ese problema es que existen diferencias, por lo general de gran magnitud, entre los planteamientos teóricos de quienes los conciben, incluso si lo han hecho con todo rigor, y la realidad en la que se les trata de llevar o se les lleva a la práctica. De ello se deriva, o que esos proyectos no llegan a cuajar en procesos reales, o que los procesos que sí se materializan tienen características y enfrentan obstáculos no previstos.

En unos casos debido a proyectos que no cuajaron y en otros debido a procesos cuyas trayectorias no fueron las previstas, la historia no siguió el rumbo delineado por unas u otras de las corrientes socialistas nacidas en el siglo XIX, ni siquiera el esbozado por el marxismo, la única de ellas que emprendió el análisis del sistema de producción capitalista con un enfoque científico y nos legó principios generales a partir de los cuales plantearnos objetivos y elaborar estrategias de lucha, de cuya permanente actualización y adecuación a las cambiantes condiciones dependerá nuestra capacidad de construir sociedades socialistas.

Aunque las primeras escuelas de pensamiento socialista nacen en los albores del siglo XIX, la irrupción del marxismo es el punto de partida para intentar un balance de las luchas que mantienen líneas de continuidad hasta el presente.[5] Cole nos brinda un argumento irrebatible para ello:

Marx creó el socialismo característicamente alemán, que pronto habría de dominar la ideología de la mayor parte del continente, apartando de si las formas anteriores de socialismo como el viento aparta la paja. No es que el marxismo llegase nunca a desterrar las doctrinas más antiguas […] Los socialismos antiguos siguieron viviendo, incluso después que Marx había tomado prestada la designación de «utopismo» para aplicársela.

Pero el marxismo los lanzó fuera del centro, tanto de la discusión, como de la organización.[6]

En la concepción original de Marx y Engels, la revolución tendría alcance mundial, en el entendido de que se produciría en todo el entonces llamado mundo civilizado, cuyo epicentro era Europa y, dentro de ella, Francia. Su protagonista sería el proletariado, en aquel momento considerado la única clase verdaderamente revolucionaria,[7] y su objetivo sería la abolición de la propiedad burguesa. El *Manifiesto del Partido Comunista* afirma que «...el primer paso de la revolución obrera es la elevación del proletariado a clase dominante, la conquista de la democracia».[8]

Los medios de producción y la riqueza expropiados a la burguesía, puestos en función de toda la sociedad, permitirían elevar e igualar el nivel y la calidad de vida del conjunto de la población, que durante la etapa socialista de la revolución en el poder sería retribuida de acuerdo con el principio *a cada cual según su trabajo*, y en la etapa comunista según el principio *a cada cual según sus necesidades*. Con la extinción de las clases, en la sociedad comunista, el Estado —instrumento clasista de dominación y subordinación— no tendría cabida alguna, y sería reemplazado por un órgano encargado de atender los asuntos sociales.

A partir del estudio de las revoluciones burguesas y, en especial, del análisis de la situación europea entre las revoluciones de 1830 y 1848, los fundadores del marxismo plasman sus ideas sobre la estrategia y la táctica de la revolución en el *Manifiesto del Partido Comunista*, publicado en este último año, y las desarrollan aún más en el *Mensaje del Comité Central a la Liga de los Comunistas* emitido de marzo de 1850. En esos textos se prevé que el desarrollo de la revolución comunista fuese una insurrección contra la aristocracia o la gran burguesía, según el caso, en la cual el proletariado llevaría el peso de la lucha, mientras la burguesía o la pequeña burguesía, también según el caso, quedarían agazapadas hasta el fin de los combates para apropiarse del gobierno, satisfacer sus intereses y mantener al proletariado en el mismo *statu quo* anterior de opresión y explotación.

Para evitar que le escamotearan el triunfo, era imprescindible que el proletariado se mantuviera unido y organizado en su propio partido, que solo por excepción actuase en la misma dirección que los liberales o los pequeño burgueses en aquellas fases de la revolución en que ello resultara imprescindible para derrotar al enemigo común, pero que, más allá de eso, rechazara toda colaboración de clase. Al triunfar la revolución, habría que «constituir inmediatamente gobiernos obreros revolucionarios»[9] al lado de los nuevos gobiernos oficiales, «armar a todo el proletariado con fusiles, carabinas, cañones y municiones»[10] y, tan pronto como fuese posible, instaurar el poder proletario.

Del análisis del *Manifiesto* y el *Mensaje* se deprende que las ideas concretas sobre el escenario y el desarrollo de la revolución contenidas en ellos, no fueron necesariamente concebidas como bases para una teoría general, algo que sí ocurre con la inmensa mayoría de los textos de Marx y Engels, sino como lineamientos *políticos* para una férrea lucha *política* por el liderazgo del proletariado, el cual también disputaban corrientes burguesas progresistas y las corrientes no marxistas del movimiento obrero y socialista. La fuerza y la vehemencia con las que sus autores redactan el *Mensaje*, no dejan lugar a dudas: están dando orientaciones para una difícil batalla que se puede ganar o perder. Así quedó planteada la posición marxista sobre la *revolución*, en momentos en que todavía no se visualiza la perspectiva de una *reforma* del capitalismo en la cual pudieran insertarse corrientes del movimiento obrero y socialista.

Tras la derrota de la Revolución de 1848, el movimiento obrero tarda en recuperarse hasta la década de 1860, cuando el desarrollo económico de los países capitalistas más avanzados, resultado de la Revolución Industrial y de la explotación de las colonias, comienza a estimular a la burguesía a sustituir la *dominación violenta* por la *hegemonía burguesa*, es decir, cuando se empieza a construir la democracia burguesa, que a partir de ese momento sería moldeada por el efecto de acción y reacción entre la necesidad de reacomodo político de la burguesía y las conquistas políticas y sociales que a esa clase le arrancan los movimientos obreros, socialistas y feministas.

En virtud del desarrollo económico y social experimentado por el capitalismo durante ese lapso —expresado en una mayor concentración de la propiedad y la producción, la construcción de grandes centros industriales y la polarización de la sociedad entre burgueses y proletarios, ya no solo en Inglaterra, sino también en el resto de Europa occidental—, el renacimiento del socialismo se produce en condiciones que, no solo *permiten*, sino incluso *demandan*, una interrelación indisoluble entre el pensamiento, la organización, y la lucha reivindicativa y política de la clase obrera. En las nuevas condiciones irrumpe en la palestra la lucha política, y ello provoca dos tipos de divisiones en el movimiento obrero y socialista: una, dentro del movimiento obrero, entre quienes están a favor y quienes está en contra de ella, en este último caso los anarquistas; y la otra entre quienes deciden participar en ella para reformar al capitalismo y quienes lo hacen con fines revolucionarios.

En el renacer del movimiento obrero y socialista desempeña un papel principal la Asociación Internacional de los Trabajadores (la Internacional), fundada en 1864 por sindicalistas británicos, franceses y exiliados de otros países en Gran Bretaña, entre estos últimos Marx y Engels, quienes asumen el liderazgo de la organización. En la Internacional convergen diversas corrientes del movimiento obrero, discrepantes entre sí, entre las cuales resaltan el marxismo y el anarquismo.

En espera del estallido de una nueva revolución europea, el objetivo de Marx y Engels con la Internacional era formar un movimiento obrero capaz de orientar y coordinar la lucha en toda Europa. Mientras tanto, sus tareas eran arrancarle a la burguesía mejoras inmediatas en las condiciones de trabajo y de vida de los obreros, y crear un partido capaz de conquistar el poder. Sin embargo, en medio de un desarrollo de las fuerzas productivas que eleva los salarios y mejora el régimen laboral de crecientes sectores de la clase obrera de las naciones más avanzadas, las perspectivas del estallido de una nueva revolución desaparecían, y lo que crecía era la presión por obtener beneficios inmediatos de las reformas que la burguesía estaba dispuesta a hacer, o que era posible arrebatarle mediante la lucha sindical y política.[11]

La experiencia de la Comuna de París (1871) sirvió a Marx y Engels para desarrollar el concepto de *dictadura del proletariado*, entendida como dictadura de la mayoría de la sociedad sobre sus antiguos explotadores. La dictadura del proletariado sería la encarnación de la *democracia para la mayoría*: el verdadero gobierno del pueblo, por el pueblo y para el pueblo porque la transición del capitalismo al comunismo transcurriría bajo la conducción del proletariado, que no solo poseía conciencia de *clase en sí* y *clase para sí*, sino también sería capaz de asumir como propias y satisfacer las reivindicaciones de todas las demás clases dominadas por la burguesía.

La derrota de la Comuna destruyó al movimiento obrero y socialista francés, dio el golpe de gracia a la Internacional y liquidó toda expectativa de un nuevo estallido revolucionario en Europa occidental. En un análisis retrospectivo del desarrollo capitalista ocurrido en esa región durante la segunda mitad del siglo XIX, en la "Introducción a la edición de 1895" de «Las luchas de clase en Francia de 1848 a 1850», Engels concluye que:

- cuando se produce la Revolución de 1848 no existían las condiciones necesarias para el triunfo del proletariado, y menos aún después de ella;

- la prueba definitiva de la inviabilidad de la insurrección proletaria fue la derrota de la Comuna de París;

- aquella derrota provocó el desplazamiento del centro del movimiento obrero y socialista de Francia a Alemania; y,

- el éxito logrado por el Partido Socialdemócrata Alemán en la lucha electoral desde la implantación del «sufragio universal» en ese país, ocurrida en 1886, indicaba que éste era el método de lucha adecuado al momento.

Con palabras de Engels,

> con este eficaz empleo del sufragio universal entraba en acción un método de lucha del proletariado totalmente nuevo, método de lucha que se siguió desarrollando rápidamente. Se vio que las instituciones estatales en las que se organizaba la dominación de la burguesía ofrecían nuevas posibilidades a la clase obrera para luchar contra estas mismas instituciones.[12]

Ante todo, debe aclararse que cuando Engels habla de *sufragio universal*, en realidad a lo que se refiere era al sufragio de todos los hombres, pues el derecho al voto para las mujeres fue una conquista posterior.

Es obvio que Engels valora la lucha electoral y parlamentaria como un nuevo camino hacia la *revolución*, no hacia la *reforma*, cuando habla de ella como un nuevo método *para luchar contra estas mismas instituciones*, a las cuales por primera vez están siendo elegidos candidatos socialistas. Engels no descartaba que la revolución insurreccional aún fuese posible en los países más atrasados de Europa, donde no había elecciones ni gobierno parlamentario, pero incluso en ellos preveía que la tendencia fuese hacia la implantación de la lucha electoral.[13] Este criterio obedece a que, en el período comprendido desde la aprobación en Alemania del derecho al sufragio para todos los hombres (1866) hasta la caída de Bismarck (1890), durante el cual el Partido Socialdemócrata Alemán libró su lucha electoral en la ilegalidad, a contracorriente de las leyes antisocialistas, su experiencia pareció tener aplicación, no solo en las naciones europeas más avanzadas, sino también en las atrasadas, en las que parecía razonable pensar que, eventualmente, la democracia burguesa se abriría paso como lo había hecho en Alemania.

En un primer corte parcial dentro de este ensayo, puntualicemos que el proyecto de revolución proletaria concebido originalmente por Marx y Engels no llegó a cuajar en el escenario ni en el tiempo previsto por ellos, es decir, en la Europa occidental de 1848 o en los años posteriores. En virtud del desarrollo económico y político ocurrido desde mediados del siglo XIX en las naciones más avanzadas de Europa, a partir de la creación de condiciones para la lucha política legal, Engels y los demás seguidores de Marx conciben un nuevo proyecto de revolución proletaria por medio de la lucha electoral, al mismo tiempo que proliferan otras corrientes en el movimiento obrero y socialista, que emprenden la lucha electoral con el fin de impulsar la reforma progresista del capitalismo como fin en sí mismo.

El abanderado del proyecto de revolución proletaria por la vía lucha electoral es el Partido Socialdemócrata Alemán. La socialdemocracia alemana llega al clímax de su liderazgo e influencia en el movimiento obrero y socialista mundial a partir de 1875, a raíz de la unificación de los dos partidos en que se hallaba dividida: uno que había sido liderado por el ya entonces desaparecido Ferdinand Lassalle y el otro por Carlos Marx, este último fundado en la ciudad de Eisenach en 1869. Parte importante de la plataforma en torno a la que se produce esa unificación fue impugnada por Marx desde el exilio, en su *Crítica del Programa de Gotha*,[14] por adolecer de problemas conceptuales que tendían a la ralentización de las diferencias entre la lucha por la reforma y la revolución,[15] como en efecto se evidenció años más tarde, pero aquella crítica no fue divulgada hasta mucho después, pues la dirección del partido de Eisenach consideró imprescindible hacer concesiones programáticas en función de lograr la unidad.

En cualquier caso, había una notable diferencia entre el concepto de revolución insurreccional acuñado en el *Manifiesto del Partido Comunista* y el *Mensaje del Comité Central a la Liga de los Comunistas*, y el nuevo concepto de revolución electoral y parlamentaria que se instala en la escena hacia las postrimerías del siglo XIX: la revolución ocurriría el día en que, mediante el sufragio universal, el partido proletario alcanzara la mayoría absoluta en el parlamento, y allí decretase la abolición del capitalismo y el inicio de la construcción socialista. La violencia revolucionaria solo sería necesaria en caso que la burguesía no reconociera su derrota y recurriera a la violencia contrarrevolucionaria.

No obstante la diferencia que la separaba del concepto de revolución marxista acuñado en 1848-1850, la idea de avanzar hacia la revolución por la vía electoral siguió siendo considerada como la antítesis del reformismo hasta que la Revolución de Octubre readecúa y encarna la utilización de la violencia revolucionaria, hecho que impone una redefinición conceptual y una nueva delimitación entre ambos campos. Hasta entonces, la imprecisa noción de *revolucionarios* abarcaba tanto a quienes en los países avanzados concebían la revolución como un triunfo parlamentario, como a quienes en los países atrasados estaban obligados a recurrir a las estrategias y tácticas insurreccionales que Marx y Engels originalmente consideraron apropiadas para la Europa occidental de mediados del siglo XIX.

Los partidarios de la lucha electoral con objetivos revolucionarios siguieron cumpliendo la orientación de mantener la independencia del partido proletario y, al principio, también la de no participar en luchas reformistas que pudieran obstaculizar el alcance de su objetivo estratégico. Sin embargo, los crecientes espacios que se iban abriendo para alcanzar tales reformas los obligaron a sumarse a ellas de forma creciente, con el fin de no quedar aislados. De esto se deriva que el desarrollo económico, político y social capitalista, incluido el desarrollo de la democracia burguesa, no solo conjuró el estallido de la revolución proletaria en el escenario europeo occidental previsto inicialmente por Marx y Engels, sino también desdibujó las diferencias existentes entre las corrientes del movimiento socialista que emprendieron la lucha electoral con fines reformistas y las que lo hicieron con fines revolucionarios.

La formación de las corrientes reformistas del movimiento obrero y socialista empieza en 1881 con la aparición del *posibilismo* francés, sigue en 1884 con el surgimiento del *fabianismo* inglés, se diversifica a finales de esa década, cuando brota el *reformismo* dentro del Partido Socialdemócrata Alemán, que era entonces el principal abanderado del marxismo, y termina años después, cuando en este último aparece también el *revisionismo*. Ello no significa que antes no hubiese corrientes reformistas, ni que todas las corrientes reformistas tuviesen que encajar en una de estas cuatro escuelas de pensamiento.

Reformismo es toda estrategia o acción que procura transformar uno u otro aspecto del orden social imperante, o de ese orden en su totalidad, sin destruir o revolucionar sus fundamentos, ni atentar contra las relaciones de poder existentes. Desde mucho tiempo atrás —ya se mencionó el caso de los iluministas del siglo XVIII—, hubo personas y grupos de personas que pensaron o intentaron transformar a la sociedad capitalista de muy diversas formas, y este período que nos ocupa fue especialmente prolijo en tal sentido. De lo que se trata es que estas cuatro corrientes fueron las que se organizaron, adquirieron más notoriedad y ejercieron una reconocida influencia en el movimiento obrero y socialista de aquel período, como un bloque contrario a las corrientes revolucionarias.

El posibilismo nace como línea disidente de la posición oficial dentro de la Federación de Obreros Socialistas de Francia, fundada en 1879 por el marxista George Guesde, seguidor de la línea del Partido Socialdemócrata Alemán, que se oponía a toda colaboración con los liberales progresistas. Contra esa posición se rebela Paul Brousse, el fundador del posibilismo, quien llama a aprovechar los espacios existentes dentro del sistema político capitalista, en especial en los niveles locales de gobierno, para luchar por reformas inmediatas que favorecieran al proletariado. Su meta era colocar a toda la industria y los servicios bajo control social por medio del Estado, y rechazaba la idea de que ello solo debiera hacerse *después* que el Estado capitalista hubiese sido reemplazado por uno socialista. Como primer paso, llamaba a subordinarlos a los organismos públicos municipales, regionales y nacionales, acorde a lo que fuese *posible*. La ruptura entre Brousse y Guesde ocurrió, en 1882, cuando los posibilistas capitalizaron el apoyo de la mayoría en el congreso de la Federación realizado en St. Etienne, y con ella fundaron el Partido Obrero Socialista Revolucionario, a partir de lo cual la minoría marxista celebró un congreso aparte donde creó el Partido Obrero Francés.[16]

El fabianismo es la corriente creada por un grupo, principalmente de intelectuales —entre quienes resaltan el escritor Bernard Shaw y los esposos Sydney y Beatrice Webb—, que en 1884 funda en Gran Bretaña la Sociedad Fabiana. El nombre de Fabio alude a que sus miembros no tenían una idea preconcebida sobre qué era el socialismo, ni de cómo llegar a él, sino que se tomarían el tiempo que considerasen necesario para estudiar el tema y elaborar esa posición, que quedó finalmente desarrollada en los *Ensayos Fabianos*, publicados en 1889, año a partir del cual es que la Sociedad alcanza la notoriedad.

A diferencia de Francia, cuyos movimientos obreros y socialistas están formados por corrientes de todo el espectro de posiciones concebibles entre la reforma y la revolución, en Gran Bretaña el reformismo siempre fue la tendencia dominante. Pionera del desarrollo industrial y beneficiaria del monopolio comercial durante el siglo XIX y las primeras décadas del siglo XX, en Gran Bretaña fueron los sindicatos los que desempeñaron el papel determinante en la formación de los movimientos socialistas, y no a la inversa, como sucedió en Alemania, por lo que estos últimos adoptan identidades *laboristas* en vez de socialdemócratas. La estrecha relación que hubo entre el fabianismo y el laborismo británicos no consistió en que el primero haya convertido al segundo en reformista, pues ambos lo eran de inicio, sino en que la Sociedad Fabiana divulgó mucho sus ideas dentro del sindicalismo y el laborismo.

La concepción fabiana del socialismo es que éste sería resultado del desarrollo gradual, económico, político y social, del capitalismo. Para ellos, el capitalismo no fue producto de una ruptura con el feudalismo, sino del desarrollo histórico que, en un momento determinado, provocó un cambio cualitativo, es decir, el nacimiento de un nuevo sistema social. Lo mismo ocurriría, según ellos, en la transición del capitalismo al socialismo porque el capitalismo traía en su seno la simiente de socialismo. El cambio gradual de un sistema a otro ocurriría como resultado de la acción del electorado, que presionaría a favor de una creciente justicia social y de la adquisición progresiva de los medios de producción por parte del Estado.

Además de divulgar sus ideas mediante escritos y conferencias, la principal actividad práctica de la Sociedad Fabiana fue la desarrollada en el Concejo de la Ciudad de Londres, donde, desde su posición minoritaria, *impregnaban* la línea de reforma social en la bancada liberal que constituía la mayoría en ese órgano de gobierno local. Entre los temas a los que los fabianos dedicaban más atención en el Concejo resaltan la jornada de ocho horas, el establecimiento de un salario mínimo, la afirmación del derecho al trabajo, el mejoramiento de la vivienda, la salud pública y la educación, esta última en condiciones de igualdad para ambos géneros.[17]

Mayor trascendencia que el *posibilismo* y el *fabianismo* tienen el *reformismo* y el *revisionismo* en Alemania, porque brotan dentro del propio Partido Socialdemócrata Alemán, abanderado del marxismo y paradigma de la mayor parte del movimiento socialista mundial. El reformismo se manifiesta por primera vez dentro de ese partido mediante un discurso pronunciado en 1891 por el diputado de Múnich Georg von Vollmar, quien afirmó que aunque la historia parecía dar grandes saltos, en realidad, su movimiento se producía mediante una lenta evolución, por lo que cuestionaba la línea vigente de no colaborar con otras fuerzas políticas en función de concesiones inmediatas.

Para Vollmar, era necesario luchar por una legislación progresista en materia de derechos laborales, el establecimiento de mecanismos de control social, la supresión de impuestos regresivos y otras reformas. Cabe apuntar que Vollmar era diputado por el Sur de Alemania, donde el liberalismo burgués era débil y, por tanto, no empujaba, como en otras zonas del país, a favor de una reforma progresista, razón por la cual los socialdemócratas a quienes Vollmar representaba sentían la necesidad de realizar esa función.

Existe una diferencia entre reformismo y revisionismo: el primero es una política práctica y el segundo es una formulación teórica. No obstante, es evidente que la formulación teórica revisionista *avala* la política práctica reformista, por lo que, por encima de esa diferencia, se produce una intensa retroalimentación entre uno y otro.

El revisionismo irrumpe en el debate del movimiento obrero y socialista en 1896, mediante una serie de artículos publicados en el periódico *Neue Zeit* por el socialdemócrata alemán Eduard Bernstein, bajo el título *Problemas del socialismo*. Bernstein, un investigador, periodista y político que durante su largo exilio en Gran Bretaña se había relacionado con Engels, la Sociedad Fabiana y el Partido Laborista Independiente, afirmaba que Marx incurrió en errores en la formulación de su teoría, que lo llevaron a pronosticar un inminente derrumbe de la sociedad capitalista que no ocurriría. Su opinión, influida por la del fabiano Sydney Webb, era que la sociedad se encontraba en una constante evolución que conduciría a la transformación gradual del capitalismo en socialismo. Esta hipótesis lo llevaba a concluir que el Partido Socialdemócrata debía abandonar la línea de no colaborar con otras fuerzas políticas y no promover reformas dentro del capitalismo, porque lo alejaba de la mayoría de la clase obrera, que se cansaría de esperar por un estallido revolucionario.[18]

La defensa hecha por Bernstein de sus ideas fue censurada por el Comité Central del Partido Socialdemócrata, pero no fue separado de sus filas ni se le prohibió seguir exponiéndolas, lo cual poco después hizo en su libro *Socialismo Evolutivo* (1899), que motivó una réplica de Karl Kautsky titulada *Bernstein y el programa socialdemócrata* (1899) y otra de Rosa Luxemburgo, con su texto clásico *¿Reforma social o Revolución?* (1899). Aunque las ideas de Bernstein siguieron siendo formalmente rechazadas por la dirección del Partido Socialdemócrata Alemán, la actuación práctica de este último se movió de forma creciente hacia ellas, lo cual fue criticado enérgica y reiteradamente por Rosa Luxemburgo y sus compañeros del ala izquierda del partido.[19] En *Reforma social o revolución*, Rosa precisa que,

> quien para transformar la sociedad se decide por el camino de la reforma legal, *en lugar* y *en oposición* a la conquista del Poder, no emprende, realmente, un camino más descansado, más seguro, aunque más largo, que conduce al *mismo* fin, sino que, al propio tiempo, elige distinta meta: es decir, quiere, en lugar de la creación de un nuevo orden social, simples cambios no esenciales, en la sociedad ya existente.[20]

Por su coincidencia en aceptar a la democracia burguesa como horizonte estratégico, el posibilismo, el fabianismo, el reformismo alemán y el revisionismo actúan dentro de la II Internacional (1889-1914) como un bloque que relega a un plano secundario el papel de la propiedad en la definición de clase, reduce las diferencias de clase a meras diferencias ocupacionales, niega el antagonismo y la lucha de clases, y afirma que las contradicciones de clase serían resueltas dentro de la sociedad capitalista.

Aunque la II Internacional, dentro de la cual coexistían las corrientes reformistas y revolucionarias del movimiento socialista, desaparece desde el estallido de la Primera Guerra Mundial (1914-1918), es la Revolución de Octubre de 1917 la que sella el carácter irreversible de esa ruptura.[21] Estos dos acontecimientos históricos no solo cambian y precisan los términos del debate sobre reforma o revolución, sino también la ubicación de muchos de los participantes en el mismo. En lo referido a los temas en debate, hasta aquel momento el choque entre las corrientes reformistas y revolucionarias del movimiento socialista se expresaba en la actitud de unos y otros con respecto a si se debía o no formar alianzas con otras fuerzas políticas, en qué medida luchar por reformas dentro del capitalismo y cómo equilibrar la lucha por reformas inmediatas con la lucha por los objetivos estratégicos, pero, desde entonces, los enfrentamientos pasan de la teoría a la práctica, y de lo general a lo particular. Con respecto a los participantes del debate, estos acontecimientos demuestran que la inmensa mayoría de quienes se proponían hacer la revolución por la vía electoral en realidad se hallaban dentro del campo reformista. Eso queda en evidencia por su actitud hacia la guerra —optan por respaldar a sus respectivas burguesías nacionales, y no por establecer una alianza obrera internacional contra la conflagración—, su rechazo a los métodos insurreccionales utilizados en la Revolución de Octubre y su estigmatización de la dictadura del proletariado implantada por el Partido Bolchevique.

En un segundo corte parcial, puntualicemos que el avance ocurrido en la segunda mitad del siglo XIX y la primera década del siglo XX en el proceso de sustitución de la *dominación* por la *hegemonía* burguesa en las naciones más avanzadas de Europa occidental —en virtud del cual, por una parte, amplios sectores de las clases dominadas asumen como propia la ideología burguesa y, por otra, la burguesía necesita abrir espacios de lucha social y política que las clases dominadas aprovechan para arrancarle concesiones—, no permite que cuaje el proyecto de revolución proletaria por la vía electoral concebido por Engels y demás seguidores de Marx.

En vez de avanzar hacia la revolución, los partidos socialdemócratas de Europa occidental comienzan a transitar por la senda que los lleva a anclar su horizonte histórico dentro del capitalismo. Mientras tanto, en la Rusia zarista de las primeras décadas del siglo XX, *el eslabón más débil de la cadena*, como la calificó Lenin, se crea *una situación revolucionaria*,[22] que, en lo tocante a la opresión y la miseria, recuerda en escenario original concebido por Marx y Engels para la revolución en Europa occidental a mediados del siglo XIX, pero que dista mucho de aquél en otros aspectos fundamentales, lo cual llevó a Antonio Gramsci a decir que Lenin hizo una revolución contra *El Capital*.

La *estrategia* y la *táctica* empleadas por el Partido Bolchevique para conquistar el poder por medio de la revolución, constituyen una adaptación a su realidad —bastante fiel, por cierto— de lo orientado por Marx y Engels en el *Manifiesto del Partido Comunista* y el *Mensaje del Comité Central a la Liga de los Comunistas*, pero la *realidad* en sí era distinta, porque en la Rusia zarista no existía el desarrollo de las fuerzas productivas, ni el predominio social del proletariado que Marx y Engels previeron como condiciones para la revolución comunista.

Cabe apuntar que muchos años antes, por una parte Marx, y por otra Engels, habían hecho referencias que pudieran interpretarse como atisbos de la posibilidad del inicio de una revolución en Rusia. En carta a Vera Zasúlich, Marx opina que la comunidad rural rusa podía deshacerse gradualmente de sus caracteres primitivos y desarrollarse *directamente* como elemento de la producción colectiva porque, al ser contemporánea con la producción capitalista, podía apropiarse de las realizaciones positivas de ésta, sin pasar por «todas sus terribles peripecias».[23] Sobre ese tema, en el "Prefacio a la segunda edición rusa de 1882" del «Manifiesto del Partido Comunista», Engels dice que:

> La única respuesta que se puede a esta cuestión es la siguiente: si la revolución rusa da la señal para una revolución proletaria en Occidente, de modo que ambas se complementen, la actual propiedad común de la tierra en Rusia podrá servir de punto de partida para el desarrollo comunista.[24]

Es conocido que los bolcheviques concebían su asalto al poder como la chispa que iniciase la revolución proletaria en toda Europa, en particular en Alemania, cuyos obreros liberados vendrían en auxilio de sus camaradas rusos con el desarrollo de las fuerzas productivas acumulado en occidente. En circunstancias similares a las planteadas por Marx y Engels en las dos referencias antes mencionadas, Lenin y el Partido Bolchevique rompen el eslabón más débil de la cadena en 1917, convencidos de que la Revolución Rusa sería el anticipo de la revolución mundial que tendría su epicentro en Alemania, pero la revolución alemana de 1918 fue derrotada y, debido a su derrota, un nuevo proyecto revolucionario quedaba sin cuajar de la forma en que había sido concebido, en este caso, debido a la vacilación de los dirigentes del Partido Socialdemócrata Alemán que hasta poco tiempo atrás se consideraban revolucionarios.[25]

El fracaso de la revolución en Alemania despejó el camino para el avance del fascismo, ante el cual la socialdemocracia de ese país retrocedió y se humilló, sin que ello impidiera que la atropellaran y casi la exterminaran.

Con la bifurcación definitiva de los caminos entre, por una parte, la URSS y el movimiento comunista, y por otra, los partidos socialdemócratas y laboristas que se alinean con sus respectivas burguesías en apoyo a la agresión imperialista contra el Estado soviético, quedan establecidos los paradigmas de *reforma* y *revolución* que, en parte de forma positiva y pertinente, y en parte de manera mimética y distorsionada, se convierten en polos del debate sobre las formas de lucha de la izquierda latinoamericana, sobre todo a partir del triunfo de la Revolución Cubana.

Bifurcación y balance histórico

El siglo XX «corto» al que alude Erick Hobsbawm comienza en octubre de 1917, con el triunfo de la Revolución Bolchevique, y termina en diciembre de 1991, con el derrumbe de la URSS, que completa la desaparición del campo socialista. El recuento de la historia de estos 74 años rebasa los objetivos y posibilidades de este ensayo. A raíz de estos acontecimientos, el movimiento socialista se bifurca en la Internacional Obrera y Socialista y la Internacional Comunista (también conocida como Tercera Internacional). Lo que interesa enfocar aquí es: ¿en qué medida se cumplieron y en qué medida no se cumplieron las expectativas generadas por los paradigmas *reformista* y *revolucionario* establecidos a partir de la bifurcación de las dos grandes vertientes del movimiento obrero y socialista?

El balance reformista

El espectro reformista es amplio y heterogéneo. En primer término, no solo abarca a la socialdemocracia y el laborismo, sino también a la democracia cristiana y el liberalismo radical. Aunque esa amplitud y heterogeneidad se manifiesta con fuerza *dentro* de las filas socialdemócratas y laboristas que se reunieron en la Internacional Obrera y Socialista, cabe tomar como base para el balance la idea común de los precursores del pensamiento socialista, de promover un enfoque *social*, opuesto a la matriz *individualista* del capitalismo, y la expectativa de que el desarrollo se ese sistema social conduciría a una *creciente democratización política* y a una también *creciente redistribución de la riqueza*.

En el período comprendido entre las guerras mundiales (1918-1939), los partidos socialdemócratas mantienen la tesis de que es posible superar al capitalismo mediante un proceso de reformas evolutivas orientadas a que la *propiedad social* de los medios de producción y el *enfoque social* de la política suplanten la primacía de la propiedad *privada* y el enfoque *individualista*. Sin embargo, a pesar de que varios de esos partidos llegan al gobierno durante ese período, en particular en Gran Bretaña y los países escandinavos, ninguno de ellos trata de cumplir los enunciados a favor de la socialización de la propiedad. Cabe señalar que, ante el estallido de la crisis de 1929-1933, el primer gobernante laborista de toda la historia, el premier inglés Ramsay McDonald, se ubica «a la derecha» del liberal John Maynard Keynes, con una política de corte conservador que arroja pésimos resultados para el empleo, los salarios y la economía británicos. Es la Gran Depresión la que obliga, tanto al Partido Liberal como al Partido Laborista, a aceptar el keynesianismo.

La reforma progresista del capitalismo llega a su clímax en la Europa occidental de la segunda posguerra (1945-1969) debido a la coincidencia de factores económicos y políticos. En el ámbito económico, la masiva destrucción de fuerzas productivas causada por la conflagración abre el espacio a un intenso y prolongado período de crecimiento expansivo en el cual la reproducción del capital es compatible con la elevación de los salarios y otras prestaciones, y con la ampliación creciente de los servicios y las políticas públicas. En el ámbito político, la expansión del socialismo a los países de Europa oriental y central liberados de la ocupación nazi por el Ejército Rojo, impulsa al imperialismo a desatar la guerra fría y a promover la contención del comunismo, en función de la cual necesitaba construir en el occidente europeo una vitrina de capitalismo democrático.

En la posguerra, se produce la convergencia definitiva, doctrinaria y práctica, del reformismo socialdemócrata y el reformismo burgués. La socialdemocracia europea *se apropia* del paradigma burgués de «Estado de bienestar». El ideólogo de la Tercera Vía, Tony Giddens, afirma que «el Estado de bienestar fue una creación tanto de la derecha como de la izquierda, pero en el período de la posguerra los socialistas se lo atribuyeron como propio».[26] Durante este período, la mayoría de los partidos socialdemócratas renuncian a la socialización de los medios de producción y asumen la defensa de la «democracia social». En el congreso de «renovación» realizado en Frankfurt (1951), la Internacional Obrera y Socialista cambia su nombre por Internacional Socialista, es decir, elimina la palabra *obrera*.

Con el estallido de la crisis capitalista a finales de los años sesenta, causada por la saturación de los mercados, cesa la «bonanza de posguerra». La reproducción del capital exige una intensa concentración de la riqueza mediante la reducción de los salarios, las prestaciones y las políticas de la etapa anterior. En las nuevas condiciones, los partidos socialdemócratas europeos que controlan gobiernos o son parte de ellos, comienzan a revertir las políticas de redistribución de riqueza que sustentaban al llamado Estado de bienestar. La socialdemocracia, que décadas antes había asumido al «Estado de bienestar» como propio, también asume como propio su desmontaje, y abraza la doctrina que desde ese momento mejor responde a las carencias del capitalismo decadente: la neoliberal. No solo se restringe la redistribución de riqueza, sino también la democracia, mediante la implantación de la *democracia neoliberal*, basada en la alternancia «pluripartidista» en el gobierno de partidos y candidatos comprometidos con esa doctrina.

En la medida en que, desde mediados de la década de 1990, se hace evidente para los pueblos que el neoliberalismo nunca fue una estrategia para el desarrollo económico, sino una doctrina cuyo objetivo es conducir y legitimar la concentración de la riqueza, comienzan a aflorar las tendencias «terceristas» que pretenden ubicarse en una posición intermedia entre el «Estado de bienestar» de posguerra y el neoliberalismo. Por aquellos años, las formulaciones más notorias en este terreno fueron las de la Tercera Vía y la Comisión Progreso Global.

La Tercera Vía, del ex primer ministro británico Tony Blair y el economista Tony Giddens, abrazó el neoliberalismo sin pretensión alguna de equidistancia entre esa doctrina y el «Estado de bienestar», sino con un reconocimiento explícito de que su fin era reciclar el neoliberalismo. Algo más «pudorosa» resultó la Comisión Progreso Global de la Internacional Socialista, dirigida por el ex presidente del Gobierno de España, Felipe González, que pretendía elaborar una alternativa al neoliberalismo, cuando en realidad asumía su esencia.

Este balance arroja que no fue la socialdemocracia la que reformó al capitalismo, sino el capitalismo el que reformó a la socialdemocracia. Los gobiernos socialdemócratas ejecutaron durante el siglo XX, según el caso, políticas progresistas y redistributivas, o retrógradas y represivas, en la medida en que unas u otras fueron funcionales al esquema imperante de reproducción del capital.[27]

El balance revolucionario

El hecho de que la Revolución de Octubre no tuviera alcance mundial, ni triunfara en las naciones más industrializadas de Europa, determinó que su protagonista no fuera el proletariado organizado y consciente previsto por Marx y Engels, y que el naciente Estado revolucionario no tuviese a su alcance una gran masa de capitales que pudiera expropiar para emprender la construcción socialista.

En la Rusia de 1917, Lenin comprendía la necesidad de apoyarse en la *alianza obrero-campesina* e implantar la *dictadura del proletariado y el campesinado pobre*, para resistir la agresión de las potencias imperialistas y la guerra contrarrevolucionaria interna que amenazaban la vida del joven Estado revolucionario. También comprendía que no bastaba con expropiar el capital, sino que era imprescindible crear desde el poder la base material para la construcción del socialismo. Esta era una realidad no anticipada: la propia revolución sería el motor del desarrollo económico, social y cultural.

A partir del estudio de las características de Rusia,[28] Lenin elabora la estrategia y la táctica de la Revolución Bolchevique. Era necesario forjar una unidad política e ideológica que sustentara la unidad de acción para asumir las tareas de la defensa y el desarrollo, y hacerse cargo del gobierno nacional y de los gobiernos de vastos territorios sin contar con suficientes cuadros que reunieran los requisitos de capacidad y confiabilidad. Los *soviets* eran órganos de poder popular que habían brotado en la Revolución de 1905 y rebrotaban en la Revolución de 1917, pero se hacía necesario establecer un poder político centralizado por encima de ellos. El Partido Bolchevique se erigió en partido único fundido con el Estado soviético y se prohibió la existencia de fracciones dentro de él. Se imponía así la unidad política e ideológica que la supervivencia de la revolución demandaba en ese crítico momento, aunque a riesgo de coartar la democracia socialista, como en definitiva sucedió.

Sobre la base de que el campesinado pobre era la inmensa mayoría de la población en Rusia, Lenin argumentaba que la dictadura emanada de la alianza obrero-campesina sería, necesariamente, más democrática que la forma más avanzada de democracia burguesa.[29] Con sus propias palabras: «democracia para la mayoría gigantesca del pueblo y exclusión de la democracia, para los antiguos explotadores: tal es la modificación que experimentará la democracia durante *la transición* del capitalismo al comunismo».[30]

La concepción leninista de centralismo democrático incluía salvaguardas contra la deformación burocrática. Lenin afirmaba que «la posibilidad [de aniquilar al burocratismo] está garantizada por el hecho de que el socialismo disminuirá la jornada de trabajo, elevará a *las masas* a una vida nueva, colocará a *la mayoría* de la población en condiciones que permitirán a *todos* sin excepción ejercer las "funciones del Estado", y esto conducirá a *la extinción completa* de todo el aparato en general».[31] Sin embargo, el equilibrio entre los dos elementos del centralismo democrático dependía de factores que no ayudaron al proceso, entre ellos la carencia de una base económica que permitiera «disminuir la jornada de trabajo» y elevar «a las masas a una nueva vida», la continuidad de las agresiones y amenazas externas, y las extremas facultades discrecionales de la dirigencia del partido. Por estas y otras razones que sería muy largo enumerar, tras la desaparición de Lenin, el elemento concentrador del poder, el *centralismo*, se impuso al elemento más difuso, la *democracia*. En lugar de ampliar y de diseminar «a todos sin excepción» las «funciones del Estado», el poder se concentró en una élite y, más aún, en la dirección unipersonal de Stalin, que invocaba al socialismo, pero negaba la democracia socialista.

La desviación de los objetivos proclamados por la Revolución de Octubre avivó la polémica iniciada décadas atrás entre partidarios y críticos de la *dictadura del proletariado* y, en el caso de sus partidarios, abrió otra polémica sobre si tal desviación era resultado de la forma en que Lenin aplicó ese concepto y desarrolló el *centralismo democrático*, o si era producto del abandono del leninismo y de una manipulación de la figura de Lenin hecha tras su fallecimiento en 1924. De este debate histórico sobre objetivos, medios, métodos y resultados de la experiencia soviética, forman parte también los argumentos a favor y en contra del *comunismo de guerra*, la *colectivización forzosa de la agricultura*, la *estatización de la industria* y demás componentes del *esquema económico centralizado*, implantado en los primeros años de la revolución para garantizar el despegue.[32]

Con el objetivo de promover el estallido de la revolución mundial que aún esperaba el Partido Bolchevique, la III Internacional, formada con una dirección central a la que se subordinaban los partidos comunistas de todas las regiones y países del mundo en los que tenía filiales, enarboló en sus inicios la consigna de lucha «clase contra clase», que rechazaba toda política de alianza con otras fuerzas, en especial con los partidos socialistas y socialdemócratas que optaron por afiliarse a la Internacional Obrera y Socialista, y también la rechazaba con aquellos que, durante un tiempo, intentaron reconstruir la unidad del movimiento socialista. No obstante, en la medida en que el fascismo cobraba auge en la década de 1930 y se erigía en amenaza contra la URSS, la Internacional Comunista cambió su línea política original por el llamado a formar frentes populares antifascistas, que en América Latina tuvieron un resultado muy modesto y en ocasiones políticamente costoso, salvo excepciones coyunturales como el gobierno de Pedro Aguirre Cerda en Chile (1938-1942). Esa línea se reafirmó y acentuó durante la Segunda Guerra Mundial, cuando todos los partidos comunistas fueron llamados a priorizar la lucha por la supervivencia de la Unión Soviética, que en el caso del Partido Comunista de los Estados Unidos, dirigido por Earl Browder, se expresó en la conciliación de clases y en el ingreso de sus militantes en las fuerzas armadas de ese país, para luchar contra Alemania y, de esa manera, colaborar con la defensa de la URSS.

Otro tema es la expansión del socialismo a los países de Europa oriental y central liberados de la Alemania nazi en las postrimerías de la Segunda Guerra Mundial por el Ejército Rojo. Huelga decir que el origen de las llamadas democracias populares instauradas en esa región no fue la lucha autóctona a favor del socialismo. No obstante, es absurdo cuestionar que la potencia militar allí triunfante frente al fascismo impusiera su sistema social, porque también las potencias triunfantes en el occidente afirmaron el suyo en los países donde los comunistas desempeñaron un rol protagónico en la lucha antifascista. Tras esta conflagración, el desarrollo de las fuerzas productivas y la política de guerra fría conjuran la apertura de una nueva situación revolucionaria en el continente europeo.

En la posguerra era lógico que el eslabón más débil de la cadena se desplazara hacia el mundo subdesarrollado. En China, Corea y Vietnam, la revolución anticolonialista era también de carácter socialista. Por su parte, en Cuba, poco más de dos años después de la victoria, la revolución asumía su identidad socialista. En la mayoría de los casos, el eslabón más débil de la cadena en el Sur no se quiebra con una definición socialista. Con la descolonización del Medio Oriente, Asia y África surgen muchos Estados forman la masa del Movimiento de Países No Alineados. Pese al hecho de que esas nuevas naciones no se unieran al campo socialista, las luchas de liberación nacional, tanto la lucha no violenta que condujo a la independencia de la India, como la lucha armada en Argelia y las colonias portuguesas de África, se inscriben en la historia de la revolución social como rupturas del sistema de dominación imperialista.

Las luchas de liberación nacional en el Sur llegan al clímax en los años setenta y principios de los ochenta. En Asia, es el momento de la derrota del imperialismo norteamericano en Vietnam, que repercute en todo el sudeste asiático. En África, se destaca la independencia de las colonias portuguesas y el rechazo, con ayuda de Cuba, a la invasión de Sudáfrica en contra de la República Popular de Angola,[33] lo cual crea una correlación de fuerzas en el cono sur de ese continente, que repercute en la liberación de Zimbabue y Namibia, y en el desmantelamiento del régimen del apartheid en la propia África del Sur. En América Latina y el Caribe, se producen la acción armada que ubica en el gobierno al Movimiento de la Nueva Joya en Granada y el triunfo de la Revolución Popular Sandinista en Nicaragua, ambos en 1979.

A partir de ese momento, se incrementa la lucha armada en El Salvador y Guatemala. Todos estos acontecimientos reflejan hasta qué punto se había erosionado la hegemonía imperialista.

Este balance arroja que la revolución socialista concebida por Marx y Engels para el escenario europeo occidental decimonónico, triunfó en la Rusia zarista de la segunda década del siglo XX, en virtud de la creativa y dialéctica aplicación del marxismo a su situación histórico-concreta realizada por Lenin. Tras la implantación del socialismo en los países de Europa oriental y central liberados del yugo fascista por el Ejército Rojo a finales de la Segunda Guerra Mundial, que consolida la era bipolar abierta inicialmente por la solitaria Revolución de Octubre, el campo fértil para la revolución se desplaza hacia las luchas de liberación nacional en Sur, donde en China, Vietnam y Corea llevan aparejada la identidad socialista, y lo mismo ocurre con la revolución democrática y antimperialista en Cuba. No obstante, este escenario fértil para el triunfo de nuevas revoluciones y para la construcción de paradigmas socialistas adecuados a las condiciones del Sur, colapsa con la desaparición del campo socialista y el derrumbe de la propia URSS.[34]

La consecuencia principal de la desaparición de la Unión Soviética es el cambio que provoca en el sistema universal de relaciones humanas, que afecta tanto a los países que mantienen su definición socialista como a los pueblos que sufren los efectos del capitalismo neoliberal. El balance de la acción desplegada por la vertiente del movimiento obrero y socialista que, a partir de la Primera Guerra Mundial, sigue el camino de la revolución, es el descarrilamiento de la locomotora que encabezaba el tren y la continuidad sobre los rieles de cinco vagones que, en un entorno hostil, desarrollan sus respectivas formas de autopropulsión.

La matriz de la construcción del socialismo soviético la continúan reivindicando China, Corea del Norte, Vietnam, Laos y Cuba. De esa matriz proviene su código genético: a partir de ella, esos Estados socialistas pueden subsanar errores y reorientar el rumbo, pero abandonarla implicaría un cambio de esencia. Por consiguiente, cada uno de esos pueblos debe decidir cuáles son los aportes *universales* de la experiencia soviética que habrán de conservar, y cuáles son los aspectos *particulares* y *singulares* sobre los que necesitan hacer elaboraciones o reelaboraciones propias.

Otros son los problemas planteados a la inmensa mayoría de la humanidad. En lo adelante, tanto quienes intenten quebrar la dominación capitalista por medio de la *revolución socialista*, como quienes traten de desarrollar proyectos de *reforma social progresista*, tendrán que hacerlo en una nueva realidad histórica. El fin de la bipolaridad, deja el terreno libre al imperialismo para implantar el denominado Nuevo Orden Mundial, basado en una concentración transnacional del poder político y económico, cuyo objetivo es preservar, a toda costa, el *statu quo* de la dominación neoliberal.

De manera que, en momentos en que el imperialismo concentra el mayor poder político, económico y militar de la historia, y que lo emplea en una espiral de depredación humana, económica y del medio ambiente, el fracaso de la experiencia soviética se presta, por una parte, para cuestionar la necesidad y la viabilidad de socializar los medios de producción, sin lo cual es imposible reorientar la economía mundial en función de garantizar la supervivencia de la especie humana y, por otra, para negar la necesidad y la conveniencia de construir instrumentos de poder político, como un partido y un Estado revolucionarios, que sean capaces de concentrar y encauzar la fuerza de los pueblos para enfrentar con éxito las tendencias destructivas del imperialismo.

La lucha popular en América Latina

Las corrientes ideológicas que han tenido mayor arraigo e influencia en las luchas populares latinoamericanas, muchas veces mediante la combinación ecléctica de dos o más de ellas, en una misma etapa, movimiento o proceso, son: el nacionalismo, el antiimperialismo, el nacionalismo revolucionario, el anarquismo, el socialismo y el comunismo. Por cuanto el tema del presente ensayo es la lucha *política*, no abundaremos en el anarquismo porque por definición la rechaza.[35]

El *nacionalismo* data del período de formación de la *conciencia nacional* hispano y lusoamericana, iniciado en el siglo XVIII y consolidado en las luchas y procesos que concluyeron en 1825 con la independencia de América Latina. Su objetivo es crear naciones en torno a un eje articulador de las clases sociales. Por ello, no solo afirma la unidad de la nación sobre la base de una identidad cultural, sino también mediante la formulación de objetivos compartidos por los principales componentes de una estructura social heterogénea, con el propósito de construir un proyecto *nacional*, que aglutine y beneficie a diversas clases y grupos sociales, pero sin alterar las diferencias jerárquicas existentes entre ellos. Sin embargo, solo una parte de las figuras y las fuerzas políticas lideraron las luchas independentistas se proponía complementar la ruptura del yugo colonial, con un proyecto social de orientación nacionalista.

Tras la independencia, no solo quedaron sin solución las principales contradicciones sociales, incluida la opresión y la explotación de los indios, los negros y los blancos pobres, sino que muchas de ellas se agudizaron. La necesidad de incorporar a esos sectores sociales a la guerra como fuentes de soldados —tanto por parte de los ejércitos independentistas como de los realistas— y de permitirles ascender por la jerarquía militar, quebró la hasta entonces infranqueable barrera de castas y creó expectativas de movilidad social, para las cuales no existía ni el sustento económico ni la disposición de las élites, en cuyo interior también se producían mutaciones drásticas.

Con el nacimiento del imperialismo, en las décadas finales del siglo XIX la penetración monopolista se suma a las contradicciones antagónicas derivadas del carácter clasista y el estadio precapitalista de las sociedades latinoamericanas que frustran los proyectos nacionalistas. Surge entonces el *antiimperialismo*, que combate la penetración de los monopolios extranjeros y la dominación política de Gran Bretaña y los Estados Unidos, al tiempo que reivindica el desarrollo de las culturas latinoamericanas sobre la base de la herencia prehispánica.

Uno de los principales precursores del pensamiento antimperialista es José Martí, quien concibe la independencia de Cuba no solo como la liberación de su *status* de colonia española, sino para evitar también que el imperialismo norteamericano se apodere de ella. Este es un elemento clave de las bases del Partido Revolucionario Cubano, fundado por Martí para dirigir la segunda guerra de independencia de Cuba y ayudar a la de Puerto Rico. Como parte indisoluble del proyecto de independencia, la soberanía y la autodeterminación nacional, Martí defiende la igualdad y el desarrollo social, educativo y cultural de todos los seres humanos.

De la fusión del *nacionalismo* y el *antimperialismo* surge una tercera corriente, el *nacionalismo revolucionario*. Durante sus primeros años de producción teórica y acción política, Víctor Raúl Haya de la Torre (Perú, 1895-1979) es uno de los principales ideólogos de esta corriente, aunque en una etapa posterior de su vida termina por plegarse a los intereses del imperialismo norteamericano. La recuperación de las riquezas del subsuelo, la educación universal y la inversión pública son los pilares de esta ideología antimperialista y antioligárquica, que concibe al Estado como eje de un proyecto nacional de conciliación de las reivindicaciones de las grandes mayorías —incluidas las de la población indígena—, con la creación de condiciones para el desarrollo de la burguesía nacional. Aunque la Revolución Mexicana (1910-1917) no cuenta durante sus primeras fases con una ideología definida, ella llega a convertirse en el exponente cimero del nacionalismo revolucionario, formado en esa nación por el agrarismo, la subordinación del sindicalismo al Estado y el desarrollo de un amplio proyecto nacional de educación.

El arraigo y desarrollo del pensamiento *socialista* en América Latina comienza con el surgimiento en la región del proletariado y los sindicatos. Las primeras simientes de la clase obrera latinoamericana brotan a finales del siglo XIX e inicios del XX, en virtud del despegue de la construcción de obras de infraestructura ferroviaria, vial y portuaria, silos cerealeros, centrales azucareros y frigoríficos, junto con la proletarización del sector de la minería y el incipiente avance de la industria ligera en el que tuvo mayor peso la rama textil. Los primeros sindicatos y partidos obreros de América Latina surgen en Argentina, Chile, Cuba y Uruguay, hecho que obedece a la convergencia de dos factores relacionados: uno es que son los primeros donde penetra y se afianza el sistema de producción capitalista; el otro es que resaltan por la cantidad de obreros europeos inmigrantes recibidos a finales del siglo XIX y comienzos del XX, muchos de ellos con trayectorias de luchas sindicales y socialistas.[36]

Como reflejo de lo ocurrido en Europa, a raíz de la Primera Guerra Mundial y el triunfo de la Revolución de Octubre, el movimiento socialista latinoamericano se bifurca en una vertiente socialista y otra comunista. Sin embargo, los partidos socialistas de la región no involucionan de la forma que lo hacen los partidos que lideran la Internacional Obrera y Socialista.

La Internacional Socialista construyó su Comité para América Latina y el Caribe en la década de 1970, con el fin de contrarrestar el auge de la lucha popular estimulado por el triunfo de la Revolución Cubana, en la gran mayoría de los casos, mediante la afiliación de partidos populistas que no tenían relación alguna con los orígenes clasistas, ni con la ideología fundacional de sus miembros europeos.

De manera que el nacionalismo, el antimperialismo, el nacionalismo revolucionario, el socialismo y el comunismo son las principales corrientes ideológicas que coexisten en la izquierda, en muchos casos con límites difusos dentro de los sectores sociales en los que ejercen su influencia, en el momento en que la Gran Depresión desata una gran crisis política, económica y social en toda América Latina.

«Combinación de nacionalismo, antimperialismo y populismo —afirma Francisco Zapata—, será el proyecto que animará la política latinoamericana de los años treinta».[37] En virtud de una mezcla de nacionalismo, antimperialismo y nacionalismo revolucionario, y de la manipulación que hacen de ellos las burguesías desarrollista, las alianzas sociales y políticas del este período se basan en el *populismo*. Esto significa que las políticas públicas y de redistribución de riqueza dirigidas a la clase media, el proletariado y otros sectores humildes de la población no tienen carácter universal —es decir, no benefician a todos los miembros de esas clases y sectores—, sino que están basadas en el «clientelismo», práctica consistente en otorgar privilegios y prebendas a los sindicatos y las organizaciones gremiales, profesionales y sociales «oficialistas», a cambio del apoyo de sus miembros a uno u otro partido burgués.

A diferencia del Viejo Continente donde en ciertos países y períodos existieron condiciones favorables a la reforma progresista del capitalismo, en América Latina y el Caribe esta estrategia fue débil y desnaturalizada. Es cierto que en algunas de las naciones donde más avanzó la acumulación desarrollista de capitales, cuyo auge se registra entre 1929 y 1955, se aplicaron políticas de reforma social favorables al proletariado organizado y a la clase media urbana, pero a mediano y largo plazo, lo que predominó fue el *clientelismo*, es decir, la promoción por parte de las burguesías nacionales de sindicatos y organizaciones sociales «amarillas» que recibían privilegios a cambio de dividir a la clase obrera y otros sectores populares. Vale la pena apuntar que en la región no existía un desarrollo económico y social que permitiera la formación de un movimiento similar a la socialdemocracia europea.

Los procesos de reforma progresista del capitalismo latinoamericano que se produjeron en este período, casi todos liderados por burguesías desarrollistas, fueron: en Colombia, los gobiernos de Enrique Olaya (1930-1934) y Alfonso López Pumarejo (1934-1938 y 1942-1946); en México, el sexenio de Lázaro Cárdenas (1934-1940) y el de Miguel Ávila Camacho (1940-1946); en Chile, el gobierno del Frente Popular encabezado por Pedro Aguirre (1938-1942) y el de la Alianza Democrática presidido por Juan Antonio Ríos (1942-1946); y en Costa Rica, los gobiernos de Ángel Calderón (1940-1944) y Teodoro Picado (1944-1948). Por su parte, entre los proyectos populistas resaltan: en Brasil, el gobierno de Getulio Vargas (1930-1945) y, en Argentina, el golpe de Estado de 1943 a partir del cual adquiere relevancia Juan Domingo Perón, electo a la presidencia en 1946. En 1944 es derrocada en Guatemala la dictadura de Juan José Ubico, y después se abre la etapa de los gobiernos antimperialistas encabezados, el primero, por Juan José Arévalo (1945-1951) y, el segundo, Jacobo Arbenz (1951-1954).[38]

En las páginas de la revolución social latinoamericana y caribeña del siglo XX, resaltan la Revolución Mexicana (1910-1917), la sublevación campesina salvadoreña dirigida por Farabundo Martí (1932), la República Socialista implantada en Chile por el coronel Marmaduke Grove (1932), la revolución de los estudiantes y sargentos ocurrida en Cuba tras la caída del dictador Gerardo Machado (1933), la gesta en Nicaragua del «Pequeño Ejército Loco» de Augusto C. Sandino (1934), la lucha independentista en Puerto Rico liderada por Pedro Albizu Campos —quien fundó el Partido Nacionalista en 1922—, el pronunciamiento armado de la Alianza Nacional Libertadora de Brasil, organizado por Luiz Carlos Prestes (1945), y la Revolución Boliviana de 1952, encabezada —y después también revertida— por el Movimiento Nacionalista Revolucionario (MNR).[39]

El triunfo de la Revolución Cubana el 1ro. de enero de 1959 marca el inicio de una de las etapas más recientes de la historia de América Latina. Esa etapa se caracterizó por la consolidación del proceso revolucionario cubano, a pesar de las agresiones y el bloqueo del imperialismo norteamericano; la intensificación de las luchas revolucionarias, democráticas y nacionalistas; y la implantación de las dictaduras militares de «seguridad nacional» que

actuaron como punta de lanza de la violencia contrarrevolucionaria. Hitos
en esos años fueron los dos momentos de mayor auge de la lucha armada
revolucionaria ocurridos a principios y a finales de los años sesenta, incluidos la gesta del comandante Ernesto Che Guevara en Bolivia (1967); los
golpes de Estado nacionalistas y progresistas del general Juan Velasco Alvarado en Perú y del coronel Omar Torrijos en Panamá (ambos en 1968); la
designación del general Juan José Torres a la presidencia del gobierno militar de Bolivia (1970); la elección del presidente Salvador Allende en Chile,
al frente del gobierno de la Unidad Popular (1970); la rebelión armada que
llevó al Movimiento de la Nueva Joya al poder en Granada (1979); el triunfo
de la Revolución Popular Sandinista en Nicaragua (1979); y el auge de la
lucha armada en El Salvador, a partir de la creación del Frente Farabundo
Martí para la Liberación Nacional (1980), y en Guatemala desde la fundación de la Unidad Revolucionaria Nacional Guatemalteca (1982).

En respuesta al incremento de la lucha popular, a raíz del golpe de
Estado que derrocó al gobierno de João Goulart en Brasil, en abril de 1964,
el presidente Lyndon Johnson desechó la tradicional monserga democrática empleada por los gobernantes estadounidenses para justificar su injerencia
e intervención en América Latina, y enunció la Doctrina Johnson, la cual
proclama abiertamente que los Estados Unidos prefieren contar con *aliados
seguros* a tener *vecinos democráticos*. La Doctrina Johnson fue la plataforma de
lanzamiento de las dictaduras militares de «seguridad nacional», que ejercieron, con brutalidad sin precedentes, la capacidad represiva de las fuerzas
armadas —multiplicada por el asesoramiento, entrenamiento y equipa-
miento de los Estados Unidos—, con el propósito de destruir a los partidos,
organizaciones y movimientos populares y de izquierda; desarticular las
alianzas sociales y políticas construidas durante el período desarrollista; y
sentar las bases para la reforma neoliberal, iniciada en la segunda mitad de
los años setenta.

Como reacción contra las dictaduras militares y los gobiernos civiles
autoritarios, en la segunda mitad de los años sesenta se produce un repunte
de la lucha armada revolucionaria. Éste es el momento en que opera en Bolivia, entre abril y octubre de 1967, encabezado por el comandante Ernesto
Che Guevara, el Ejército de Liberación Nacional, algunos de cuyos sobrevi-
vientes intentan reeditar su experiencia entre 1968 y 1970. Ésa es también la

etapa de nacimiento, resurgimiento o auge de los siguientes movimientos revolucionarios: en Nicaragua, el Frente Sandinista de Liberación Nacional; en Argentina, los Montoneros, las Fuerzas Armadas Peronistas, Fuerzas Armadas Revolucionarias, el Partido Revolucionario del Trabajo y el Ejército Revolucionario del Pueblo; en Uruguay, el Movimiento Nacional de Liberación Tupamaros; en Brasil, el Movimiento Revolucionario 8 de Octubre, Vanguardia Popular Revolucionaria y Acción Liberadora Nacional, esta última encabezada por Carlos Mariguela; en Colombia, las Fuerzas Armadas Revolucionarias de Colombia; el Ejército de Liberación Nacional y el Ejército Popular de Liberación; en México, el Movimiento de Acción Revolucionaria y el Frente Urbano Zapatista; y en Puerto Rico, los Comandos Armados de Liberación y el Movimiento Independentista Revolucionario. En medio de este auge generalizado de las luchas populares, se celebran en Cuba la Conferencia Tricontinental (1966) y la primera Conferencia de Solidaridad con los Pueblos de América Latina (1967).[40]

En virtud de la violencia contrarrevolucionaria ejercida por el imperialismo norteamericano y sus aliados en la región, de las debilidades y errores de las fuerzas populares, y del cambio en la correlación mundial de fuerzas que se produciría con el desmoronamiento del bloque socialista europeo y de la propia Unión Soviética, en América Latina y el Caribe fueron destruidos todos los procesos de orientación popular, tanto de carácter *revolucionario* como *reformista*, que comenzaron con posterioridad al triunfo de la Revolución Cubana. Merecen destacarse el golpe de Estado que en 1973 derrocó al gobierno constitucional chileno de Salvador Allende; la invasión militar estadounidense que sesgó la vida en 1984 a la Revolución Granadina; la llamada Guerra de Baja Intensidad (GBI) que provocó la derrota de la Revolución Popular Sandinista en las elecciones de febrero de 1990; la desmovilización en Colombia del Movimiento 19 de Abril en marzo de 1990 y del Movimiento Guerrillero Quintín Lame, del Partido Revolucionario de los Trabajadores y de parte del Ejército Popular de Liberación, estos tres en febrero de 1991; y la firma de los Acuerdos de Paz en El Salvador en enero de 1992. Con estos acontecimientos puede considerarse concluida la etapa de auge de la lucha armada revolucionaria abierta a raíz del triunfo de la Revolución Cubana. Más tarde le seguiría la firma de los Acuerdos de Paz en Guatemala (diciembre de 1996), la cual se produce en momentos en que ya se ha iniciado una nueva etapa de lucha, caracterizada por el auge de la movilización social y la competencia electoral de la izquierda. El único país en el que la lucha armada no ha tenido un desenlace es Colombia, donde siguen actuando las Fuerzas Armadas Revolucionarias de Colombia (FARC) y el Ejército de Liberación Nacional (ELN), pero sin perspectivas de un triunfo militar que favorezca a esas guerrillas o al gobierno.

La izquierda latinoamericana en el gobierno: ¿sujeta a la hegemonía neoliberal o construyendo una contra-hegemonía popular?

Entre 1989 y 1992 se cierra la etapa histórica abierta por el triunfo de la Revolución Cubana, el 1ro. de enero de 1959, caracterizada por el flujo y reflujo de la lucha armada revolucionaria, y por la implantación de las dictaduras militares de «seguridad nacional» que actuaron como punta de lanza de la violencia represiva del imperialismo norteamericano, y se inicia la actual, en la que predominan la combatividad de los movimientos sociales en la lucha contra el neoliberalismo y los avances electorales obtenidos por la izquierda, a los que se dedican estas líneas.

Si se toma como punto de partida la elección mexicana del 6 de julio de 1988, la primera de la historia reciente en la que un candidato presidencial de izquierda, Cuauhtémoc Cárdenas, tuvo a su alcance el triunfo —del cual fue despojado mediante el fraude—, se aprecia que durante los primeros diez años, entre 1988 y 1998, los avances electorales se circunscribieron a los gobiernos municipales y provinciales, y las legislaturas nacionales. Por solo mencionar los casos más conocidos: en México, Cárdenas fue derrotado en las elecciones presidenciales de 1988, 1994 y 2000; en Brasil, le ocurrió lo mismo a Luiz Inácio Lula da Silva en 1989, 1994 y 1998; y, en Uruguay, a Líber Seregni en 1989 y a Tabaré Vázquez en 1994 y 2000. Entre otros factores, ello obedece a que los poderes fácticos tenían entonces la capacidad de neutralizar el creciente rechazo al neoliberalismo, con campañas de miedo basadas en el supuesto de que la elección de un gobierno de izquierda provocaría intolerables represalias del capital financiero transnacional. No es casual que el primer triunfo de un candidato presidencial de izquierda ocurrido en esta etapa, el de Hugo Chávez en la elección venezolana del 6 de diciembre de 1998, se produjese en medio de un colapso institucional que impidió a la oligarquía apelar al miedo o a cualquier otro recurso para evitarlo.

A veintiún años de la elección mexicana de 1988 y a más de diez de la elección venezolana de diciembre de 1998, cualquiera que sea el criterio para definir qué es un gobierno de izquierda o progresista, sea el más estrecho o el más amplio, el resultado no tiene precedente en la historia. Debido a que la problemática aquí abordada se manifiesta en todo gobierno que se considere incluido en una de esas dos clasificaciones, en este texto se emplea un criterio muy flexible, que si bien no refleja la opinión del autor, ello no afecta, sino por el contrario, ayuda a desarrollar su hipótesis.

En primer lugar, es preciso mencionar a Cuba. Al arribar a su 50 cumpleaños, la Revolución Cubana es el acontecimiento más trascendente de ese medio siglo latinoamericano. Su triunfo abrió una etapa de luchas de la izquierda que abarcó tres décadas. Su resistencia a partir de 1991 demostró que era posible construir y defender un proyecto de país a contracorriente de la avalancha neoliberal. Con un balance de aciertos y errores sin duda alguna muy favorable, Cuba se encamina al relevo de la generación fundadora de la revolución, con la meta pendiente de alcanzar el desarrollo económico, con el reto de satisfacer las siempre crecientes necesidades y expectativas que crea el desarrollo social y, sobre todo, con plena confianza en el socialismo.

Además de Cuba, de acuerdo con una definición muy amplia de izquierda y progresismo, que como ya se dijo, no en todos los casos reflejan la opinión del autor, los triunfos de candidatos presidenciales ubicados dentro de ese espectro son los de Hugo Chávez en Venezuela (1998, 2000 y 2006), Luiz Inácio Lula da Silva en Brasil (2002 y 2006), Néstor Kirchner en Argentina (2003), Martín Torrijos en Panamá (2004), Tabaré Vázquez en Uruguay (2004), Evo Morales en Bolivia (2005), Michelle Bachelet en Chile (2006), Daniel Ortega en Nicaragua (2006), Rafael Correa en Ecuador (2006), Cristina Fernández en Argentina (2007), Álvaro Colom en Guatemala (2007), Fernando Lugo en Paraguay (2008) y Mauricio Funes en El Salvador (2009). De esta relación, es preciso mencionar la derrota, en mayo de 2009, de la candidata del partido del presidente Torrijos que aspiraba a relevarlo en la presidencia de Panamá. Aunque este análisis no incluye al Caribe anglófono, es necesario mencionar que tres gobiernos de esa región encajan en los parámetros señalados: los de

Dominica, Guyana, y San Vicente y las Granadinas. También es necesario destacar los resultados electorales obtenidos en 2006 por los candidatos presidenciales Carlos Gaviria en Colombia, Ollanta Humala en Perú y Andrés Manuel López Obrador en México. Pese a que los dos primeros no fueron electos, y a que el tercero fue despojado de la victoria, los tres tuvieron desempeños extraordinarios.

A partir de las condiciones existentes en Venezuela, Bolivia y Ecuador, y de los fines que se proponen sus actuales mandatarios, cabe señalar que en estos tres países se desarrollan transformaciones radicales del *statu quo* mediante procesos constituyentes, lo cual no ocurre en el resto de los casos. El rasero más común para cuestionar las credenciales de izquierda de unos u otros de los gobiernos mencionados en el párrafo anterior es que, en mayor o menor medida, mantienen la política neoliberal heredada y priorizan las relaciones con el capital financiero transnacional. Algunos, incluso, están sujetos a tratados de libre comercio con los Estados Unidos. Si asumimos que el neoliberalismo es el *capitalismo real* de nuestros días, que dispone de *mecanismos transnacionales* de dominación para impedir la ejecución de *reformas nacionales de izquierda o progresistas*, y que ninguno de esos gobiernos ha roto con este sistema social —al margen de si existen o no condiciones para ello, y de si esa es o no su meta—, concluiremos que esa crítica tiene una base objetiva.

Para comprender la, en apariencia contradictoria, situación en la que, en mayor o menor medida, se encuentran todos los actuales gobiernos de izquierda y progresistas en América Latina, debe tenerse en cuenta que los espacios institucionales que ellos ocupan se abrieron con los condicionamientos derivados de la interacción entre cuatro elementos, tres de ellos positivos y uno negativo. Los elementos positivos son:

1. El acumulado de las luchas populares libradas durante toda su historia y, en particular, durante la etapa 1959-1989, en la cual, si bien no se alcanzaron todos los objetivos que esas fuerzas se habían planteado, ellas demostraron una voluntad y una capacidad de combate que obligó a las clases dominantes a reconocerle los derechos políticos que les estaban negados.[41]

2. La lucha en defensa de los derechos humanos, en especial contra los crímenes de las dictaduras militares de «seguridad nacional», que forzó la suspensión del uso de la violencia abierta y grosera como mecanismo de dominación.

3. El aumento de la conciencia, la organización y la movilización, social y política, registrado en la lucha contra el neoliberalismo, que establece las bases para un incremento sin parangón de la participación electoral de sectores populares antes marginados de ese ejercicio político.

Como contraparte, el factor negativo es la imposición del Nuevo Orden Mundial, que restringe aún más la independencia, la soberanía y la autodeterminación de las naciones del Sur. Fue, precisamente, la apuesta a que podría someter a los Estados nacionales latinoamericanos a los nuevos mecanismos supranacionales de dominación, la que, en primera y última instancia, movió al imperialismo norteamericano a dejar de oponerse *de oficio* a *todo* triunfo electoral de la izquierda, como había hecho históricamente.

En efecto, los triunfos electorales de la izquierda latinoamericana no son resultado exclusivo de factores positivos o negativos, sino de la interrelación de unos y otros. Interpretarlos solo como un producto del acumulado de las luchas populares, o solo como un reajuste en los medios y métodos de dominación capitalista, sería igualmente unilateral. Lo primero conduce a un triunfalismo injustificado: a pensar que la izquierda llegó «al poder» o que su inclusión en la alternancia democrático burguesa es «la meta final». Lo segundo conduce a una negación igualmente injustificada: a pensar que la dominación imperialista es infalible o a exigir a los actuales gobiernos de izquierda o progresistas que actúen como si fuesen producto de una revolución.

La situación latinoamericana se comprende mejor si apelamos al concepto de hegemonía. América Latina transita por un proceso análogo al ocurrido en los países capitalistas más desarrollados a partir del último cuarto del siglo XIX. Ese proceso es la sustitución de la *dominación violenta* por la *hegemonía burguesa*. El nacimiento de la democracia burguesa, entendido como el establecimiento de la hegemonía burguesa, fue el resultado de la interacción entre las conquistas arrancadas a la burguesía por los movimientos obreros, socialistas y feministas, y las reformas políticas que la propia burguesía necesitaba realizar en función de los cambios en el proceso de acumulación derivados del surgimiento de la gran industria. De forma análoga, hoy asistimos en América Latina a un proceso de sustitución de los medios y métodos más brutales de dominación por una nueva modalidad de hegemonía burguesa, en el que también interactúan las conquistas arrancadas a la clase dominante y las reformas que esta última necesita hacer.

Las características de la implantación de la hegemonía burguesa en América Latina son:

1. Se produce en una región subdesarrollada y dependiente, como parte de un proceso de concentración transnacional de la riqueza y el poder político, y no como en la Europa de fines del siglo XIX y las primeras seis décadas del XX, en países beneficiados por un desarrollo económico, político y social capitalista basado en la explotación colonial y neocolonial, que les permitió acumular excedentes y redistribuir una parte de ellos entre los grupos sociales subordinados.

2. La ideología hegemónica es el neoliberalismo, no como en el Viejo Continente, donde ese proceso estuvo influenciado por el liberalismo político emanado de la Revolución Francesa.

Estas características marcan una diferencia fundamental con el concepto gramsciano de hegemonía. En las condiciones estudiadas por Antonio Gramsci, la hegemonía abría espacios de confrontación dentro de la democracia burguesa que los sectores populares podían aprovechar para arrancarle concesiones a la clase dominante, pero la *hegemonía neoliberal* abre espacios *formales* de gobierno con el objetivo de que no puedan ser utilizados para hacer una reforma progresista del capitalismo.

Nada más lejos del propósito de este texto que demeritar los triunfos electorales de la izquierda latinoamericana o hacer pronósticos fatalistas. Por el contrario, tal como Gramsci estudió la hegemonía burguesa de su época y llamó a construir una contra-hegemonía popular, de lo que se trata es de hacer hoy lo propio. Conscientes de que es imposible e indeseable «volver atrás la rueda de la historia»,[42] hay que definir dónde estamos para empujarla hacia adelante.

El problema planteado es complejo, entre otras razones, porque no encaja en los patrones conocidos de revolución y reforma. Los gobiernos de esta «nueva hornada» de izquierda nacen y actúan en condiciones diferentes a las que lo hicieron los gobiernos surgidos de las vertientes históricas del movimiento obrero y socialista mundial: la que optó por la revolución socialista y la que optó por la reforma socialdemócrata del capitalismo. La izquierda que hoy llega al gobierno en América Latina no destruye al Estado burgués, ni elimina la propiedad privada sobre los medios de producción, ni funda un nuevo poder, ejercido manera exclusiva por las clases desposeídas. En sentido contrario, tampoco puede construir una réplica del «Estado de bienestar», del que abjuró la socialdemocracia europea.

La izquierda latinoamericana accede al gobierno acorde con las reglas de la democracia burguesa, incluido el respeto a la alternabilidad, en este caso con la ultraderecha neoliberal que, desde la oposición obstaculiza, y si regresa al gobierno revertirá, las políticas que ella ejecuta, por «benignas» que sean. Sin embargo, en ciertas circunstancias, el asunto no es solo la alternabilidad con la ultraderecha neoliberal, sino que para llegar al gobierno —y para gobernar— la izquierda se siente obligada a establecer alianzas con fuerzas ubicadas a su derecha. Y, además, en ocasiones, la cuestión tampoco radica únicamente en la alternabilidad y las alianzas externas, sino en que dentro de los propios partidos, movimientos, frentes y coaliciones de izquierda hay corrientes socialistas, socialdemócratas y de otras identidades, que tienen discrepancias sobre cuánto respetar y cuánto forzar los límites del sistema de dominación.

No tendría sentido que este ensayo concluyera con un juicio del autor sobre en que medida unos u otros de los actuales gobiernos de izquierda y progresistas existentes en América Latina están sujetos a la hegemonía neoliberal y en que medida están construyendo contra-hegemonía popular. En ningún caso habría una respuesta químicamente pura. Por cuanto se adentran en un terreno inexplorado, lo esencial es que cada partido, movimiento o frente político que participa en esos gobiernos se plantee esa interrogante en forma permanente.

Palabras finales

Ni la reforma social ni la revolución siguieron el camino concebido por sus respectivos precursores, pero hay una diferencia esencial entre uno y otro. Como lo demuestra su historia, el reformismo fue progresista en los países y circunstancias en que ello fue funcional a la reproducción del capital, y ha sido, es hoy, y será, regresivo y reaccionario porque esto es lo que la reproducción del capital demanda. Al estar estructuralmente atado a los avatares de la reproducción capitalista, dentro de un sistema social decadente, que prolonga artificialmente su vida por medio de una colosal destrucción económica, social y medioambiental, el reformismo no es una opción estratégica para la solución de los graves y urgentes problemas que enfrenta la humanidad. En sentido inverso, dado que el horizonte histórico de la revolución está abierto a la creatividad de los pueblos, la revolución latinoamericana del siglo XXI no tiene por qué seguir el curso de aquellos *proyectos* que no llegaron a cuajar en *procesos reales*, ni de aquellos *procesos* que sí se materializaron, pero con características y obstáculos no previstos, que los llevaron al fracaso a corto, mediano o largo plazo.

El futuro de la izquierda latinoamericana que hoy ejerce el gobierno o participa de él, estará determinado por la creatividad y la convicción con que avance de la *reforma* a la *transformación social* y de la *transformación social* a la *revolución*.

La disyuntiva sigue siendo socialismo o barbarie. Para enfrentarla, la izquierda latinoamericana tiene que desentrañar la nueva relación dialéctica entre reforma y revolución, encontrar los medios y métodos adecuados para emprender la transformación social revolucionaria y construir los paradigmas del socialismo latinoamericano del siglo XXI.

Notas

1.   «Aunque el socialismo, en un sentido, empezó mucho antes, y en otro sentido algunas décadas después de la gran Revolución Francesa, hay [...] razones suficientes para tomar el año 1789 como punto de partida para un estudio del desarrollo de las ideas socialistas modernas. Éste es el momento desde el cual es posible seguir, no solo un desarrollo continuo en la esfera del pensamiento, sino también una conexión creciente entre el pensamiento y los movimientos que tratan de darle

expresión práctica». G. D. H. Cole: *Historia del Pensamiento Socialista I: Los precursores (1789-1850)*, Fondo de Cultura Económica, México D. F., 1986, p. 19.

2. Cole ofrece un excelente análisis sobre el papel de la Revolución Francesa como precursora del pensamiento socialista. Ibidem: pp. 9-29.

3. Federico Engels: «Del socialismo utópico al socialismo científico», Carlos Marx y Federico Engels, *Obras Escogidas* en dos tomos, Editorial Progreso, Moscú, 1971, t. 2, p. 116.

4. Ibidem: p. 117.

5. Así recapitula Lenin la trayectoria del marxismo: «Durante el primer medio siglo de su existencia, el marxismo impugnó las teorías que le eran profundamente hostiles. En la primera mitad de la década del 40, Marx y Engels saldaron cuentas con los jóvenes hegelianos radicales, que abrazaban el idealismo filosófico. A fines de esta década, pasa a primer plano la lucha en el terreno de las doctrinas económicas contra el proudhonismo. Esta lucha culmina en la década del 50: crítica de los partidos y de las doctrinas que se habían dado a conocer en el turbulento año 1848. En la década del 60, la lucha se desplaza del campo de la teoría general a un terreno más cercano al movimiento obrero propiamente dicho: expulsión del bakunismo de la Internacional. A comienzos de la década del 70 descuella en Alemania por breve tiempo el proudhonista Mülberger; a fines de esa década, el positivista Dürihng. Pero la influencia de uno y otro en el proletariado es ahora insignificante en extremo. El marxismo alcanza ya el triunfo absoluto sobre todas las demás ideologías del movimiento obrero». Vladimir Ilich Lenin: «Marxismo y Revisionismo», *Obras Completas*, t. 17, Editorial Progreso, Moscú, 1986, p. 18.

6. G. D. H. Cole: *Historia del Pensamiento Socialista I: Los precursores*, op. cit., p. 223.

7. Carlos Marx y Federico Engels: «Manifiesto del Partido Comunista», Carlos Marx y Federico Engels, *Obras Escogidas* en dos tomos, Editorial Progreso, Moscú, 1971, t. 1, p. 29.

8. Ibidem: p. 38.

9. Carlos Marx y Federico Engels: «Mensaje del Comité Central a la Liga de los Comunistas», Carlos Marx y Federico Engels, *Obras Escogidas* en dos tomos, Editorial Progreso, Moscú, 1971, p. 97.

10. Ibidem: p. 98.

11. Cole afirma que: «este dilema, reforma contra revolución, no fue objeto de una lucha definitiva hasta un período posterior [...] pero en la década de 1860 ya había aparecido tanto en la Gran Bretaña como en los Estados Unidos y en Suiza, aunque apenas en Francia, Bélgica y Alemania, menos aun en Italia y nada en España». G. D. H. Cole: *Historia del pensamiento socialista II: marxismo y anarquismo (1850-1890)*, Fondo de Cultura Económica, México D. F., 1986, p. 7.

12. Federico Engels: "Introducción de Federico Engels" a la edición de 1895 de «Las luchas de clase en Francia de 1848 a 1850», Carlos Marx y Federico Engels, *Obras Escogidas* en dos tomos, Editorial Progreso, Moscú, 1971, t. 1, p. 115.

13. «También en los países latinos —afirma Engels— se va viendo cada vez más que hay que revisar la vieja táctica. En todas partes se ha imitado el ejemplo alemán del empleo del sufragio, de la conquista de todos los puestos que están a nuestro alcance; en todas partes han pasado a segundo plano los ataques sin preparación

[...] Huelga decir que no por ello nuestros camaradas extranjeros renuncian, ni mucho menos a su derecho a la revolución. No en vano el derecho a la revolución es el único "derecho" *realmente* "histórico", el único derecho en que descansan todos los Estados modernos sin excepción». Ibidem: p. 119.

14. Carlos Marx: «Crítica del programa de Gotha», Carlos Marx y Federico Engels, *Obras Escogidas* en dos tomos, Editorial Progreso, Moscú, 1971, t. 2, pp. 5-29.

15. «La idea política central de Lassalle era que la clase obrera alemana tenía que organizarse en una poderosa asociación nacional cuya primera exigencia sería el sufragio universal directo. Pensaba que, sin el sufragio universal nada, o por lo menos nada importante podría hacerse para mejorar la posición económica de los trabajadores. Sin embargo, tan pronto como estos obtuviesen el derecho al voto, obtendrían con él el poder para hacer del Estado un servidor de sus deseos. De hecho, el Estado se convertiría en lo que Lassalle siempre insistía que era necesariamente, siempre y en todas partes, en la medida de la legitimidad: el instrumento para promover el bien general de todo el pueblo. A continuación Lassalle pedía a los obreros que, una vez ganado el voto, lo empleasen para insistir en que el Estado les permitiera llegar a ser dueños de sí mismos, poniendo a su disposición el capital y el crédito que les permitiría prescindir de los patronos capitalistas y reservar para sí mismos todo el producto de su producción colectiva.» G. D. H. Cole: *Historia del pensamiento socialista II: marxismo y anarquismo (1850-1890)*, op. cit., p. 82.

16. Para mayor información sobre los orígenes del posibilismo, véase Ibidem: pp. 305, 397-398 y 410-411. Véase también a G. D. H. Cole: *Historia del pensamiento socialista III: la Segunda Internacional (1889-1914)*, Fondo de Cultura Económica, México, 1986, pp. 18-24, 48 y 304-308.

17. Para mayor información sobre los orígenes y la trayectoria del fabianismo, véase a G. D. H. Cole: *Historia del pensamiento socialista II: marxismo y anarquismo (1850-1890)*, op. cit., pp. 373-381, p. 397 y 411-412. Véase también a G. D. H. Cole. *Historia del Pensamiento Socialista III: La Segunda Internacional (1889-1914)*, op. cit., 108-123, 180-202, 213, 260-261, 256; a G. D. H. Cole: *Historia del pensamiento socialista IV: La Segunda Internacional (1889-1924) Segunda Parte*, Fondo de Cultura Económica, México, 1965, p. 405; a G. D. H. Cole: *Historia del pensamiento socialista VII: Socialismo y Fascismo (1931-1939)*, Fondo de Cultura Económica, México, 1965, pp. 72-73 y pp. 179-180.

18. Así sintetiza Lenin su crítica al revisionismo: «"El fin no es nada, el movimiento lo es todo". Esta frase proverbial de Bernstein expone la esencia del revisionismo mejor que muchas largas disertaciones. Determinar de cuando en cuando la conducta que se debe seguir, adaptarse a los acontecimientos del día, a los virajes de las minucias políticas, olvidar los intereses cardinales del proletariado y los rasgos fundamentales de todo el régimen capitalista, de toda la evolución del capitalismo y sacrificar estos intereses cardinales por ventajas reales o supuestas del momento: ésa es la política revisionista y de su esencia misma se desprende con toda certidumbre que esta política puede adoptar formas infinitamente diversas y que cada problema un tanto "nuevo", cada viraje un tanto inesperado e imprevisto de los acontecimientos —aunque este viraje solo altere la línea fundamental del desarrollo en proporciones mínimas y por el plazo más corto dará lugar, siempre, a tal o cual variedad de revisionismo.» Vladimir Ilich Lenin: «Marxismo y Revisionismo», *Obras Completas*, t. 17, Editorial Progreso, Moscú, 1986, p. 24.

19. Para mayor información sobre el reformismo y el revisionismo, véase a G. D. H. Cole: *Historia del Pensamiento Socialista III: La Segunda Internacional (1889-1914)*, op. cit., pp. 259-287.

20. Rosa Luxemburgo: *Reforma Social o Revolución y otros escritos contra los revisionistas*, Editorial Fontamara S. A., México, D. F., 1989, pp. 119-120.

21. Véase a Vladimir Ilich Lenin: «La Bancarrota de la II Internacional», *Obras Completas*, t. 26, Editorial Progreso, Moscú, 1986, pp. 221-280.

22. «¿Cuáles son —se pregunta Lenin—, en términos generales, los síntomas distintivos de una situación revolucionaria? Seguramente —él mismo se contesta— no incurrimos en error si señalamos estos tres síntomas principales: 1) La imposibilidad para las clases dominantes de mantener inmutable su dominación; tal o cual crisis de las "alturas", una crisis en la política de la clase dominante que abre una grieta por la que irrumpen el descontento y la indignación de las clases oprimidas. Para que estalle la revolución no suele bastar con que "los de abajo no quieran", sino que hace falta, además, que "los de arriba no puedan" seguir viviendo como hasta entonces. 2) Una agravación, fuera de lo común, de la miseria y de los sufrimientos de las clases oprimidas. 3) Una intensificación considerable, por estas causas, de la actividad de las masas, que en tiempos de "paz" se dejan expoliar tranquilamente, pero que en épocas turbulentas son empujadas, tanto por toda la situación de crisis, *como por los mismos "de arriba"*, a una acción histórica independiente. Sin estos cambios objetivos, no sólo independientes de la voluntad de los distintos grupos y partidos, sino también de la voluntad de las diferentes clases, la revolución es, por regla general, imposible. El conjunto de estos cambios objetivos es lo que se denomina situación revolucionaria. No toda situación revolucionaria origina una revolución, sino tan sólo la situación en que a los cambios objetivos arriba enumerados se agrega un cambio subjetivo, a saber: la capacidad de *la clase* revolucionaria de llevar a cabo acciones revolucionarias de masas lo suficientemente *fuertes* para romper (o quebrantar) el viejo Gobierno, que nunca, ni siquiera en las época de crisis "caerá" si no se le "hace caer"». Vladimir Ilich Lenin: «La Bancarrota de la II Internacional», *Obras Completas*, t. 26, Editorial Progreso, Moscú, 1986, pp. 228-229.

23. Carlos Marx: «Proyecto de respuesta a la carta de V. I. Zasúlich», Carlos Marx y Federico Engels, *Obras Escogidas* en 3 tomos, Editorial Progreso, Moscú, 1973, t. 3, p. 162.

24. Federico Engels: "Prefacio a la segunda edición rusa de 1882" del «Manifiesto del Partido Comunista», ob. cit., p. 14.

25. Incluso Cole, bien conocido crítico de Marx, Engels y Lenin, y del concepto de revolución, concluye: «La Revolución Alemana de 1918 fue de hecho [...] el ejemplo más completo de la manera errónea de hacer una revolución. Los reformistas que quieren solo cambios graduales y no demasiado radicales pueden permitirse hasta cierto punto incorporar a la nueva estructura la mayor parte de la antigua —utilizar la burocracia y los tribunales existentes e inclusive oficiales del ejército—, aunque la medida en que puedan hacerlo depende de las actitudes mentales de estos grupos sociales. Una revolución verdadera, por otra parte, debe, para sobrevivir, sino barrer en absoluto con todo lo anterior, efectuar cuando menos un cambio decisivo en la composición de los altos cargos administrativos, el poder judicial y las fuerzas armadas y debe colocar de inmediato en las posiciones claves a personas

en cuyo apoyo a la causa revolucionaria puede confiarse.» G. D. H. Cole: *Historia del pensamiento socialista VI: Comunismo y Socialdemocracia (1914-1931) Segunda Parte*, Fondo de Cultura Económica, México D. F., 1986, pp. 388-389.

26.   Anthony Giddens: *The Third Way: The Renewal of Social Democracy*, Polity Press, Cambridge, 1988, p. 4. «Lo que se convirtió en el "Estado de bienestar" (un término que no fue ampliamente utilizado hasta los años sesenta y el cual William Beveridge, el arquitecto del Estado de bienestar británico, abiertamente rechazaba) ciertamente ha abigarrado la historia. Sus orígenes estuvieron muy distantes de los ideales de la izquierda —en parte fue creado para disipar la amenaza socialista. Los grupos gobernantes que establecieron el sistema de seguridad social en la Alemania imperial en las postrimerías del siglo XIX despreciaban la economía de *laissez-faire* tanto como al socialismo. Sin embargo, el modelo de Bismarck fue copiado por muchos países. Beveridge visitó Alemania en 1907 para estudiar el modelo. El Estado de bienestar tal como existe hoy en Europa fue producido en y por la guerra, como lo fueron tantos aspectos de la ciudadanía nacional». Ibidem: p. 111.

27.   Para conocer con mayor detalle las opiniones del autor sobre el balance histórico de la acción de las corrientes reformistas del movimiento obrero y socialista, véase a Roberto Regalado: *América Latina entre siglos: dominación, crisis, lucha social y alternativas políticas de la izquierda* (edición actualizada), Ocean Sur, México D. F., 2006, pp. 17-100.

28.   En las circunstancias en que se produce la Revolución de Octubre, el problema *universal* planteado por Marx y Engels sobre la sustitución del Estado burgués por un Estado socialista y de la sustitución de la propiedad privada por la propiedad social de los medios de producción, cuya solución habían concebido para el escenario *particular* de la Europa occidental de la tercera y cuarta décadas del siglo XIX, tuvo que ser replanteado y resuelto en una situación histórica muy diferente. Ese es uno de los grandes méritos de Lenin, entre cuyas primeras obras resalta «El desarrollo del capitalismo en Rusia», que le sirve de base teórica para aplicar el marxismo, de manera dialéctica, a la situación revolucionaria concreta en que ejerce su liderazgo. Véase a Vladimir Ilich Lenin: «El desarrollo del capitalismo en Rusia», *Obras Completas*, t. 3, Editorial Progreso, Moscú, 1981.

29.   «Dictadura —explicaba Lenin— no significa por la fuerza supresión de la democracia para la clase que la ejerce sobre las otras clases, pero sí significa necesariamente supresión (o una restricción esencialísima, que es también una forma de supresión) de la democracia para la clase sobre la cual se ejerce la dictadura».Vladimir Ilich Lenin: «La revolución proletaria y el renegado Kautsky», *Obras Completas*, t. 37, Editorial Progreso, Moscú, 1981, p. 252.

30.   Vladimir Ilich Lenin: «El Estado y la Revolución», *Obras Completas*, t. 33, Editorial Progreso, Moscú, 1981, p. 91.

31.   Ibidem: p. 120.

32.   A partir de la segunda mitad de la década de 1950, en el período más álgido de la guerra fría, se profundiza la fragmentación del movimiento comunista —iniciada a finales de los años veinte con la purga de Trotsky—, entre otros factores, por la crítica pública al estalinismo, la invasión a Hungría (1956) y la ruptura chino-soviética, a lo que se sumó, en los años sesenta, el salto experimentado por el desarrollo

económico y social capitalista, el «efecto vitrina» del «Estado de bienestar» europeo occidental, el rechazo a la invasión a Checoslovaquia (1968) y a Afganistán (1979).

33. Para mayor información consultar Piero Gleijeses: *Misiones en conflicto: La Habana, Washington y África 1969-1976*, Editorial de Ciencias Sociales, La Habana, 2002.

34. La noción que predomina hoy en el debate sobre estrategia y táctica de la izquierda latinoamericana es que el «paradigma soviético» no resolvió los problemas teóricos y prácticos de la viabilidad del poder revolucionario en sus dos dimensiones principales, el *poder económico* y el *poder político*. En lo económico, la opinión más generalizada es que el esquema soviético fue estructural y funcionalmente incapaz de transitar de la fase extensiva a la fase intensiva del desarrollo económico y social. En lo político, prevalece el criterio de que la URSS no logró conjugar el *centralismo* con la *democracia*, es decir, construir un poder político lo suficientemente centralizado para enfrentar las tareas de la defensa y el desarrollo, pero también lo suficientemente democrático para retroalimentarse mediante una genuina participación y representación popular.

35. Para un resumen analítico de las corrientes de pensamiento más arraigadas e influentes en las luchas populares latinoamericanas, consúltese a Francisco Zapata: *Ideología y política en América Latina*, El Colegio de México, Centro de Estudios Sociológicos, México D. F., 2002.

36. Sergio Guerra Vilaboy: *Historia Mínima de América Latina*, Editorial Pueblo y Educación, La Habana, 2003, pp. 209-210.

37. Francisco Zapata: ob. cit., p. 16.

38. Para más información sobre el tema, véase a Luis Suárez Salazar: *Un siglo de terror en América Latina: una crónica de crímenes contra la humanidad*, Ocean Press, Melbourne, 2006, pp. 209-216.

39. Ibidem: pp. 157-170. Véase también a Sergio Guerra: *Etapas y procesos en la historia de América Latina*, Centro de Información para la Defensa, La Habana, [s. a.], p. 40; y a Sergio Guerra: *Historia mínima de América Latina*, op. cit., p. 253.

40. Véase a Luis Suárez Salazar: ob. cit., p. 293.

41. Por solo citar un ejemplo, sería impensable que el Frente Farabundo Martí para la Liberación Nacional (FMLN) fuese hoy el partido de gobierno en El Salvador, si no hubiese desarrollado la lucha armada entre 1980 y 1982 y si no hubiese arribado a la firma de los Acuerdos de Chapultepec, en enero de 1992, como una fuerza militar invicta.

42. Carlos Marx y Federico Engels: «Manifiesto del Partido Comunista», op. cit., p. 29.

Reforma o Revolución: ¿un debate indispensable en América Latina?

Germán Rodas*

Los antecedentes históricos e ideológicos de la asimetría

Con la finalidad de aproximarnos al objetivo de este texto, es ineludible acercarnos a la realidad histórica a partir de la cual se generaron las contradicciones ideológicas y políticas que marcaron esta asimetría conocida como revolución y reforma, cuyo recuento es válido a fin de favorecer la reflexión en la perspectiva los modelos de cambio estructural que demanda la región.

El debate y la acción en las filas de la izquierda, en los complicados vericuetos de la historia y a propósito de modificar el orden establecido, han estado atravesados, fundamentalmente, por las características particulares del desarrollo del modelo económico y social. No obstante, a más de lo afirmado, en ello también influye la praxis política, definida a partir de los arquetipos de la táctica y la estrategia, que no solamente expresan la comprensión o no de las reglas que determinan la existencia de un orden determinado, sino que dan cuenta de la valoración adecuada o no de las particularidades de la sociedad a la que se confronta.

Es evidente que luego del paso de los años cualquier aproximación crítica a los comportamientos de la izquierda —de la sociedad en su

---

* Escritor e historiador, docente de la Universidad Andina Simón Bolívar de Quito, dirigente del Partido Socialista del Ecuador, secretario de la Coordinación Socialista Latinoamericana y miembro de la ADHILAC, sección Ecuador.

conjunto— parecería una disección cómoda y academicista, pero no es menos cierto que sin esta conducta no seríamos capaces de aprehender los valores sustanciales de las luchas sociales y las particularidades de ellas. Pero ante todo, en el mundo de las ideas, no podríamos establecer su desarrollo.

No de otra forma ha de entenderse, por ejemplo, que en este momento seamos capaces de identificar con rigor las causas debido a las cuales se plantearon los objetivos del socialismo utopista, que es lo mismo que decir los intentos por superar una sociedad, cuando las limitaciones del desarrollo del sistema capitalista encubrían las reales contradicciones entre explotadores y explotados, en momentos en que, además, los instrumentos filosóficos y doctrinarios no permitían un adecuado acercamiento para la identificación de tales circunstancias.

Conforme las contradicciones se volvieron más evidentes, lo que a la par significó el desarrollo del modelo hegemónico, las tensiones sociales se evidenciaron con mayor nitidez. Y desde luego, para comprender las nuevas realidades, las argumentaciones teóricas favorecieron el desarrollo del pensamiento crítico, la contraposición de ideas, la reflexión y el debate y, sustancialmente, la toma de posiciones frente a sus diversas determinaciones.

Aquello ocurrió en el siglo XIX a lo largo de toda Europa (con matices diferentes) a partir de las desigualdades que se habían generado luego del triunfo de la llamada Revolución Industrial (y del surgimiento de abundantes núcleos obreros) particularmente cuando los centros del poder económico arreciaron su confrontación en contra de los que pregonaban un modelo social distinto.

En efecto, en los países pioneros de la industrialización los problemas se agudizaron con los adelantos adquiridos por la industria siderúrgica, lo cual favoreció la pérdida de importancia de la pequeña burguesía y del artesanado, y la expoliación de la clase trabajadora que fue organizándose para enfrentar las nuevas circunstancia sociales (incluida la crisis económica que arreció por aquellos años) de la mano de núcleos socialistas, algunos de los cuales, con formulaciones claramente diferenciadas de la pequeña burguesía, expusieron las causas de la explotación, lo que favoreció la denominada revolución de 1848, ocurrida en Francia, y cuyo fracaso permitió decantar las posiciones ideológicas al interior de la amplia gama del socialismo, asunto que adquirió matices ideológicos claros con el aparecimiento, en ese mismo año, del *Manifiesto del Partido Comunista* de Marx y Engels.[1]

Luego de estos sucesos, el socialismo emergió con mayor solidez para atender los reclamos de la clase trabajadora europea en medio de la constitución de la Internacional fundada por Marx y Engels, en 1864, y a partir dos ópticas que en el tiempo fueron diferenciándose claramente: aquellos que creían que era posible presionar el cambio desde acciones insurreccionales y otros que suponían que de lo que se trataba era de avanzar en objetivos puntuales y en reformas sociales para lograr sus derechos.

Esta realidad fue más evidente en Alemania en los años setenta del siglo XIX, tanto más que en dicho país se había logrado la implantación del sufragio universal (como corolario a la lucha de los seguidores de Ferdinand Lassalle), lo cual, según aquellos, abrió nuevas oportunidades para alcanzar leyes de amplio beneficio social y popular.

Tal corriente, alcanzó enorme influencia en Alemania y en el resto de Europa, cuando se unificaron el partido lassalleano y el partido marxista. El partido unificado estableció en sus postulados una orientación marxista, a contrapelo de haber puesto en marcha la vía de las reformas sociales progresistas como una especie de «curarse en sano» frente a lo que hasta entonces había significado el aparente fracaso de las luchas insurreccionales obreras, como la producida en la Comuna de París en 1871.

De esta manera, al mismo tiempo, desde hace más de un siglo se produjo el debate filosófico y político sobre la concepción misma de la historia y respecto de las formas para modificar el mundo injusto en la que vivían los seres humanos. Tal debate cobró inusitado vigor en Alemania, como queda dicho, a propósito de la instrumentalización parlamentaria por la que muchos sectores obreros y populares optaron en la perspectiva de lograr leyes que les beneficien en el mediano plazo.

Así, cuando el alemán Eduard Bernstein, entre 1896 y 1898, escribió y publicó varios artículos sobre el marxismo clásico bajo el título de «Problemas del Socialismo» (que luego serían condesados en su libro *Socialismo Evolutivo*), dejó ante todo en claro su ruptura filosófica con Hegel y su aproximación a Kant, a partir de cuyo proceso planteó una nueva síntesis filosófica: la de Marx con Kant, en el marco de lo que se interpretó como una respuesta, según su opinión, a los niveles de estabilidad del capitalismo. Su propuesta ideológica[2] —en el esquema de la ruptura con el marxismo— constituyó el preámbulo para la argumentación política que luego defendería y que la expresaría con increíble síntesis en la frase siguiente: «El fin no es nada, el movimiento lo es todo».

La ruptura ideológica de Bernstein a la que me refiero es fundamental para comprender su posterior tránsito político, pero ante todo para aproximarnos a la caracterización que aquél hiciera del socialismo, al cual identificó tan solo como un ideal ético de largo plazo. Tal particularización del socialismo demuestra la exclusión de Bernstein respecto de la dialéctica Hegeliana y, particularmente, de las argumentaciones del materialismo dialéctico. Pero, además, trasuntan una postura de conciliación de clases —cuando no negación de ellas— bajo el artificio de que era posible superar las contradicciones al interior de la propia sociedad de aquel entonces, esto es en la sociedad capitalista.

Esta compostura filosófica le sirvió de telón de fondo a Bernstein para preconizar, en lo político, la transición a una sociedad socialista mediante la utilización adecuada de la democracia representativa. Tal percepción sería la que llevó al político alemán, y a sus seguidores, a definir como estrategia de lucha la participación electoral parlamentaria, utilizando las alianzas necesarias (entre otras con el radicalismo liberal) con el objetivo de obtener en tal institución una mayoría que le permitiese fabricar las condiciones legales para eliminar los privilegios y las desigualdades.

Las argumentaciones críticas de Bernstein al marxismo fueron apuntaladas bajo varios otros argumentos como aquel que lo señalara repetitivamente y que se refiere a que Marx y Engels fundamentaron sus apreciaciones económicas en referencia a una burguesía que, hasta entonces, había cambiado sustancialmente dando origen a grupos medios con intereses particulares y concretos a quienes se les podía convocar desde el mensaje político (¿desde las alianzas electorales?). Este análisis constituyó otra de las razones para suponer que el sufragio universal era el arma sustantiva de los trabajadores, quienes se movilizarían masivamente para votar por «lo suyos», arrastrando en su objetivo político a otros sectores sociales.

En el entorno de esta realidad (que favoreció el surgimiento de lo que llamamos la socialdemocracia alemana) resalta la figura y el pensamiento de Rosa Luxemburgo (la erudita polaca que echó raíces en Alemania), quien publicó una serie de artículos, a partir de septiembre de 1898, hasta poner en circulación, en una primera edición, en 1899, su libro *Reforma o Revolución*, que no solamente cuestionó el revisionismo de Bernstein —y en tal confrontación asumió la defensa del marxismo—, sino que también abogó por objetivos distintos en la perspectiva de la toma del poder.

La segunda edición del mentado libro apareció en 1908 y si bien los argumentos centrales de su cuestionamiento al ala socialdemócrata se mantuvieron, Rosa profundizó en esta nueva edición los argumentos centrales de su inicial confrontación con Bernstein.

El debate de fondo, en todo caso, debe aprehenderse desde del hecho explícito que la corriente revolucionaria defendió a partir de la existencia de la lucha de clases, en tanto que los reformistas la desdeñaban ante la posibilidad de lograr la hegemonía para obtener sus fines. Allí, a mi entender, está el verdadero debate entre Bernstein y Rosa de Luxemburgo. Y a partir de ello la gran diferencia en los objetivos: Rosa se planteaba cambios radicales, Bernstein modificaciones epidérmicas. La primera, cambios cualitativo; el segundo, cambios cuantitativos. Rosa quería un orden económico y social distinto, Bernstein supuso que el propio sistema podía hacer concesiones para dejar de ser tan perverso estructuralmente hablando.

Las diferencias fueron evidentes. Los puntos de partida filosóficos distintos, las acciones políticas disímiles. El método o los métodos para alcanzar sus expectativas respondieron a las condiciones históricas del momento y, seguramente, en ambos casos, aún no estaban preñadas de los acontecimientos posteriores que dejaron enormes enseñanzas al movimiento social y político de toda la humanidad, particularmente el relativo al que ocurrió con el triunfo de la Revolución de Octubre, a partir de cuya circunstancia se decantaron las posiciones políticas fundamentales y se asumieron los compromisos, tanto más que hasta ese momento «el enfrentamiento entre las corrientes reformista y revolucionaria del movimiento socialista se expresaba en un debate teórico de carácter general, pero a partir de entonces este enfrentamiento pasaría de la teoría a la práctica y de lo general a lo particular».[3]

El debate teórico que se había provocado en Alemania fue, posteriormente, confrontado en la práctica en el escenario ruso entre los moderados y los radicales. Los bolcheviques defendieron la tesis que dada la naturaleza cambiante del sistema económico, se debía adoptar una estrategia política

que preservara el objetivo final del movimiento: el socialismo. Los menche-
viques, por su parte, supusieron que cualquier determinación que vinculara
las tareas inmediatas con el objetivo final, sería inadecuado para el movimiento socialista.

Si bien el triunfo de la Revolución Rusa de 1917 propició una adicional
situación concreta para que se asumieran posturas respecto del debate
que se había iniciado décadas atrás, fue la Primera Guerra Mundial la que
demostró el derrotero final de quienes habían optado para que el denominado *movimiento socialista* se asegurara de los beneficios que le podía dar el
orden existente.

En efecto, mientras se desencadenó la conglaración, la II Internacional
(fundada en 1889, con una importante hegemonía del socialismo Alemán)
sufrió su muerte política, pues los partidos socialistas que la integraban, a
excepción del ruso, no pusieron en práctica su compromiso de oponerse a la
guerra y de aprovechar la crisis para propiciar el espacio necesario que les
permitiera revertir el orden social y político a su favor.

Es más, no solamente incumplieron el compromiso al que aludo, sino
que apoyaron a sus Estados en el conflicto internacional, legitimando a
los gobiernos conservadores del período y favoreciendo el desarrollo del
nacionalismo, más allá de la circunstancia de no darse por convocados a la
III Internacional, cuando el partido triunfante en Rusia propició tal unidad.

Todos estos elementos constituirían los antecedentes para que en Europa
se consolidara la corriente socialdemócrata que, insinuando su apego a determinadas elaboraciones socialistas, definió su estrategia (y ya no solamente
la táctica) para efectuar cambios sociales al interior del orden. Así adoptaron
la república democrática como vía política, aunque siempre fue evidente la
ausencia de ideas para proponer cambios en el mundo del manejo económico, esto es en la modificación estructural del sistema prevaleciente.

Cuando en nuestra región, en Latinoamérica, se viven momentos de
cambio, el debate europeo que antecede no puede extenderse mecánicamente, pero su recuperación es válida para favorecer los cambios cualitativos cuya determinación es, a no dudarlo, el interés de quienes en nuestras
patrias han bregado por aquello.

La intención de las siguientes líneas no es encasillar a los actores de las modificaciones que ocurren en nuestros países. Debe entenderse como una reflexión para impedir el retorno de los brujos. Es para volver al futuro. Se trata de la búsqueda de un socialismo latinoamericano.

La izquierda latinoamericana:
los albores, el desarrollo y su reflujo

La izquierda latinoamericana nació a finales del siglo XIX, entre otros factores, bajo la influencia de las inacabadas rupturas con el colonialismo y debido a las limitaciones de las reformas liberales, a más de la importante influencia de la izquierda radical europea, del anarquismo y del pensamiento marxista.

Dicho de otra manera, no hubiera sido posible el que se comenzara a vertebrar el pensamiento socialista latinoamericano, sin que aquellos que favorecieron tal corriente no se hubieran abrevado, inicialmente, en la ideología radical de la Revolución Francesa y luego en los clásicos del socialismo científico.

Posteriormente, en aquello que constituyen las paralelas de la influencia en la construcción del pensamiento socialista latinoamericano, deben ser recuperadas las revoluciones mexicana (1910) y, especialmente, la soviética (1917) las que facilitaron, a inicios de aquel siglo, la comprensión del rol de los grupos contestatarios y emergentes en su lucha por el poder real, así como la importancia de los argumentos que podían movilizar a las masas para la consecución de sus aspiraciones, más allá de la constatación de las formas insurreccionales como instrumentos válidos para confrontar al poder constituido.

Su inicial presencia, también estuvo marcada por las contradicciones que en el pensamiento crítico ocurrían en Europa y por la visión de aquella realidad que se proyectó, inadecuadamente, sobre nuestro continente, asunto que, oportunamente vivió una depuración que le permitió comprender que el sujeto social que le competía poseía particularidades propias. No de otra manera ha de comprenderse la percepción mariateguista que señaló que *el socialismo no es calco ni copia, sino creación heroica.*

La influencia de la izquierda socialista latinoamericana en las primeras décadas del siglo anterior fue notoria, particularmente, en el mundo de
las letras y del arte, cuando fue capaz de describir, a manera de denuncia,
las profundas desigualdades de nuestras sociedades y cuando desde esta
perspectiva incorporó, en tales expresiones, el mundo de la realidad que
nos laceraba, luego de años de sometimiento colonial y de emergencia de
regímenes que administraban los intereses del capital o, cuando más, los
objetivos de las clases dominantes en expansión.

El real protagonismo[4] de la izquierda emergió nítidamente a partir del
triunfo de la Revolución Cubana. Tal proceso es de enorme significación,
tanto por sus propias características, como por la influencia ideológica que
propició en la región. La certeza de construir un modelo social y económico diferente al hegemónico y la constatación de que era posible poner en
marcha un proceso revolucionario, determinaron cambios cualitativos en la
tendencia, expresados, en muchos casos, en su adhesión política y militante
por la lucha armada como un mecanismo de consecución del poder.

En sentido estricto, la Revolución Cubana marcó el ciclo revolucionario
de la izquierda latinoamericana. El ascenso de Salvador Allende al gobierno
de Chile y el triunfo de la Revolución Sandinista en Nicaragua, en medio de
sus características particulares, estuvieron inscritos en el campo político definido por la experiencia cubana.

> El cierre de este ciclo revolucionario tuvo un desenlace desigual en Lati-
> noamérica. Las dinámicas políticas tuvieron características diferenciadas
> en las regiones del continente. Así para mencionar los casos paradigmá-
> ticos, mientras en el Cono Sur se sufría una etapa de reflujo, en América
> Central se vivía el auge del asedio revolucionario.[5]

La contrainsurgencia, la persecución, las dictaduras fueron, entre otros, los
instrumentos que silenciaron el proceso revolucionario, más tarde o más
temprano, en Latinoamérica,[6] pero es evidente que en la región (como en el
resto del mundo) el factor de mayor influencia para la crisis de la tendencia estuvo vinculado con el derrumbamiento del modelo estalinista y burocrático al cual se le denominó socialismo real, asunto que ideológicamente

repercutió de manera abierta no solamente en la confrontación de las ideas, sino en la política cotidiana del movimiento social.

La derecha política y económica y los sectores de la socialdemocracia supusieron que les había llegado la hora, una vez más, para desplegar sus proyectos sin mayores resistencias. Pero la realidad no fue aquella, tanto más que la lucha de la izquierda había dejado huellas y mensajes que exigían, a cualquier modelo, normas de equidad, más allá de las contradicciones que afloraron entre los sectores hegemónicos en el proceso de recomposición del poder y de distribución de sus voracidades.

Todos estos factores contribuyeron a la crisis de la izquierda latinoamericana y al escepticismo de los sectores populares marginales respecto de una corriente política que le había convocado a construir una sociedad distinta a la hegemónica, pero cuyo derrotero aparecía, entonces, en pleno cuestionamiento. El desencanto también se hizo presente y en medio de todo este conflictivo panorama arreció la presencia de un modelo económico, el neoliberalismo, «rostro que tomó el capitalismo en su proceso de reestructuración»,[7] que puso a la izquierda a la defensiva.

Empero, si la izquierda emergía aparentemente derrotada en este proceso, de hecho las que sufrieron esta realidad fueron las corrientes socialdemócratas del continente que habían aparecido en la región posteriormente a la Segunda Guerra Mundial, pretendiendo replicar los conceptos del Estado de bienestar, propuesta que buscaba una transferencia de recursos hacia los sectores pobres como una forma de combatir la desigualdad y para cuyo efecto no dejaron de plantearse la importancia en referencia a que el Estado asumiera el control de áreas estratégicas de la economía a fin de garantizar su eficacia y ampliar los beneficios sociales.

Aquella propuesta del Estado regulador fue un artificio político que escondió las redefiniciones conceptuales de la socialdemocracia que, como en su oportunidad en el siglo XIX, propició la tesis que el socialismo debe ser una escala de valores que ayude a la humanización del capitalismo. Aquellos reformistas fueron los desplazados[8] de la realidad latinoamericana (luego de constatar, también, sus experiencias gubernamentales que dejaron profundas huellas de corrupción) en medio del arribo de una nueva versión del capitalismo, sobre cuyas características y repercusiones trataré, brevemente, en el siguiente apartado, porque su incidencia en la región constituyó el prolegómeno para los momentos de cambio que viven muchos de nuestros países.

El neoliberalismo: ascenso y crisis de un paradigma

El capitalismo ha mantenido un rasgo inseparable a su desarrollo, esto es la existencia de la polaridad generada por la existencia de un centro de países que han concentrado la riqueza y el poder, y una periferia de países subdesarrollados, entre los cuales están la mayoría de los de nuestra región, en cuyos espacios han proliferado toda variedad de desigualdades, injusticias e inequidades.

Ahora bien, en el entorno de la polarización del sistema mundial ocurrida en medio de lo que se conoce como la globalización (que debe ser definida como la mundialización del capital en el contexto de un fenómeno que supone la transición del capitalismo monopolista de Estado en capitalismo monopolista transnacional) de lo que pudimos percatarnos fue del incremento de la asimetría entre el centro y la periferia de los países, lo cual ocurrió debido a que la mentada globalización significó, fundamentalmente, inversión del centro en la periferia y extracción —con abundante explotación— desde ella hacia el centro.

Lo afirmado ha sido posible, desde luego, debido a que la globalización ha sido conducida por estrategias neoliberales[9] que, en Latinoamérica, se expresaron en un modelo de acumulación basado en el mercado mundial, en la apertura irrestricta al capital transnacional; en la desregulación del capital y del trabajo; en las privatizaciones (incluso de la información); en la limitación de la soberanía estatal y de los derechos humanos, económicos y políticos; en el individualismo; en el desconocimiento o intento de anulación del mundo inter-religioso y pluricultural, entre otras cosas.

En este entorno, y bajo las reglas de la supranacionalidad, los Estados de nuestra región (con mayor o menor eficacia en la aplicación de esta conducta) fueron llevados a que prestaran la menor cobertura, provocando inequidades mayores a las que habían existido y restañando, en contraposición, el reclamo popular que pretendió ser doblegado a cualquier costa, bajo conceptos como los de la gobernabilidad o de los consensos que no fueron capaces de amortiguar el conflicto de contradicciones en ciernes.

En este contexto que pregonó total libertad para las fuerzas del mercado (lo cual devino en libertinaje pleno, sin respeto al género humano) fuimos testigos del incremento de las tasas de interés, cuando no de la reducción de la oferta de dinero, del incremento de los impuestos sobre los consumos, de la eliminación de los regimes especiales, de la restricción inconsulta del gasto público y, principalmente, de las privatizaciones bajo el supuesto que los sectores privados (que comenzaron literalmente a comprar los Estados en medio de niveles impresionantes de corrupción) serían eficientes y generarían riqueza, además de trabajo.

El paraíso que habían prometido los neoliberales fue un fiasco. Si bien aprovecharon en Latinoamérica los resquicios que había dejado la conmoción del derrumbamiento del socialismo real y, por lo tanto, las debilidades de la izquierda y de sus niveles de incidencia, no fue menos verdad que los ciudadanos optaron por defender sus derechos, habida cuenta los niveles de marginalidad a los que estaban siendo conducidos.

En medio del creciente desempleo, subempleo y explotación a los pueblos no se los podía pedir silencio y contemplación pasiva de su realidad. A propósito de la carencia de atención en la salud y en la educación a los ciudadanos por parte del Estado, los detentadores del poder no podían exigirles inmovilidad. Frente a los intentos de privatizar la seguridad social, ante la corruptela creciente en los negocios de las privatizaciones y debido a la presencia de gobiernos comprometidos con estas políticas, la sociedad no se amilanó. Fue evidente el fracaso del modelo, así como constante el ascenso de la lucha social.

Ahora bien: ¿quién fomentó la resistencia? No es dable negar que la izquierda partidaria tuvo una participación activa en la resistencia al modelo neoliberal, pero no es menos verdad que tal actitud debe ser endilgada, además, a la izquierda no partidaria expresada en los diversos espacios en los que se había fragmentado la sociedad a propósito, también, de las nuevas realidades de la economía mundial que diversificó a las sociedades de dependencia y cuyas particularidades en la lucha fueron específicas.

Así, la acción combativa asumida por los distintos sectores de la diversidad social que comprometieron su esfuerzo para neutralizar al modelo hegemónico, expresó la toma de posiciones de aquellos que hasta hace poco no habían emergido en defensa de sus intereses, más allá de que su realidad estuvo presente (aunque no identificada plenamente) en la gama de la configuración cambiante de las clases subalternas.

Todos estos hechos contribuyeron para que la izquierda partidaria y la no partidaria, para que los sectores contestatarios del modelo hegemónico y el pensamiento crítico asumieran el compromiso de modificar las condiciones políticas que sustentaban un proyecto que solo había generado más injusticias.

Renace la esperanza: los pueblos demandan cambios estructurales

Debido a los acontecimientos señalados que han provocado inequidad extrema en Latinoamérica; a causa de la crisis del mundo unipolar; gracias a los intentos por regionalizar el mundo como un mecanismo adecuado para favorecer las nuevas relaciones de poder; a consecuencia de la resistencia de los pueblos frente al modelo económico y social que los había llevado a niveles extremos de miseria, entre otros tantos factores, fue evidente que el denominado modelo neoliberal se había agotado y que, por los sucesos políticos inmediatos que lo siguieron, comenzamos a vivir un momento posneoliberal.

La sustitución del modelo, empero, se constituye en el gran dilema y forma parte, además, del debate contemporáneo en la región, pues no todo aquello que signifique su reemplazo (más aún si es parcial) ha de comprenderse como modificatorio del orden estructural, ni toda acción de coyuntura (en la perspectiva de una estrategia de largo aliento) puede ser ridiculizada como simple reforma.

El debate es intenso, pero ante todo, las propuestas son emergentes en momentos en que en Latinoamérica —en la inmensa mayoría de su población— hay evidentes anhelos de sustituir al viejo orden, lo cual ha quedado demostrado con la voluntad eleccionaria de la población a favor de las propuestas de cambio y renovación sustentadas en la última década.

Por ello, precisamente, es pertinente señalar que los reacomodos políticos de la región, me han llevado al viejo dilema con el cual di inicio a este texto, dilema que debe ser señalado porque no son reformistas todos aquellos a quienes se les señala como tales y porque tampoco las posiciones revolucionarias han florecido con la prontitud que hubiésemos querido que ocurra. Vivimos un momento de construcción de un nuevo orden, y aquello si es una certeza. Impedir que los rezagos del viejo modelo escudriñen el futuro, también es una realidad.

En efecto, para hacer la afirmación anterior es menester anteponer una tesis adicional: la crisis del neoliberalismo (aún con los avatares estructurales del modelo que hemos vivido en el último período) no puede llevarnos a la conclusión respecto a que el orden está derrotado o que vivimos ya una etapa final del sistema. Advertimos, eso sí, graves quebrantos del *statu quo*, contradicciones relevantes del capitalismo y, paralelamente, evidentes signos de reconstitución de la lucha ideológica, política y social, así como enorme concurrencia colectiva para contribuir con el cambio.

En este marco deben comprenderse, entonces, adecuadamente los afanes de nuestras sociedades por sustituir —y aquello ha ocurrido por la vía electoral— a los causantes históricos del deterioro de las condiciones de vida de nuestros pueblos, quienes acorralados frente a tal circunstancia han dado muestras de fabricar (a manera de propuestas ideológicas, económicas y políticas) parches al modelo prevaleciente y pretender dotar, cínicamente, de rostro humano a las circunstancias actuales. Al fin de cuentas no están dispuestos a perder todo, en lo que ellos suponen una retirada temporal y, por el contrario, les interesa ser parte de los acontecimientos actuales con nuevos ropajes.[10]

Aquellos a quienes me he referido en líneas precedentes forman parte del ejército de reformistas que pululan en el nuevo escenario latinoamericano. Su identificación es menester efectuarla con absoluto rigor y precisión para no cometer errores y menos incorporarlos en los procesos que intentan sepultar el pasado.

Así pues es importante arribar a una primera conclusión: en el marco de toda esta realidad latinoamericana se han constituido regímenes que buscan el cambio como también aquellos que promueven, por ahora, la ruptura con el pasado político inmediato o la adopción de políticas de corte eminentemente social. Empero las dos posturas son concurrentes por su carácter anticapitalista, a contrapelo que sobre ellas, con las diferenciaciones obvias, se pretende actuar de manera distinta por parte de quienes no han sido, todavía, sepultados. De allí la necesidad de actuar conjuntamente para favorecer un proceso *del todo* en contra del enemigo común.

Por estas razones hay unos casos que nos evidencian que se intenta avanzar desde la coyuntura hacia la estrategia, mientras en otras realidades la coyuntura es en sí y por sí la estrategia. En todo caso, las diferencias no descubren posiciones contradictorias, sino flaquezas que pueden ser aprovechadas por aquellos a quienes he identificado como los reformistas de esta etapa. Desde luego, tales falencias son más evidentes en unos proyectos que en otros.

Estas afirmaciones me permitirán analizar, a manera de caso particular y como ejemplo, el comportamiento de acceder al gobierno y de modificar (desde las asambleas constituyentes) solamente las reglas políticas, tema que me parece relevante abordarlo en los siguientes párrafos debido a que la articulación de este mecanismo, dicho por algunos ideólogos modernos, constituiría el factor resorte de los procesos revolucionarios.

Cuando hablo de esta realidad, la de las convocatorias a asambleas constituyentes, no me refiero a las conquistas colectivas que pueden estar implícitas en tales nuevas constituciones, lo cual de por sí es positivo y alentador, sino a desentrañar una preocupación: ¿este instrumento político contribuye o no a los cambios estructurales de nuestras sociedades?

Por supuesto que las respuestas son diferentes, según el caso, empero las cavilaciones que me invaden me impelen a continuar con las elaboraciones siguientes.

La democracia indirecta o representativa, usada hoy en nuestras regiones, promueve un sistema en el que parte de la población se limita a elegir representantes para que estos, a nombre de la colectividad, tomen las decisiones en el contexto de un modelo jerarquizado.

Para el cumplimiento de esta formalidad electoral, se ha favorecido (en unos casos), la presencia de las estructuras partidarias las mismas que se han convertido en una especie de intermediación entre la sociedad y el Estado. Cosa similar se hace con los llamados movimientos sociales que, al final de cuentas, forman parte del proceso de vasos comunicantes entre el Estado y la sociedad, relaciones que buscan distender la contradicciones y conflictos sociales y a las que se les ha entregado, según la oportunidad política, el rol de los partidos luego de denostarlos indiferenciadamente a ellos.

Para los partidos de izquierda que se expresan por el cambio y para las organizaciones populares que se hallan en idéntica perspectiva, este es un momento de inflexión: o se someten al marasmo electoral —que a veces posibilita el carrerismo eleccionario—[11] o a partir de la aprehensión de las fórmulas democráticas favorecen, con los cuadros políticos más lúcidos —y con una estrategia adecuadamente diseñada— las políticas que induzcan a las transformaciones estructurales que deben estar por encima de todo barniz político o de cualquier farándula.

Como el sistema de la democracia indirecta ha perdido credibilidad, se ha favorecido, en este último período, aquello que denominaría democracia semidirecta, es decir un sistema que recurre a mecanismos de consulta ciudadana, normalmente sobre temas que no afectan los problemas centrales de la estructura social, y que si bien atañen a temas importantes, al final de cuentas, no son fundamentales.

Para el efecto el plebiscito (que limita a los ciudadanos a votar sí o no por una propuesta); el referéndum (en donde los ciudadanos aprueban o no una determinada norma, como las constituciones); la iniciativa popular (que permite que un grupo de ciudadanos proponga un asunto específico para que los organismos del Estado lo traten) y la revocatoria del mandato, se han constituido en factores de oxigenación a las restricciones en cuanto a la participación ciudadana en los temas de fondo de las sociedades y, no pocas veces, este arquetipo de consulta se ha convertido, adicionalmente, en instrumento de manipulación para impedir que el conflicto de contradicciones erosione al poder real y la institucionalidad.

Si buscásemos un cambio cualitativo —conforme nos deja la constatación dejada por la historia— las constituciones deberían recoger los cambios sociales, económicos y políticos provocados por el pueblo (propiciadas previamente con su lucha y movilización). Cuando no sucede aquello el texto constitucional, a contrapelo de los avances que expresa, puede terminar siendo un fenómeno político que impide el conflicto social, que hace concesiones, desde el poder, en beneficio de aquellos que potencialmente pueden enfrentar la institucionalidad.

La consolidación del poder, y de los intereses de clase que expresa tal poder, fueron alcanzados de manera diversa en la vida del género humano. Las guerras y el sometimiento a los pueblos, entre otras deformaciones, constituyó la forma original de control de las colectividades, a la par que se consolidaron las formas diversas de gobierno de los que da cuenta la historia.

Empero, con el auge del pensamiento liberal, que al mismo tiempo está ligado a las características particulares de un arquetipo de desarrollo económico y social y por lo tanto articulado con los intereses de una clase hegemónica, advino la necesidad de confrontar con el poder inmoderado (ilimitado), esto es con la eventual dependencia del elegido respecto del elector.

Para evitar aquello se organizó a la sociedad actual sobre la base del lema del equilibrio de poderes y el reforzamiento entre los cuerpos intermedios de las colectividades, excluyendo, de esta manera, el bien común, colectivo y de masas. Sobre este asunto inferí ya, en párrafos anteriores, al señalar el rol que se ha entregado a los partidos políticos tradicionales y a lo que se ha dado en denominar «sociedad civil».

Con estos antecedentes, puedo afirmar, que la democracia y el liberalismo confluyeron en un modelo institucional en donde el poder está, aparentemente, subordinado a una norma superior (la Constitución) y aplicado mediante leyes de diversa naturaleza. En este contexto, las democracias liberales eligen los individuos que han de poner en marcha este pacto social. La democracia indirecta les es adecuada para tal efecto, pero incluso la democracia *directa liberal* les sería provechosa porque no pone en riesgo la estructura económica y social del modelo.

Cuando las asambleas constituyentes —vuelvo a repetir— no han sido la culminación de acciones insurreccionales, de procesos revolucionarios o de movilizaciones sociales sustantivas, los constituyentes (que no necesariamente se han ganado el espacio político como efecto de su lucha social, sino como resultado personal en medio de las ondas electorales) no sienten la presión ciudadana para facilitar cambios de fondo en el arquetipo constitucional, lo cual les impele a actuar en los espacios plenos de la subjetividad. En algunos de los casos dichos constituyentes han respondido a los intereses coyunturales de los gobiernos y se han limitado a favorecer sus contingencias mediáticas.

Ciertamente, no se puede negar que las nuevas constituciones, en los países donde se pretende avanzar por este camino al cambio radical, han recuperado, en su contenido, importantes anhelos sociales, modificaciones a favor de determinados conglomerados que habían sido preteridos y que de hecho han vertebrado, particularmente, espacios de sustentabilidad de los regímenes con los cuales se identifican. Pero también es menester insistir que no han logrado rupturas estructurales de fondo que eliminen los rezagos de aquellos que, desde la clase hegemónica, han construido el poder político y económico de nuestros países.

La aprehensión de esta realidad, entonces, puede orientar los caminos de renovación que ocurren en Latinoamérica. Su adecuado análisis debe ayudar a los cambios cualitativos (revolucionarios) indispensables para no conculcar las aspiraciones de los explotados.

Los nuevos caminos de la revolución en Latinoamérica

Parecería que por el recuento precedente, la izquierda y otras expresiones sociales de cambio optaron, fundamentalmente, por la modificación de los modelos políticos que han prevalecido. Tal conducta no la señalo como reformista. Lo establezco como insuficiente debido a que las otras sustituciones todavía se hallan en la gaveta.

Se trata, en suma, de impedir que en el gobierno la izquierda (o a su nombre) se instituya un comportamiento que tan solo de cuenta de la administración de la crisis y que no profundice, desde una visión revolucionaria, los cambios. Se debe dar un salto cualitativo para diferenciarse diametralmente de los causantes de la situación prevaleciente a fin de favorecer un modelo económico y social que de cuenta de la construcción de un orden distinto.

En este abanico de realidades es indispensable poner en marcha una serie de acciones que expresen la voluntad de los regímenes denominados de cambio para efectivizar la modificación del modelo vigente. Tal actitud podrá ser consignada como ejercicio revolucionario debido a la búsqueda de objetivos estratégicos para suplantar los vicios del presente.

Se impone por lo afirmado, y a partir de las constataciones del ejercicio del poder, que el conjunto de las izquierdas social y partidaria que han logrado el apoyo popular a la tendencia (más allá de los indispensables cuestionamientos, de las críticas pertinentes que demanda este proceso y del debate maduro y trascendente para impedir defecciones, anacronismos o inmediatismos) se vinculen activamente (en respuesta al momento histórico) a estos llamados gobiernos[12] de cambio para impulsar, desde adentro, medidas fundamentales de sustitución al *stablishment*. Esta imbricación, que cada vez debe ser más orgánica, deberá sustentar la acción de los gobiernos. Cualquier otra relación se vuelve clientelar, oportunista, carece de legitimidad histórica o deambula en marcos teóricos inacabados o imprecisos.

Entre otras cosas para favorecer la acción de los gobiernos de renovación se vuelve imprescindible caminar en los senderos de la integración regional. Este condicionamiento unionista deberá ser consolidado no solamente desde una visión de intercambio comercial o aduanero, sino como un proceso de unidad de los pueblos, para defender los recursos naturales regionales, con el objetivo de favorecer el desplazamiento de los trabajadores, de los empleados, de los sub-empleados, a propósito que las plazas de empleo provienen fundamentalmente de las microempresas, de las cooperativas, de las de autogestión (a las cuales los gobiernos de cambio deben entregarles todo el apoyo posible) y en la perspectiva estratégica de construir, regionalmente, redes económicas y empresariales alternativas con el objetivo de favorecer acciones comunes (empréstitos, créditos, explotación adecuada de los recursos naturales y energéticos, cuidado del medio ambiente y otros).

El unionismo del que hablo deberá integrar necesariamente a las fuerzas políticas y sociales regionales. La reflexión colectiva y el intercambio de experiencias en este espacio deberá ser un laboratorio para vigorizar las acciones gubernamentales de los regímenes de cambio. No es posible gobernar sin cohesiones regionales y sin objetivos colectivos. Lo afirmado, por ejemplo romperá con el pensamiento único de la dictadura del mercado y nos permitirá, a manera de ejemplificación, impulsar una salida negociada a la situación de Colombia y del Plan Colombia, detrás de cuya realidad, hoy por hoy, se esconden, entre otros asuntos, la disputa indiscriminada de la biodiversidad de la región andina.

La actitud que propongo constituye una ruptura estructural fundamental. Se trata de subordinar al mercado a las necesidades públicas de bienestar colectivo. En este tema no puede haber concesiones, porque es menester proteger al género humano frente a aquellas recetas que lo han sojuzgado y lo han llevado a un mundo de inequidad. Tal comportamiento supone, adicionalmente, la adopción de políticas, normas y resoluciones que desmonten totalmente el arquetipo del neoliberalismo desde una nueva articulación de reforma agraria conforme los determinantes históricos actuales, pasando por el fortalecimiento del Estado, hasta la atención a los sectores vulnerables mediante políticas de redistribución de los fondos del Estado en su beneficio, entre otras cosas.

A todo ello, por supuesto, deberá agregarse las acciones conducentes para favorecer la seguridad alimentaria (en un marco de soberanía plena) lo cual supone incentivar la producción que responda a esta prioridad, sin descuidar, desde luego, la protección del entorno ambiental.

Igualmente, haciendo uso de la autodeterminación, la soberanía energética debe consolidar las relaciones de las regiones a propósito de favorecer el crecimiento ordenado de un nuevo orden económico local, regional y mundial.

En este momento los regímenes de cambio que se hallan en los gobiernos están en la capacidad de caminar por las reformas estructurales que infiero (de las tantas otras que nuestros pueblos demandan) y tal derrotero será de izquierda y revolucionario. Es una coyuntura histórica que se medirá no solamente por los éxitos electorales, sino, fundamentalmente, por la movilización social para defender sus conquistas. Es un proceso que demanda, además, ética revolucionaria para asumir la oportunidad histórica de cambiar el modelo económico sin traiciones ni claudicaciones; sin titubeos ni cálculos políticos; sin concesiones y ausentes de demagogia.

Debemos aprovechar el estertor del escorpión. Construir la sociedad posneoliberal es un reto. Hacerlo con el objetivo del socialismo como estrategia, sin mirar al pasado, es definir una conducta revolucionaria.

Notas

1. Carlos Marx y Federico Engels: *Manifiesto del Partido Comunista, Obras Escogidas* en dos tomos, t. 1, Editorial Progreso, Moscú, 1971, pp. 12-50.

2. La nueva visión ideológica y política de Bernstein contribuyó, luego, muchos años después, para que Karl Kautsky, en medio de una polémica *sui géneris* con Bernstein, desplazará a Kant por Charles Darwin, construyendo en nombre de Marx lo que se denominó socialismo evolucionista. Ambas posturas han sido catalogadas a lo largo de la historia del marxismo como revisionistas.

3. Roberto Regalado: *Historia del debate ¿reforma o revolución?*, Ocean Sur, México D.F., 2009, p. 15.

4. Las luchas de afirmación nacional o de confrontación con regímenes autoritarios, especialmente en la región centroamericana y caribeña ocurridas en las primeras décadas del siglo XX, si bien tienen enorme trascendencia histórica, no fueron, entonces, convocantes de una activa y organizada participación de la izquierda debido, principalmente, al insignificante desarrollo de la tendencia, más allá de la posterior fertilidad política de tales luchas precisamente en la izquierda latinoamericana.

5. Gustavo Ayala: «Volver al Futuro», *Volver al Futuro: la búsqueda de un Socialismo Latinoamericano*, Ediciones La Tierra, Quito, 2008, p. 244.

6. Para esta reflexión en modo alguno infiero respecto de la situación cubana que en medio de la realidad descrita asumió el compromiso de preservar sus objetivos estratégicos.

7. Gustavo Ayala: op. cit., p. 237.

8. Cuando en un mismo modelo económico y social se producen confrontaciones y uno de ellos prevalece, la derrota o el triunfo se ha definido al interior de ese modelo. Aquellos que combaten al modelo, no a sus contradicciones, desde posturas ideológicas contrapuestas, frente a la hegemonía de tal arquetipo tienen la posibilidad de replegarse, de replantearse las tácticas de la confrontación o de incidir en las crisis de las estructuras que sustentan el modelo. Por ello con oportunidad de este análisis de la izquierda latinoamericana no hablo de derrota de la tendencia en estricto sentido literal, a contrapelo que es indispensable reconocer su repliegue, la crisis de la que fe víctima y las deserciones que se suscitaron en sus filas.

9. El neoliberalismo, como término, debe ser entendido como una categoría para diferenciar el liberalismo económico previo a la Primera Guerra Mundial de los modelos económicos de la democracia liberal surgidos durante la guerra fría, siendo el neoliberalismo, en todo caso, la aplicación de los postulados de la escuela neoclásica en política económica. No cabe definirla como una teoría económica concreta, sino como la institucionalización de un sistema en el comercio mundial que acude, en lo político y social, a mecanismos restrictivos para imponer sus objetivos derivados de su cuestionamiento a los preceptos del keynesianismo y que se traduce, principalmente, en la búsqueda del aumento de la masa monetaria como instrumento para crear demanda agregada y en la reducción en los gastos del Estado (el achicamiento del Estado) como forma práctica para incrementar tal demanda agregada, a más de todos los ajustes indispensables para restringir los déficit presupuestarios, con las consiguientes restricciones que, siempre, afectarán las demandas sociales.

10. Cuando escribo estas líneas, precisamente, se está produciendo el intento de cambio ilegítimo de Presidente en Honduras (28-06-09). El desenlace de este hecho ya no estará registrado en estos apuntes, pero tal suceso denota, más allá de cualquier artificio jurídico o político, la forma en la que los grupos del establishment se hallan agazapados para colarse por las rendijas de la historia.

11. Por carrerismo infiero aquella distorsión en la cual suelen incurrir muchos dirigentes de izquierda partidaria y social: optan por una elección y posteriormente se acostumbran a los triunfos (¿a la institucionalidad?) iniciando un proceso de acomodos y reacomodos en las siguientes oportunidades electorales, priorizando su situación particular antes que los requerimientos colectivos.

12. Esta afirmación no niega el hecho que en los procesos electorales y de cambio han jugado, por el contrario, un rol fundamental los partidos de la izquierda latinoamericana, a pesar que debido a situaciones particulares su presencia gubernamental no aparece como activa. Lo importante de esta ecuación deberá ser la comprensión que un ejercicio democrático de los gobiernos de cambio demanda alianzas amplias. Lo grave, y a ello me refiero, son los alineamientos sectarios, las conductas dogmáticas, los auto aislamientos o las exclusiones dirigidas.

El debate actual: posliberalismo o anticapitalismo

Beatriz Stolowicz*

La actualidad de Rosa Luxemburgo

Rosa Luxemburgo tenía razón. Sus cuestionamientos tienen hoy una estre-
mecedora vigencia, pues colocan las grandes preguntas que deben hacerse.
La discusión con Bernstein no era táctica. Cuando así se malentendió, como
ocurrió en América Latina, se regaron las semillas de la confusión, de la
que cosechó y sigue cosechando la derecha.

Rosa miraba más allá de su tiempo, porque pensaba en la larga duración, única temporalidad con la que puede analizarse un sistema histórico.
Anticipó el camino que recorrería el sistema capitalista hacia el caos y la
barbarie, que sin eufemismos ni catastrofismos hoy ha llegado a poner en
riesgo la sobrevivencia de la humanidad y del planeta. Y argumentó sobre
la necesidad histórica del socialismo para impedirlo, porque la barbarie
actual es de factura humana.

Pero debían pasar varios años para demostrar su verdad. No los ciento
diez que nos unen con su libro *Reforma o revolución*, menos. La barbarie no
ha comenzado apenas. Porque la euforia que tenía Bernstein en el inicio de
la *belle époque* en 1896 terminaría abruptamente en 1913. Vendría la época
de la guerra total, como la caracterizó Hobsbawm: un *continuum* de 1914
a 1945 de destrucción humana —dos guerras mundiales, crisis del 29, nazi-
fascismo— más de 50 millones de muertos; y de «destrucción creativa» de

* Profesora-investigadora del Departamento de Política y Cultura, Área Problemas
de América Latina, Universidad Autónoma Metropolitana Unidad Xochimilco,
México.

fuerzas productivas, como decía fríamente Schumpeter. Para que de esas cenizas, carne y dolor, ya purificado por el fuego, emergiera el capitalismo «dorado» que pondría en práctica el programa de reforma social, pensado por Bernstein sobre el dominio bélico de las potencias imperialistas.

Cuando Bernstein murió, en 1932, aunque fue un año antes de que el nazismo triunfara en su patria, no era el mejor momento en ese camino lineal y ascendente de desarrollo que a él lo deslumbraba, sino el de la Gran Depresión. No sé si en su lecho de muerte reconoció lo que había negado contundentemente: las crisis capitalistas. Tuvo razón en que el capitalismo podía reformarse. Pero los años dorados fueron treinta en el centro del sistema, y ya han pasado cuarenta años en los que Bernstein no habría podido explicarles a los europeos por qué bajo su programa de reformas la propiedad del capital no se democratizó sino que se concentró en grados que ni siquiera Rosa imaginaba; por qué regresó el desempleo y el deterioro del ingreso de la clase media; por qué los socialistas liberales a los que él instruyó ideológicamente han perdido más veces las elecciones que los fulgurantes tiempos en que llegaron a gobernar. Quién sabe cómo les explicaría ahora esta nueva gran depresión, que según los expertos del sistema es más rápida en su caída que la de 1929; y que si bien no es condición suficiente para el «derrumbe» del capitalismo, sí es un momento de *colapso*, que esos mismos expertos no saben aún cuánto tiempo durará.

Pasado el tiempo para la verificación histórica de sus respectivas afirmaciones, Rosa tuvo razón en su debate con Bernstein. Pero el socialliberalismo —que Bernstein no creó pero al que le dio una argumentación «de izquierda» con su «revisión del marxismo»— goza de sorprendente salud, y paradójicamente en la izquierda latinoamericana. El logro no es solo suyo, porque muchos otros ideólogos del capitalismo han trabajado sistemáticamente para actualizarlo e imponerlo como pensamiento «progresista». Y porque a esos logros ideológicos del sistema, incluso cuando está en crisis, han abonado varios «marxismos».

Las fundamentales críticas de Rosa Luxemburgo siguen vigentes como preguntas que aún deben ser respondidas. No, quizás, a partir del binomio contradictorio de «reforma o revolución» —que vulgarizado ha inducido a muchos equívocos— sino como «posliberalismo o anticapitalismo».

No era un debate táctico

Rosa inicia la introducción de su *Reforma o revolución* diciendo enfáticamente que no contrapone la revolución social, la transformación del orden existente, a las reformas sociales, a la lucha diaria por las reformas, por el mejoramiento de la condición de los trabajadores dentro del sistema social y por las instituciones democráticas. Y añade: «Entre las reformas sociales y la revolución existe para la socialdemocracia un lazo indisoluble: la lucha por las reformas es el medio; la revolución social, su fin».[1] Bernstein, a la inversa, renuncia a la transformación social, y hace de las reformas sociales su fin, dice Rosa. No era una discusión sobre medios, sino sobre fines.

El santo y seña del reformismo pragmático fue planteado por Bernstein en 1898, en el artículo «Socialdemocracia y revolución en la sociedad» de la serie *Problemas del socialismo*: «Reconozco abiertamente que para mí tiene muy poco sentido e interés lo que comúnmente se entiende como "meta del socialismo". Sea lo que fuere, esta meta no significa nada para mí y en cambio el movimiento lo es todo. Y por tal entiendo tanto el movimiento general de la sociedad, es decir, el progreso social, como la agitación política y económica y la organización que conduce a este progreso».[2]

Si no hay un fin, preguntaba Gramsci, ¿hacia dónde se camina? Estaba planteado el tema, de gran actualidad, de si cualesquiera reformas conducen a los objetivos buscados de transformar la realidad en beneficio de los explotados y oprimidos.[3] Porque, agrega Gramsci, si el *reformismo* establece como único método de acción política aquel en el que el progreso, el desarrollo histórico, resulta de la dialéctica de conservación-innovación, ¿qué se conserva y qué se cambia si no hay un fin hacia donde se busca llegar?[4]

Es que el binomio reforma/revolución implica desde su formulación más abstracta un conflicto, o al menos una tensión entre: a) un cambio de forma (re-forma) que no altera los elementos constitutivos, y sus relaciones, que dan permanencia o continuidad a una estructura o sistema; b) la destrucción-reconstrucción de esos elementos constitutivos y de sus relaciones, que dan lugar a una nueva estructura o sistema.

Decía Rosa, con razón, que: «...en cada período histórico la lucha por las reformas se lleva a cabo solamente dentro del marco de la forma social creada por la última revolución. He aquí el meollo del problema».[5] Es decir, que las reformas operan en el marco del cambio estructural producido anteriormente. Por ello, hay re-formas que son necesarias precisamente para mantener estable una estructura o sistema, para perpetuarla. También es verdad que ciertas re-formas pueden producir su debilitamiento o inestabilidad si modifican la función o situación de uno o varios elementos respecto a los otros. Es así que hay reformas que sin alcanzar a modificar la estructura o sistema pueden tener una potencialidad revolucionaria: todas aquellas que acrecientan el poder social, económico, político y cultural de los dominados tienen esa potencialidad revolucionaria, pero en tanto ese poder acrecentado se dirija a cambiar el orden dominante existente. Como también es cierto que toda revolución permanece y avanza con reformas. Solo el análisis histórico-concreto puede dar respuesta a esas distintas posibilidades.

Debe decirse, sin embargo, que en la formulación de Bernstein de que «el movimiento lo es todo» estaba implicado un fin. Eso es así en todo pragmatismo, que nunca es neutro. El fin de Bernstein no era el socialismo —que para él «no significa nada»— sino el de conservar al capitalismo, al que admiraba como fuerza de «desarrollo». El «movimiento» es el desarrollo del capitalismo con sus eventuales reformas. Como sabía que los capitalistas condicionan la redistribución del excedente a mantener inalterada su ganancia, con pleno respeto a esos condicionamientos capitalistas planteaba que el eje del programa de la socialdemocracia debía ser el de actuar a favor del «crecimiento económico», del «crecimiento de la producción y la productividad».[6] En ese objetivo fundamenta la conciliación de clases. El sindicato, dice, es un necesario «órgano intermedio de la democracia», y es «socialista» porque promueve el bienestar general y no solo el interés de sus miembros. Tiene que ser «responsable», por eso la socialdemocracia no promueve una política que «abotague el sentimiento de responsabilidad social [convirtiendo a] la población en pordioseros».[7] El sindicato es útil porque disciplina las demandas obreras en beneficio del crecimiento económico: «los trabajadores saben muy bien hasta dónde pueden llevar sus reivindicaciones». Saben —continúa— que «Un aumento de los salarios que lleve a un aumento de los precios no significa, en determinadas circunstancias, una ventaja para la colectividad, sino que más bien acarrea efectos más dañinos que beneficiosos"».[8] Y han aprendido, dice Bernstein citando a los fabianos

Sidney y Beatrice Webb, que la democracia industrial (en la que los trabaja-dores adoptan como propio el interés del capital) les exige también «renun-ciar al democratismo doctrinario», es decir, «al mandato imperativo, a los funcionarios no remunerados, a órganos centrales sin poder, para ganar eficacia».[9] La tarea de la socialdemocracia es mantener el orden.[10]

Bernstein había adherido a la doctrina liberal, y su inspiración eran los profesores de economía neoclásicos en boga. Es con esos argumentos neoclásicos que formula la «revisión» de la teoría de Marx y Engels. Decía que era necesario hacer correcciones a la teoría para hacerla avanzar «desde el punto donde ellos la dejaron», y de ese modo superar los «errores de la socialdemocracia alemana». Se presentaba como un *renovador* de las ideas de Marx, que tenían enorme prestigio en la Segunda Internacional. Para tener credibilidad y hacer más efectiva su influencia, utilizó como principio de autoridad su antigua amistad con Engels. Pero comenzó a publicar sus críticas revisionistas en 1896, pocos meses después de la muerte de Engels, que ya no podía responderle. Bernstein admitió que la espera para publicar-las había sido deliberada.[11] Rosa Luxemburgo asumió la tarea.

Siguiendo a los neoclásicos desde su postulado de equilibrio de mer-cado, Bernstein negó la validez de la teoría del valor de Marx, y desde allí negó la explotación, negó la tendencia a la concentración del capital, negó la contradicción entre producción y realización del plusvalor y la inherente tendencia a las crisis; los monopolios y los cárteles eran para él una superior organización «socializada» de la producción que garantizaría el desarrollo («crecimiento») capitalista constante y en ascenso, y que junto a la expan-sión del sistema bancario darían al capitalismo una capacidad ilimitada de adaptación y corrección de desequilibrios; la «ampliación» de la propiedad capitalista mostraba la vocación distributiva del capitalismo, de modo que la socialdemocracia debía favorecer ese crecimiento y acelerar esas ten-dencias virtuosas presionando desde los sindicatos y el parlamento por reformas, para impedir los excesos que pudieran cometer algunos miopes industriales individualistas. Asimismo, la socialdemocracia debía acompa-ñar las acciones para expandir internacionalmente ese crecimiento (guerra e imperialismo). Eso era el «socialismo».

En 1930, el italiano Carlo Rosselli mantenía esa argumentación sobre la potencia virtuosa del capitalismo —¡en medio de la Gran Depresión!— y reconocía el papel precursor de Bernstein. Pero decía Rosselli que el Socialismo Liberal debía dar un paso adelante respecto a Bernstein, quien había quedado atrapado tratando de fundamentarlo como una renovación del marxismo cuando en realidad era liberalismo; y que lo que correspondía era liberar al socialismo de las «escorias del materialismo histórico incrustadas en él». [12]

El capitalismo se reforma

Bernstein era una expresión exitosa del constante empeño de los ideólogos del capitalismo por influir en el pensamiento socialista mediante el falseamiento del marxismo, que observamos hasta nuestros días. Pese a los intentos por hacerlo desaparecer, su fuerza explicativa del capitalismo nunca pudo ser negada. Una forma de inutilizarlo en su potencia crítica, teórica y política, ha sido tergiversar las ideas de Marx para ridiculizarlas como positivistas, mecanicistas, mesiánicas, utópicas, etcétera. Otra forma, como la que inició Bernstein, es una burda pero no siempre evidente fusión de las ideas de Marx con la teoría económica burguesa en una suerte de *marxismo neoclásico*, que tuvo diversas expresiones en la socialdemocracia de mediados del siglo XX, y que reaparece bajo nuevas formas en el autodenominado *marxismo analítico* desde la década de 1980. Hay que cuidarse también de los repentinos *redescubrimientos* de Marx —como ocurre actualmente tras el estallido de la crisis capitalista— puestos al servicio de los ajustes buscados por el capitalismo para perpetuarse, que hacen un uso a modo de Marx para aparecer como posturas «alternativas» sin salirse del sistema.

Gramsci conceptualizó estas estrategias ideológicas dominantes como *revolución pasiva* y más expresivamente como *restauración positiva*, en la cual identifica tres aspectos: a) la transformación del capitalismo con nuevas formas de reproducción del capital; b) la apropiación por parte de la clase dominante de aspectos del programa de los dominados despojándolo de sus objetivos antiburgueses; y c) el papel de los intelectuales del sistema para extender su hegemonía sobre los intelectuales que representan un proyecto antagónico.

Bernstein era producto e instrumento de la revolución pasiva con que el capitalismo enfrentó su crisis general de 1873. Para lo cual, el gran capital debió poner fin a la era de librecompetencia que comenzó en 1850-1860. Y que, con la redistribución del poder colonial, con el proteccionismo y la organización empresarial que impulsaron la expansión imperialista, desde 1896 le permitió pasar rápidamente de una fase de depresión a otra de gran prosperidad: «*la belle époque*», interrumpida por la primera guerra. El gran capital negó al liberalismo económico en aras de su «progreso». Pero era una prosperidad que no todos disfrutaban de la misma manera. Para la clase obrera, las fases de depresión y auge tuvieron efectos distintos pero ninguno la benefició: eran pobres. Esto explica el aumento de las tensiones sociales con algunos estallidos antes de 1913; la existencia de un sindicalismo cada vez más numeroso y activo que se formó en los años de depresión; y que a finales de la década de 1880 ya hubiera importantes partidos socialdemócratas en casi todos los países, que crearon la Internacional Socialista (la Segunda Internacional) en 1889, en el centenario de la Revolución Francesa. Entre sus objetivos inmediatos estaba la lucha por la jornada de 8 horas; convocó a una jornada internacional de lucha con suspensión del trabajo, que se concretó con bastante éxito el 1 de mayo de 1890, el primer Primero de Mayo. Sobre todo después de la revolución en Rusia en 1905, la burguesía entendió que la estabilidad de su expansión exigía atender algunas de esas demandas, al tiempo de intensificar la ofensiva ideológica para alejar al movimiento obrero y socialista de sus ideas anticapitalistas y revolucionarias. Debe tenerse presente que las reformas sociales fueron llevadas a cabo por gobiernos conservadores, no por los liberales, como un medio para salir de la crisis e integrar a los trabajadores en sus planes expansivos, incluidos los preparativos bélicos que estallaron en 1914.[13]

El capitalismo se reformaba para perpetuarse. Por eso, en el aforismo «el movimiento lo es todo» estaba matizada una dirección prefigurada por las clases dominantes. Era un cambio de la organización capitalista necesaria, pero no espontánea, como pretendió Karl Polanyi en *La gran transformación*,[14] libro en el cual se exhibe como un ideólogo orgánico del social-conservadurismo y del imperialismo, no obstante que su crítica moral a los efectos del liberalismo económico es contundente. Pero el triunfo y consolidación del programa reformista de la socialdemocracia tuvo que pasar primero por *la gran destrucción*.

Y el capitalismo volvió a reformarse, para perpetuarse, en la nueva crisis general de 1973-1975; esta vez en dirección contraria, reestructurándose bajo las premisas del neoliberalismo. Ya a mediados de la década de los noventa, durante las crisis financieras de 1995 y 1997, y en un entorno de creciente ingobernabilidad —de pérdida de eficacia de la dominación—, en los círculos oficiales capitalistas se advertía sobre la necesidad de iniciar un nuevo movimiento «pendular» para perpetuarse: el *posliberal*. Desde entonces comenzó una nueva revolución pasiva de apariencia *progresista*, que ha buscado neutralizar los rechazos al capitalismo e incidir en los contenidos de las reclamadas *alternativas*. La crisis general del capitalismo desde 2008 —que no es ajena a esos cambios posliberales— es un terreno aún más propicio para reformismos oficiales que se apropien discursivamente de los reclamos populares de cambio e influyan sobre la izquierda. Lo que está por verse es cuánto puede seguir reformándose el capitalismo y de qué manera, como comentaré más adelante.

El capitalismo se re-forma, pero esto no significa que las reformas burguesas sean siempre en una dirección que pueda empalmar con las aspiraciones populares y con la «reforma social», aunque se hagan para recuperar la estabilidad de su dominio. En esos casos, la revolución pasiva es mucho más perversa porque no se apropia de partes del programa de las clases subalternas, como veía Gramsci en aquellos años, sino que se apropia de su lenguaje solamente, que vaciado de los contenidos que le asignan las clases subalternas se usa para legitimar reformas anti populares.

Esta expropiación-falsificación del lenguaje es posible tanto por la «explicación» que dan los ideólogos del capitalismo a su «vocación reformista», como por el lugar que ocupa la idea de reforma en el imaginario popular, que asimila reforma en el capitalismo a reforma social.

Como ya he señalado en otro lugar,[15] las clases dominantes han «teorizado» la historia del capitalismo como un constante movimiento pendular de ajustes y reequilibrios, de sucesivas correcciones de anomalías o excesos que lo devuelven a sus equilibrios, y a su normalidad como «progreso». Las oscilaciones pendulares siempre son cambio para regresar, siempre se está dentro del capitalismo. Cada uno de estos movimientos habría sido la respuesta necesaria y, por lo tanto realista —de lo cual derivaría su moralidad— para corregir excesos y restablecer la salud del sistema; habrían sido todas, por lo tanto, reformas *inevitables* (o «espontáneas»: como los librecambistas atribuían al *laissez faire*, y como en sentido contrario Karl Polanyi atribuyó al proteccionismo). Al devolverle la salud al sistema, cada una de esas reformas habría sido en su momento la alternativa «progresista», precisamente por «necesaria», «moral», e «inevitable». Desde la década de 1860, cuando la crítica marxista al capitalismo y su objetivo político para superarlo van acrecentando su influencia, los ideólogos del capitalismo agregan, a la teoría del péndulo, el juego de oposición en tríadas. Porque para preservar al capitalismo, además de tener que cuestionar una modalidad de reproducción que lo estaba desequilibrando, necesitaban al mismo tiempo enfrentar al marxismo que quería destruirlo. Frente a los dos factores de desestabilización, la corrección burguesa se presenta como la «tercera posición». Cada momento de crisis real o potencial del sistema cuenta con su tercera vía: la solución *razonable* frente a los dos extremos desestabilizadores. La lógica de la tríada hace aparecer al «nuevo tercero» como el «centro progresista», el que permite superar el estancamiento y retomar el camino del progreso. Cada tercera vía burguesa, para imponerse, desarrolla intensos debates al interior de las clases dominantes para convencerlas de la necesidad de ese cambio, y desde luego dirige ese debate hacia el resto de la sociedad para construir un nuevo consenso en torno a los objetivos dominantes.

La simplicidad de esa *explicación* hace aparecer como lo esencial de cada movimiento *pendular* a la «desaparición» o «reaparición» del Estado como «agente económico». Este argumento nace de la doctrina liberal, que establece una distinción ontológica entre mercado y Estado que, en palabras de Gramsci, «de distinción metodológica es convertida en distinción orgánica y presentada como tal».[16] La dicotomía entre mercado y Estado presupone su exterioridad: el Estado como «agente económico» es un ente distinto y externo al mercado sea en una relación de complementariedad o de contradicción. Debe consignarse, por lo demás, que esa formulación dicotómica entre mercado y Estado ha persistido porque da razón de ser, correlativamente, a la existencia autónoma de la Economía y de la Ciencia Política como disciplinas académicas.

La explicación pendular de la historia del capitalismo y sus reformas con «menos» o «más Estado» ha tenido como eje del debate doctrinario en la clase dominante la defensa o crítica del *laissez faire*. La retórica doctrinaria del *laissez faire* parte del supuesto de un *no-Estado* o *Estado mínimo* porque solo admite la función jurídico-coercitiva del Estado, como una actividad institucional externa al mercado, que por ello es «libre». Sucede que el Estado es un «agente económico» también mediante las acciones legislativas, jurídicas y coercitivas, que son constitutivas de las modalidades de creación de riqueza, de su realización y apropiación. El discurso doctrinario del *laissez faire* ha sido siempre un recurso ideológico-político para eliminar las trabas estatales a la imposición irrestricta de los objetivos del capital, un recurso discursivo de los *arditi* de la burguesía. Pero los neoliberales, como Hayek, siempre han reconocido la imprescindible intervención del Estado «para la competencia».[17] En su cruzada contra las funciones sociales del Estado capitalista de bienestar conquistadas por las presiones populares, los economistas liberales caracterizaron al Estado como «agente económico» solo en cuanto productor-proveedor directo de determinados bienes y servicios, lo que rechazaron en tanto transfería parte del excedente a los no propietarios. La reestructura neoliberal del capitalismo condujo a que el Estado abandonara aquella función y ese propósito, pero no significa que haya dejado de ser un «agente económico»: el Estado en el neoliberalismo es un activo agente económico también para la «redistribución del ingreso» solo que transfiriéndolo de los de menor ingreso a los de mayor ingreso, utilizando para ello instrumentos impositivos, mediante precios y tarifas, en la asignación del gasto público, con intervenciones de promoción y financiamiento directos al capital, y con mecanismos económicos y extraeconómicos de disciplinamiento y despojo a los trabajadores. La reestructura neoliberal del capitalismo implica la «privatización» del Estado pues convierte al interés minoritario del capital en *interés general* («público»), incluso cuando no se modifica el status jurídico de «propiedad estatal» de sus organismos o empresas. Esta fusión público-privado (capitalista) en los fines del Estado es el origen del descomunal *patrimonialismo estatal* burgués en el neoliberalismo, que no se trata de mera «corrupción» (ni que pueda ser superada con mera «transparencia»).

No son movimientos que dan por resultado «más» o «menos» Estado. Los «ajustes pendulares» del capitalismo tienen lugar, en realidad, para contender con la contradicción inherente a un sistema que tiene como objetivo y motor la ganancia, cuya obsesión de crear-expropiar y realizar plusvalor es la que sustenta la producción y circulación ampliadas y no la creación de valores de uso en función de necesidades sociales. El desajuste entre la producción-expropiación de plusvalor por un lado, y su realización por el otro, es el que conduce a las crisis de sobreproducción de plusvalor. De ahí que los movimientos de «reajuste» se propongan durante las crisis capitalistas.

Contra la falsificación que se ha hecho de Marx como un *teórico del desarrollo* capitalista, admirable por su incesante desarrollo de las fuerzas productivas, él consideraba al capitalismo como una «fuerza destructiva» de todo lo que lo limita, por lo tanto «revolucionaria», que derriba todas las barreras que se le presentan: la naturaleza, los territorios, las necesidades humanas, las leyes, las costumbres. «Por primera vez, la naturaleza se convierte puramente en objeto para el hombre, en cosa puramente útil; cesa de reconocérsele como poder para sí; incluso el reconocimiento teórico de sus leyes autónomas aparece solo como artimaña para someterla a las necesidades humanas, sea como objeto del consumo, sea como medio de la producción». E irónicamente lo reafirmaba así: *«Hence the great civilising influence of capital».* Pero esas barreras no son superadas realmente —continúa— porque con su expansión universal los capitales vuelven a ponerlas, con nuevas contradicciones: «La universalidad a la que tiende sin cesar, encuentra trabas en su propia naturaleza, las que en cierta etapa del desarrollo del capital harán que se le reconozca a él como la barrera mayor para esa tendencia». La tendencia a las crisis de sobreproducción es consustancial a la naturaleza del capital a «saltarse las barreras», porque necesita constantemente «plustrabajo», «plusproductividad» y «plusconsumo». Pero el plusconsumo está en contradicción con el plustrabajo que crea plusvalor: el capitalista ve a los otros asalariados como consumidores, pero con los suyos busca reducir el trabajo necesario y con ello su fondo de consumo. El capital rompe permanentemente «las proporciones» por la «coerción a que lo somete el capital ajeno», es decir, la competencia. El consumo insuficiente del plusproducto significa que esas fuerzas productivas son superfluas. Por eso, la tendencia expansiva del capital es un constante «poner y sacar fuerzas productivas»:

la «tendencia universal» del capital es a ponerlas, del lado de la oferta (libre cambio), y ésta se enfrenta a la «limitación particular» del consumo insuficiente del plusproducto, que busca sacar fuerzas productivas, «ponerles un freno con barreras externas y artificiales, por medio de las costumbres, leyes, etcétera.» (o *regulaciones*, como se dice actualmente). Pero el capital busca romper nuevamente esas barreras y vuelve a crear fuerzas productivas superfluas (desvalorización), y una vez más tiene que enfrentarse a una «disciplina que le resulta insoportable, ni más ni menos que las corporaciones». Por eso, dice Marx: «en contra de lo que aducen los economistas, el capital no es la forma absoluta del desarrollo de las fuerzas productivas». En la crisis general de sobreproducción —que «tiene lugar con respecto a la valorización, *not else*»— la contradicción fundamental se da entre el capital industrial y el capital de préstamo: «entre el capital tal cual se introduce directamente en el proceso de producción, y el capital tal cual se presenta como dinero, de manera autónoma (relativamente) y al margen de ese proceso», entre los cuales también se rompen las proporciones.[18]

En ese conflicto entre «poner y sacar plusvalor» se dan contradicciones entre el interés individual del capitalista que pugna por «ponerlo», y quienes buscan preservar al capitalismo como tal y para ello plantean restricciones o regulaciones, buscando que el Estado represente el interés general de la clase. Esas regulaciones no hacen al Estado menos capitalista o menos conservador. Cuando criticando al *laissez faire* (que ni los neoliberales de verdad esgrimen), los *posliberales* apelan a «más Estado», aclaran que no es un Estado «más grande» como productor-proveedor de bienes y servicios que fuera a redistribuirlos a los de menor ingreso, sino «más eficaz para fortalecer al sector privado», reclamándole mayor efectividad para dar seguridad económica, jurídica y política a la acumulación capitalista y a la estabilidad del sistema, lo que desde luego favorece la concentración y la centralización del capital.

Sin embargo, la teoría del péndulo hace aparecer las reformas como un permanente movimiento de retorno a un mismo punto de equilibrio. Oculta que en cada movimiento de «ajuste y corrección» para lograr mayores ganancias (ese es «el progreso») hubo un cambio cualitativo en una mayor concentración y centralización del capital, no un punto de retorno. Los distintos grados de concentración y centralización del capital producen contradicciones de naturaleza e intensidad distintas, y cambia también la capacidad del sistema para enfrentarlas o absorberlas. No es una oscilación con sucesivos («post») movimientos que se repiten («neo»), aunque es constante el objetivo de la ganancia y la conservación del sistema. Y aunque los ideólogos capitalistas recurran con muy poca originalidad a los argumentos previos para justificar las *reiteraciones pendulares*.

El «ajuste pendular» requiere de la modificación de las relaciones de poder existentes para poder llevarse a cabo, y las profundiza tras su concreción, lo que para el capitalismo supone una dialéctica propia de reforma/revolución. Empero, la disciplina económica caracteriza a cada una de esas reformas como un cambio de «instrumentos de política económica», como si se tratara exclusivamente de asuntos técnicos, lo que otorga a los ideólogos del capitalismo un amplio margen de maniobra política, discursiva e ideológica.

El *librecambio* se ha impuesto tanto en el siglo XIX como en el XX con represión y conservadurismo político (tras 1848 y en la década de 1970), porque ese «poner y realizar plusvalor» exige debilitar la fuerza social y política del trabajo frente al capital. La reestructuración neoliberal se impuso con una *contrarrevolución* social y política, y se estabilizó con *reformas*: recuérdese que en la década de 1990 desde el FMI se habló de una «revolución silenciosa» que se llevaba a cabo con la «reforma estructural», la «reforma del Estado», etcétera.

Por su parte, la reforma capitalista ha convergido con la reforma social solo cuando ésta ha sido útil para la acumulación y cuando ha tenido un papel político preventivo —es decir, conservador más allá de los perfiles doctrinarios de quienes la propusieran— en lo que ha contado la lucidez de ciertos ideólogos para asumir la dimensión política de la estabilización del sistema.

John Maynard Keynes escribió *El fin del laissez faire*[19] en 1926, tras la primera huelga general (*The Great Strike*) en la historia de Gran Bretaña, de nueve días en solidaridad con la huelga de los mineros, para criticar la miopía de los «capitanes de la industria» y sus economistas, cuestionar las vacilaciones de los reformadores «anti *laissez faire*», y para advertir al mismo tiempo contra el riesgo de que avanzaran las posiciones socialistas. Siendo un liberal partidario del libre comercio y un abierto opositor a la izquierda y a la igualdad social, defendía un *camino intermedio* en el que el Estado debía cumplir un papel complementario al mercado contribuyendo al éxito de la empresa privada. Dos décadas después, entre 1942 y 1946, cuando la URSS emergía triunfante de la Segunda Guerra Mundial y con un enorme prestigio en occidente, el economista conservador Joseph Schumpeter —que tenía discrepancias teóricas con Keynes— llamaba a salvar al capitalismo con una democracia de élites que lo impermeabilizara de las demandas e ideas igualitaristas, y que fuera «administrado» por un «socialismo responsable»[20] no antagónico con el capitalismo, que absorbiera conflictos mediante algunas reformas sociales. Aclarando que si bien podía interferir su desenvolvimiento económico en el corto plazo con políticas de distribución del ingreso, sería en el largo plazo un factor de control social y antídoto contra las revoluciones anticapitalistas. En una fase de expansión del capitalismo industrial, ese reformismo social conservador era compatible con la acumulación y necesario para hacer frente a las luchas y presiones populares.

Por eso, es correcto que en el imaginario popular se identifique la reforma social con sus luchas y conquistas. El problema radica en suponer que toda alusión a la reforma hecha por los ideólogos burgueses sea invariablemente a favor de los intereses populares, lo que da una enorme ventaja a los dominantes para apropiarse del lenguaje y símbolos de los dominados.

En América Latina, en efecto, la idea de reforma fue asociada a cambios radicales, pues en la primera mitad del siglo XX las reformas sociales se lograron como parte de las luchas antioligárquicas protagonizadas por las clases populares en alianza con sectores medios (la Reforma Universitaria de 1918 es expresiva de ello). El reformismo social avanzó allí donde la burguesía latinoamericana que se desarrolló conduciendo políticamente el desplazamiento de la oligarquía del Estado, lo hizo también enfrentada a las presiones imperialistas o sorteando esas presiones en el contexto de la Gran Depresión y las guerras. Esa burguesía fue proclive a las reformas sociales para reafirmar su propio papel económico y su función dirigente, y con ello se convirtió en burguesía nacional, no por su origen geográfico sino porque asumía que su desarrollo estaba vinculado al de las clases no propietarias como productoras y consumidoras para crearse un mercado interno. Aunque no se anuló la lucha de clases, en varios países la concertación política con la burguesía se dio en torno a un nacionalismo no anticapitalista, que marcó diferencias con el antimperialismo de las fuerzas comunistas y socialistas revolucionarias. A partir de la década de 1950, la reactivación del mercado mundial bajo la nueva hegemonía imperialista de los Estados Unidos canceló en su «patio trasero» latinoamericano los espacios de autonomía relativa de la burguesía nacional, cuya existencia y expansión dependió de su creciente subordinación económica y política al capital imperialista, agotando su ideología reformista e intensificando su papel de gendarme.

La idea de *reforma* pasó entonces a pertenecer exclusivamente a la semántica popular. Las luchas para preservar las reformas sociales conquistadas, o para avanzar en otras nuevas, intensificaron un antimperialismo con mayor contenido anticapitalista, asociado, como necesidad, con la revolución emancipadora, con el potente estímulo de la Revolución Cubana. Ese era un objetivo compartido por todas las vertientes de la izquierda, pero que fueron diferenciándose en la definición de las formas de lucha para alcanzarlo.

Cuando se convirtió en un debate táctico

Mientras que en su origen el debate sobre «reforma o revolución» en el movimiento socialista europeo no era táctico, no era de medios sino de fines, el que se dio en América Latina en la segunda mitad del siglo XX, entre quienes compartían los fines, se convirtió en un debate táctico de una trágica esterilidad. Pletórico de reduccionismos y falsas dicotomías, tuvo efectos perdurables en las dificultades analíticas de la izquierda, que fueron convenientemente explotadas por la derecha.

En la década de 1960, la línea divisoria no pasaba por diferencias sobre la posibilidad de construir el socialismo en el seno del capitalismo dependiente por medio de reformas, o la necesidad de superar al capitalismo revolucionando todos sus cimientos, sino en las «vías de la revolución». De ser ésta una discusión táctica obligatoriamente acotada a las circunstancias histórico-concretas de cada país, fue convertida en una supuesta definición estratégica y hasta ética de carácter general. En muy pocos países se logró zanjar las diferencias y avanzar en una sólida unidad de izquierda, lo que en la mayoría tuvo efectos negativos en la capacidad para enfrentar la contrarrevolución capitalista de la década de 1970 y 1980.

Esas limitaciones analíticas tuvieron efectos perdurables para enfrentar la fase de estabilización de las transformaciones regresivas dominantes, en la que la derecha incorporó el vocablo «reforma» en sus estrategias conservadoras. Muy significativamente, en la década de 1990, cuando el ascenso de las luchas populares contra el neoliberalismo se expresa en avances electorales y en la conquista de importantes espacios institucionales en parlamentos y gobiernos locales por la izquierda latinoamericana, en ésta aparecen confrontadas posturas que corresponden esencialmente a las que enfrentaron a Rosa Luxemburgo y Eduard Bernstein. Y se proyectan al nuevo siglo cuando la izquierda conquista gobiernos nacionales.

Tras la derrota electoral de la Revolución Sandinista después de una sangrienta contrarrevolución, y el fin de la dictadura de Pinochet mediante elecciones, ambos en 1990; de la derrota de Sendero Luminoso en Perú por el gobierno de Fujimori; así como las negociaciones de paz entre el Frente Farabundo Martí para la Liberación Nacional y el gobierno derechista de Arena en El Salvador en 1992, y entre la Unidad Revolucionaria Nacional Guatemalteca y el gobierno de Guatemala en 1996, que completaron el cuadro de «transiciones a la democracia», la derecha proclamó eufórica la resolución definitiva de aquel debate de los sesenta en América Latina, y no pocos izquierdistas así lo entendieron. La derecha tendió una trampa a la izquierda explotando sus errores analíticos.

La utopía desarmada de Jorge G. Castañeda (1993)[21] fue un instrumento para ello. Con ese sugerente título, si bien en un sentido aludía al «desarme» ideológico de la «utopía» de izquierda por el desmoronamiento del «socialismo real», más literalmente se regodeaba con el «fracaso» de la lucha armada y con la conversión de los antiguos guerrilleros en pacíficos demócratas y hasta en prósperos empresarios; y que habiendo superado su infantilismo anterior admitían la *teoría de los dos demonios* que explica la brutal contrarrevolución de los setenta y ochenta como respuesta lógica del sistema a las acciones armadas. El parteaguas entre la «vieja» y esa «nueva izquierda democrática» quedaba confirmado como regla por las excepciones de la Revolución Cubana y de las fuerzas insurgentes colombianas, cuyas respectivas caída y derrota vaticinaba inminentes. Estos argumentos gozaron de aceptación entre numerosos segmentos de la izquierda durante la década de 1990 hasta que, en el nuevo siglo, el inédito proceso bolivariano en Venezuela cambió los términos del debate «reforma o revolución». Y además Castañeda dejó de ser citado cuando se exhibió como prohombre de los Estados Unidos, no tan solo de la Tercera Vía neodemócrata representada por William Clinton sino del gobierno de George W. Bush, desde su cargo de canciller mexicano (2000-2003) en la presidencia de Vicente Fox.

En la década de 1990, el debate reforma/revolución en América Latina era sobre fines pero todavía encubierto por una discusión sobre medios. Dada ya por descartada la cuestión de las vías, la discusión sobre los objetivos también estaba «resuelta» por la autoexclusión de la «revolución» tras el derrumbe del «socialismo real» que había sido su «materialización». Desaparecido el «modelo» como meta, en los términos de Bernstein parecían evidenciarse tanto los errores de las *premisas* del socialismo revolucionario, como la validez de las *tareas* para promover la reforma del capitalismo para moralizarlo, en lo que *el movimiento lo sería todo*. El término pragmatismo entró en el vocabulario virtuoso de la izquierda latinoamericana, como sinónimo de incrementalismo realista en un capitalismo «nuevo» que se había renovado con la «era del conocimiento»[22] que, se decía, había modificado las condiciones económicas y sociales en las que se basaban las *premisas* del socialismo revolucionario decimonónico, y había encontrado mecanismos adaptativos irreversibles. Paradójicamente, muchos de los neo-bernsteinia-nos[23] —conscientes o *de facto*— reivindicaban también a Rosa Luxemburgo, pero en sus debates con Lenin respecto a los problemas de la democracia en el socialismo soviético, con una racionalización *a posteriori* del stalinismo. Así, solo quedaba como opción el «socialismo liberal».

Las nuevas adhesiones liberales se argumentaron como rechazo a las vulgarizaciones del marxismo y a las fallidas críticas que se les hicieron desde la anterior «nueva izquierda»,[24] pero expresaban fundamentalmente la influencia de los ideólogos del capitalismo, que lograron imponer sus «explicaciones» sobre aquellos errores y «llenar esos vacíos» con sus propias «alternativas».

El actual estallido de la crisis general del capitalismo parecería reconducir el debate al demostrar, una vez más, la falsedad de los postulados de Bernstein sobre la capacidad permanente del capitalismo para desarrollarse conjurando sus crisis, pero aún dista mucho de cuestionar sus conclusiones sobre las «tareas de la socialdemocracia». Peor aún, la crisis actual está dando nuevos bríos y auditorios a los promotores de las reformas del capitalismo con algunas regulaciones, que sintonizan discursivamente con la izquierda que proclama el fin del neoliberalismo, al que responsabilizan de los excesos y corrupción del capitalismo (al que, de todas maneras, los posliberales le asignan superioridad sobre «el ineficiente socialismo real» para proveer «bienes materiales y libertad»).

El posliberalismo

La crisis que estalla en 2008 ha puesto a la orden del día la discusión sistémica sobre la necesidad de «reforma» del capitalismo para volver a su punto de equilibrio.

Algunos, desde el campo crítico, han declarado que el neoliberalismo está muerto. Pese al colapso no se piensa en el derrumbe, y domina la idea del necesario ingreso a un posneoliberalismo, aunque no se sepa en qué consiste eso posterior. La incertidumbre es inevitable porque dependerá de decisiones y relaciones de poder. Pero la dificultad para pensar el futuro en cuanto a direcciones posibles y optar por tratar de recorrer alguna, tiene que ver con la falta de claridad sobre lo que está agotado. No hay acuerdo sobre qué es el neoliberalismo: si es la fase histórica actual del capitalismo pese a lo restrictivo de su denominación, o si solo es un conjunto de instrumentos de políticas económicas que podrían modelarse en combinaciones distintas a las actuales. La meta y el camino quedan así confundidos entre sí. Entre las muchas interrogantes y tesis que admite esta discusión hoy día, adelanto aquí tres que me parecen significativas y que están vinculadas entre sí: a) ¿La idea misma de posneoliberalismo denota una superación de lo que, si no claramente definido, al menos se vive como neoliberalismo?; b) ¿Puede ser superado el neoliberalismo con regulaciones al capital especulativo —visible responsable de la crisis— y favoreciendo al capital productivo de la «economía real»?; c) ¿Puede haber anti-neoliberalismo o estrategias posliberales sin anticapitalismo?

Lo que revela la dificultad actual para caracterizar al neoliberalismo es la enorme influencia que ha tenido la prolongada ofensiva ideológica de los dominantes para imponer el terreno de análisis, al haber definido qué debía y debe entenderse por «neoliberalismo», y cuáles eran y son las alternativas «posliberales».

Y esto viene ocurriendo desde hace más de 10 años, desde las crisis financieras de 1995 y 1997. Ya desde entonces fueron acremente cuestionados los tecnócratas y se reclamó por «más política» y por una intervención regulatoria del Estado; se promovieron *políticas públicas* porque el mercado es «imperfecto»; con caminos «intermedios» o terceras vías: «tanto mercado como sea posible, tanto Estado como sea necesario»; se desarrollaron programas de atención a la pobreza y todo se hacía para generar empleo. Más: el «nuevo Consenso Posliberal» fue oficializado en la Segunda Cumbre de las Américas, de 1998, en Santiago de Chile, durante la presidencia de William Clinton, como la estrategia «progresista» para América Latina, para «ir más allá del Consenso de Washington». Los éxitos de ese *progresismo* explican en alguna medida la crisis actual, aunque las responsabilidades son siempre de «otros». Pero hoy vuelven a aparecer muchas de aquellas ideas en las discusiones sobre «alternativas posneoliberales».

No hay espacio suficiente para describir aquí el proceso de gestación y ejecución del Consenso Posliberal, una estrategia articulada entre los centros del poder capitalista —países, empresas transnacionales, instituciones financieras internacionales— y las élites económicas, políticas e intelectuales de América Latina, para lo cual remito a algunos trabajos de mi autoría.[25] Este proceso demuestra que las «reformas posliberales» se impulsaron para reforzar políticamente a los beneficiarios del denominado Consenso de Washington pese a que se hicieron para «ir más allá» de él. Era una estrategia política para hacer frente a la crisis de gobernabilidad (de la estabilidad de la dominación) que emergía en la segunda mitad de los noventa por el ascenso de los rechazos y resistencias populares en América Latina al neoliberalismo; la crisis financiera de México en 1995, que se extendió a Brasil y Argentina, así como la que estalló en Asia en 1997, configuraban un contexto de mayor inestabilidad económica que agregaba riesgos políticos al capital transnacional en la región. La estrategia incluye una intensa ofensiva ideológica de la derecha para recuperar influencia política y para incidir en los debates sobre «alternativas al neoliberalismo», de modo de hacerlas inocuas para el capitalismo. Esa estrategia posliberal ha pasado por distintos momentos y énfasis, y es evidente que sigue operando refrescada por la crisis de 2008.

La gestación del «nuevo consenso posliberal» comienza claramente en 1996, en el que se multiplican los espacios de elaboración de la élite política, empresarial e intelectual latinoamericana con sus pares europeos y estadounidenses. El «nuevo consenso» cobra relevancia pública desde el Banco Mundial en 1997, tras la llegada de Joseph Stiglitz como vicepresidente y economista jefe del Banco, tras dejar el cargo de jefe de Asesores Económicos del presidente Clinton. Stiglitz es un ideólogo de la Tercera Vía con la que se impulsó la expansión global de Estados Unidos en los noventa. La publicación por el Banco Mundial del *Informe sobre el desarrollo mundial 1997: El Estado en un mundo en transformación* impacta como el primer manifiesto «antineoliberal» contrario a lo que Soros denominó fundamentalismo de mercado pocos meses después. En septiembre de 1998, el BM publica el todavía más impactante *Más allá del Consenso de Washington. La hora de la reforma institucional,*[26] dedicado específicamente a América Latina. Sus autores son Guillermo Perry, economista jefe para la Oficina Regional para América Latina y el Caribe, y Shahid Javed Burki, vicepresidente de esa comisión. El propósito de estos documentos resulta más nítido a la luz de un texto de noviembre de 1996, mucho menos conocido, elaborado también por Perry y Javed Burki, titulado *La larga marcha.*[27]

En éste se dice que la euforia por el crecimiento económico que hubo hasta 1993 había terminado con la crisis financiera de 1995, que contenía el riesgo de la salida neta de capitales de América Latina porque no contaban con las seguridades requeridas en los derechos de propiedad. Las reformas de comienzos de los noventa se habían hecho para atraer capital extranjero; pero debían hacerse otras complementarias para retenerlo. Éstas no eran contrarias sino continuación de las primeras. El Estado debía «regular y supervisar» para ofrecer las garantías para un «sano mercado financiero» que no afectara la confianza en la apertura comercial. Para evitar *corridas* bancarias eran necesarios seguros estatales, como el Fondo Bancario de Protección al Ahorro que México había implementado recuperando la estabilidad (que por cierto le costó más de 100 mil millones de dólares al país) y medidas para extender la penetración del mercado financiero. Para «proteger» al país de la inestabilidad financiera internacional se necesitaba ampliar el financiamiento interno con la privatización de los fondos de pensiones y seguros. Para asegurar la inversión extranjera en infraestructura y en servicios públicos y sociales, que contribuiría a mantener la necesaria disciplina fiscal, debían reformarse los marcos regulatorios para ampliar la inversión privada y crear fondos estatales de manejo de riesgos. Es decir, que las «regulaciones financieras» se reclaman para fortalecer al capital financiero.

Esa asociación público-privada en infraestructura y en servicios públicos y sociales liberaría al gobierno de ser el proveedor exclusivo o principal, pero el nuevo papel del Estado «en la regulación de la provisión y en garantizar que los proveedores privados no abandonen a los pobres» será un papel «más exigente» que el de proveedor. Sería el ingreso a una época de «posprivatización», en la que la provisión la harán los privados, «que lo hacen mejor», con el financiamiento público y sin que esa infraestructura y servicios perdieran el status jurídico estatal. Esta es una de las características del *Estado social de derecho* consagrado por la Constitución de 1990 en Colombia, en cuya elaboración había participado Guillermo Perry como miembro de la Asamblea Constituyente, quien posteriormente fue ministro de Hacienda y Crédito Público del gobierno de Ernesto Samper hasta 1995, cuando pasó al Banco Mundial.

Conviene retener esta idea de asociaciones público-privadas como «posprivatización» porque, supuestamente alejada de la obsesión privatizadora neoliberal, es uno de los ejes del social-liberalismo: desarrollar políticas sociales focalizadas con financiamiento público, con lo que se transfieren inmensas sumas del fondo de consumo de los trabajadores y de los consumidores pobres —vía impuestos al salario, impuestos indirectos y tarifas— al capital que provee los servicios para los extremadamente pobres. Políticas social-liberales que favorecen una mayor concentración del capital, al mismo tiempo que legitiman a los gobiernos y les crean una base social clientelar y desorganizada políticamente.

Para retener al capital externo, continúa *La larga marcha*, habría que avanzar prioritariamente en la reforma del mercado laboral (mayor flexibilización y disminución de costos para el capital); en la reforma jurídica y administrativa que garantizara e hiciera más eficientes los derechos de propiedad del capital; en políticas de atención a la pobreza para reducir la inestabilidad social; en reformas educativas que generaran «capital humano».[28]

Y de manera muy importante, en políticas de titulación de tierras para introducirlas al mercado inmobiliario, sin decir obviamente que eso favorecerá·la apropiación legal de los recursos naturales. Como concepción general de la acción del Estado, Perry y Burki indican que la descentralización es positiva para reducir las presiones sobre el gobierno central, pero que éste debe concentrar más las decisiones económicas fundamentales, sin someterlas al sistema político, máxime en condiciones de ingobernabilidad.

En el Informe del BM de 1997, que se realiza bajo la dirección general de Joseph Stiglitz, se plantea que la benéfica globalización aún no ha concluido, y se da la señal de alarma de que la necesaria apertura económica está en riesgo por posibles reacciones de varios países ante la crisis financiera. Movido por esta preocupación es que afirma que «La oscilación del péndulo hacia el Estado minimalista de los ochenta ha ido demasiado lejos».[29] Es responsabilidad del Estado evitar esos peligros mediante un nuevo papel regulatorio con reformas de segunda generación, en las mismas líneas temáticas planteadas por *La larga marcha*. Las acciones deben contemplar las circunstancias políticas de cada país para eludir eficazmente los obstáculos, por lo que deben ser hechas «a la medida» de cada uno, y no de manera uniforme como las han recomendado los tecnócratas del FMI. Esa es la crítica principal que se le hace: en el *cómo*, y no en el *qué*.

En *Más allá del Consenso de Washington*, Perry y Burki solo mencionan su documento anterior, pero significativamente no incluyen en éste su apología al capital financiero ni demás recomendaciones económicas de aquél, sino que despliegan una potente retórica responsabilizando a los «gobiernos malos» por el síndrome de ilegalidad que no garantiza plenamente la propiedad (déficit legales, burocratismo e ineficacia judicial); la información es insuficiente (transparencia), como también lo es la confiabilidad de la burocracia media y baja (corrupción); persisten las imposiciones de los intereses creados (patrimonialismos particularistas) que se oponen al interés general; los políticos no garantizan sus compromisos porque los subordinan a los vaivenes de los tiempos electorales (clientelismo). Estos altos costos de transacción desalientan la inversión, se debilita el crecimiento, la pobreza no se resuelve. Los gobiernos deberán ser reformados, para lo cual se necesita «fortalecer a la sociedad civil», típico eufemismo para referirse a los empresarios, además de las señaladas organizaciones no gubernamentales, algunas incluso promovidas por el BM. Muchos de los críticos del neoliberalismo en América Latina se identificaron con ese diagnóstico, *hecho a la medida* por la derecha para conducir las críticas de los dominados. Pero lo fundamental del documento son sus recomendaciones para manejar los obstáculos políticos a las reformas: la modificación de la *velocidad* y *secuencia* de las reformas para legitimarlas; acciones para conquistar indecisos y para neutralizar oponentes; el papel de la política y del sistema político para aceitar las reformas. Se trata de un manual táctico conservador pero «crítico» del «Consenso de Washington».

El ir «más allá» (*beyond*) no es *contra*, sino corregir lo necesario para continuar con las reformas de primera generación identificadas como «neoliberales». Estos posliberales críticos del «mercado perfecto» —supuesto neoclásico que ni siquiera Hayek compartía—[30] señalan las «imperfecciones» del mercado (costos de transacción, información imperfecta, etcétera) precisamente para corregirlas, no para negar al mercado, esto es, al dominio del capital. Para ello apelan al Estado y a la política, en eso consiste su Nueva Economía Política neoinstitucionalista.

Su gran éxito ideológico fue reducir el neoliberalismo a su focalización en el «Consenso de Washington», por un lado; y a presentarlo como una imposición «externa», por otro. Pero el cuestionamiento posliberal al decálogo de políticas del «Consenso de Washington» se limitó a su déficit de «regulación financiera», además en los términos en que la entendían, no a las otras políticas. Por su parte, al «exteriorizar» al neoliberalismo se exculpa a la gran burguesía latinoamericana —con sus respectivas escalas relativas a cada país— y se oculta la fusión de sus intereses en esa clase mundial para una reproducción capitalista que acrecienta las ganancias con múltiples mecanismos de expropiación. Y se hace pasar por alto que las «externas» instituciones financieras internacionales tienen en sus puestos directivos, mandos medios y asesores a latinoamericanos. La «exteriorización» incluye personalizar como responsable del neoliberalismo al FMI, en tanto que los posliberales Banco Mundial y BID se autoeximen.

Esas focalización y exteriorización no se habían hecho en la primera mitad de la década de 1990. De hecho, hasta 1996, salvo contadas excepciones no se hablaba del «Consenso de Washington», y la ejecución de esas políticas había sido justificada como una necesidad *realista* de América

Latina emanada de los efectos de la «década perdida»: estancamiento en el crecimiento, descapitalización por deuda y empobrecimiento. Que se los atribuían al recesivo «monetarismo de *laissez faire*» (aunque nunca fue ausencia de intervención estatal), que era el modo como se definió al neoliberalismo en las décadas de los setenta y ochenta, siempre a partir de los instrumentos de política económica.

Contra aquel «monetarismo de *laissez faire*», a comienzos de la década de 1990 los ideólogos del capitalismo promovieron un «nuevo consenso» para el «crecimiento» y para «resolver la pobreza». La «reforma estructural» era para producir para la exportación (nótese que era un consenso para lo «productivo»), que dada la descapitalización por la deuda debía financiarse con capital externo; para que éste no migrara a los ex países socialistas, se le debía atraer con apertura y liberalización; hasta que el crecimiento produjera la derrama de riqueza a toda la sociedad, y para mantener el sano equilibrio fiscal y el control de la inflación, la pobreza sería atendida con los recursos obtenidos de las privatizaciones y con la intervención del Estado con políticas públicas focalizadas (equidad social-liberal); el Estado tenía una función de promoción (subsidiaria) que cumplir, para lo cual debía reformarse. Ese «nuevo consenso» de la primera mitad de la década de 1990 era contrario al *laissez faire* y al *populismo*. En tanto que era formulado para corregir los efectos del «neoliberalismo» de los años setenta y ochenta, aunque parezca absurdo, el que después fue oficialmente denominado Consenso de Washington habría sido, ateniéndonos literalmente a los discursos, el primer «posliberalismo».

En la promoción de ese nuevo consenso como respuesta necesaria y realista de América Latina, el ex canciller uruguayo y presidente del BID desde 1988, Enrique V. Iglesias, decía en 1992 que,

> estas respuestas no se originan unilateralmente en las instituciones bancarias estadounidenses ni en los organismos financieros internacionales, sino en una combinación —en proporciones discutibles— entre sus recomendaciones y los esfuerzos de modernización económica y de apertura externa realizados en distintas etapas por los propios países latinoamericanos. Lo que es más, tampoco [Consenso de Washington] se trata de una denominación generalmente aceptada, sino de un título afortunado puesto a este conjunto de prescripciones por una institución y por un

autor perteneciente a ella. Se trata, con todo, de un nombre apropiado para identificar fácilmente el conjunto de medidas propuesto en los últimos años a los países latinoamericanos. Parecería más apropiado concluir en que estas medidas se han ido gestando en respuesta a la gradual formación de un consenso político y económico latinoamericano. En el fondo, el «Consenso de Washington», más que un conjunto de ideas y prescripciones nuevas, representa la recuperación de la fuerte influencia que siempre ejerció en nuestros países el «mainstream economics» frente a las alternativas planteadas por la teoría latinoamericana del desarrollo.[31]

Iglesias, del posliberal BID en la segunda mitad de los noventa, antes se congratulaba porque la afortunada coincidencia entre la respuesta endógena latinoamericana y las recomendaciones externas la haría más viable. Eso mismo defiende John Williamson: dice que acuñó la frase para sintetizar lo expresado por latinoamericanos en un seminario en Washington en noviembre de 1989;[32] y que —aclaró años después— tenía por objetivo sensibilizar a la nueva administración de Estados Unidos sobre el proceso de reforma en marcha en América Latina. Dígase que fue tan eficaz la sensibilización, que plasmó poco después (1990) en la *Iniciativa para las Américas* del presidente George H. Bush (padre) para crear un área de libre comercio desde Alaska a Tierra del Fuego. Williamson rechazó que se le adjudicara la paternidad nominal del neoliberalismo.[33] Y ya en plan autocrítico se lamentó de que, en la formulación del decálogo, él no hubiera tenido más cuidado en atender a los tiempos y recaudos con que debían hacerse las reformas para evitar crisis financieras,[34] pero solo eso.

Como se ve, en el terreno discursivo los estrategas capitalistas no son dogmáticos: cambian de argumentos, critican lo que antes propusieron cuando son inocultables sus efectos negativos y generan problemas políticos, y ofrecen «ahora sí» la «nueva oportunidad histórica» de cambio. De consenso en consenso. Estas constantes metamorfosis discursivas para dirigir desde el sistema las críticas al neoliberalismo son posibles porque explotan el carácter contestatario de buena parte del *pensamiento crítico*: que contesta a los asertos sistémicos atrapado en su terreno discursivo y en su iniciativa ideológica.

Volviendo a las «reformas de segunda generación» para ir «más allá del Consenso de Washington», éstas habrían sido, siguiendo la secuencia, el segundo posliberalismo. Pero tras un lustro de implementación, fue cuestionado por los que lo promovieron. En el nuevo siglo, para responder a la expansión de las movilizaciones mundiales contra la globalización y a las crisis sociales y políticas que estallan en América Latina, los posliberales dicen que las reformas a las reformas estuvieron mal hechas o incompletas y que resultaron en un «neoliberalismo plus». Entonces para conquistar auditorios se solidarizan con el *malestar en la globalización* (Stiglitz *dixit*), y se introducen al *élan* anti-globalización adjetivándola como «globalización neoliberal» por el peso decisivo del capital financiero, que sigue produciendo convulsiones. Así, «neoliberalismo» es ahora solo especulación, que se la achaca a la irresponsabilidad de los «malos ejecutivos», resguardando la credibilidad del capital.

Y tras esa crítica posliberal al posliberalismo, se abre paso una nueva fase de posliberalismo: la «superación del neoliberalismo» vendrá con contrarrestar la especulación financiera con mayor inversión «productiva». El posliberalismo se manifiesta ahora como un «neodesarrollismo», opuesto también al *laissez faire* y al *populismo*.

El neodesarrollismo posliberal

El neodesarrollismo está orientado a la inversión en infraestructura en energéticos y explotaciones hídricas, en minería, en monocultivos genéticamente modificados, y en un sistema multimodal de comunicaciones y transportes para abaratar la extracción de aquellos productos y de otras formas de biodiversidad desde la región.

Donde no son políticamente factibles las privatizaciones de territorios y recursos naturales, bajo la lógica de la «posprivatización» se promueven «asociaciones» del Estado con las inversiones privadas del capital trasnacional —incluidas las empresas *translatinas*, como las ha denominado la CEPAL— en las que el Estado financia una parte de la inversión; o «asociaciones» en las que el Estado transfiere la explotación y comercialización de los recursos naturales con la *enajenación del uso*, por la que cobra impuestos, pero sin haber sido enajenada su propiedad legal. Algunas «asociaciones» del Estado con capital externo se hacen con esas empresas formalmente estatales pero bajo control privado, por lo que ese tipo de asociación «pública-pública» seguirá estando en alguna de las modalidades anteriores.

El nuevo posliberalismo neodesarrollista tiene dos polos de hegemonía regional: Brasil, que impulsa en el año 2000 la Iniciativa para la Integración Regional de Sudamérica (IIRSA); y México que oficializa en 2002 el Plan Puebla Panamá (proyectado años antes, y rebautizado recientemente como Proyecto Mesoamérica), vanguardizado por Carlos Slim con su Impulsora para el Desarrollo y el Empleo en América Latina (IDEAL).

La inversión en infraestructura es de valorización más lenta. Permite «sacar plusvalor» del mercado. Pone a salvo a una parte del capital de los riesgos especulativos y de su rápida desvalorización. Es una estrategia de acumulación más a largo plazo pero de ganancias seguras por la «asociación» con el Estado.

Esa inversión que se hace en América Latina no está dirigida a resolver necesidades sociales; genera poco empleo por su alta tecnificación; y es una estrategia neocolonialista de *acumulación por desposesión,* como la denomina David Harvey,[35] en cuanto una «acumulación originaria» permanente de control territorial y saqueo, para abatir al capital sus costos en energéticos, materias primas, agua y biodiversidad, recursos además escasos. Y que se lleva a cabo de manera simultánea con la brutal desposesión de la fuerza de trabajo latinoamericana. El intervencionismo militar es un instrumento de esta acumulación por desposesión.

Esas inversiones productivas del gran capital son vistas por varios de los nuevos gobiernos nacionales de izquierda como una «alternativa progresista» al neoliberalismo —entendido como especulación financiera— y como *locomotora* del desarrollo nacional. Mientras en algunos casos se adoptan posturas más confrontativas contra las instituciones financieras y contra la ilegítima deuda externa, se otorga seguridad jurídica a esas inversiones incluso con leyes específicas, como en el caso de la minería a cielo abierto.

El posliberalismo neodesarrollista separa las aguas entre un «capital malo» (financiero) y un «capital bueno» (bienes y servicios de la «economía real»); entre los cuales no habría conexión (no obstante la evidencia empírica de su fusión y de que el capital «productivo» se dedica también a funciones financieras); y atribuye al primero los «excesos» de la globalización. Esto es comúnmente aceptado entre segmentos del llamado pensamiento crítico.

Un documentado estudio de Orlando Caputo sostiene la tesis contraria: «En América Latina, el capital productivo y el capital financiero, a través de las transnacionales, actúan en forma conjunta y potenciada». Con datos construidos a partir de informes oficiales, Caputo muestra que esto ocurre desde la década de 1990 y que, significativamente, se acentúa desde 1996. «[E]l pago de renta bajo la forma de utilidades y dividendos de la IED más las rentas remesadas por las inversiones en cartera equivale e incluso superan el pago de intereses. En 2004, las utilidades y dividendos de las IED representan un 38%, un 18% corresponde a remesas de las inversiones en cartera, sumando ambas un 56%, comparado con un 42% correspondiente a los intereses de la deuda externa». Dice que entre utilidades, intereses, amortizaciones y depreciaciones del capital extranjero y otras salidas de capital de América Latina, salen aproximadamente 230 mil millones de dólares anuales. Y concluye que en América Latina «La relación entre el capital y el trabajo es la predominante en las últimas décadas y no la relación entre capitales».[36]

Cuánto de esa inmensa masa de dinero ha ido a nutrir el «casino» especulativo y su inflamiento como capital ficticio, que estalla en la crisis de 2008, pero cuyo origen es la expropiación de valor a los asalariados y consumidores pobres latinoamericanos, además del valor expropiado neocolonialmente a los países como tales. Esto ratifica la significación del posliberalismo como estrategia conservadora capitalista con sus tres soportes: neoinstitucionalismo, social-liberalismo y neodesarrollismo.

Posliberalismo o anticapitalismo

La revolución pasiva posliberal es visible en varias de las formulaciones de izquierda sobre las alternativas al neoliberalismo.

Más recientemente, en el campo de izquierda aparecen audaces planteos en el sentido de que el neodesarrollismo podría ser la versión «realista» de un «Socialismo del Siglo XXI». Algunas justificaciones al neodesarrollismo se hacen a nombre de Marx, argumentando que: a) es el camino para el desarrollo de las fuerzas productivas; b) es un objetivo pendiente en América Latina y ello corresponde al aserto de Marx en el Prólogo de 1859 de que ninguna sociedad desaparece antes de que sean desarrolladas todas las fuerzas productivas que pueda contener; y c) puesto que el «estatismo socialista» se desbarrancó junto con la URSS, las asociaciones público-privadas son la manera de hacer madurar a la sociedad hacia el socialismo.[37]

En cuanto a las dos primeras afirmaciones, no es la primera vez —así lo han hecho Schumpeter y seguidores suyos como Douglass North— que se presenta a Marx como un *teórico del desarrollo* capitalista invocando el críptico Prólogo a la *Contribución a la crítica de la economía política* de 1859, obra en la que Marx pensaba sintetizar sus estudios económicos de 1857 y 1858, que dejó inconclusa y retomó en la elaboración de *El Capital*. Esos estudios económicos fueron publicados como los *Grundrisse* por primera vez en Moscú durante la guerra, entre 1939 y 1941, y tras varias ediciones europeas en los cincuenta y sesenta se publicó en castellano en 1971. Como se ha mostrado más arriba, nada autoriza a caracterizar a Marx como un «desarrollista». En cuanto a la tercera afirmación, tomando en cuenta que las inversiones privadas de esos montos solo puede hacerlas el gran capital, no requiere de réplicas adicionales a lo argumentado en este trabajo. Lo cual no significa que esté suficientemente discutido el problema del Estado en el socialismo, como Estado ampliado *en* y *de* una nueva sociedad, y no solo como aparato; y lo que ello significa en la superación de la dicotomía liberal Estado-mercado y en el replanteo de la relación público-privado.

Al mismo tiempo, se formula un «socialismo realista de la era posneoliberal» que defiende el social-liberalismo con una argumentación marxista «renovada». El socialismo es definido así: «"Socialismo" significa focalizar en los individuos peor colocados en la escala social, hacerlos "subir", por así decirlo: invertir el concepto de óptimo de Pareto con vista a evitar que se profundice la desigualdad social —un concepto que se aproxima a lo que John Rawls llamó el "principio de diferencia"».[38] Dígase que este postulado,[39] formulado de manera abstracta como toda la filosofía política del social-liberal Rawls, bajo la apariencia de ser una concepción de igualdad en la diversidad, se llena de contenido en su obra como una justificación de la acumulación capitalista: al producir crecimiento, su ausencia perjudicaría a los menos aventajados.

La argumentación «marxista renovada» es sustentada en una *mirada realista* de *los cambios en el mundo del trabajo*, según la cual se ha llegado al «fin de la relación salarial», y con ello habría desaparecido la explotación porque ya no es central la relación trabajo vivo/trabajo muerto (FT/maquinaria) industrial, que hace que se pase del «obrero productor» al «trabajador consumidor» (representado con la universalización de los celulares); la explotación desaparece pero se mantiene un control total del capital sobre la subjetividad y las prácticas (biopoder) de los individuos, convertidos en productores autónomos en red. De acuerdo con esta formulación, el conflicto con el capital se dirime solo en el mercado como dominación; y por eso el objetivo socialista de reducir la desigualdad se lleva a cabo con las políticas sociales para reducir la desigualdad de género, étnica, educativa y de manera focalizada para hacer «subir» a los más desventajados en sus ingresos; así como acciones para crear una nueva hegemonía cultural.

Este socialismo es concebido, además, como: «un "movimiento" por "dentro" y por "fuera" del Estado —de sucesivas transformaciones que obstruyen la reproducción de las desigualdades y amplían las condiciones de igualdad", que no está pensado en relación con algún "modo de producción determinado». [40] Sin embargo, es visible que la base material de ese socialismo realista está pensada desde el neodesarrollismo. En este movimiento que lo es todo, el incrementalismo democrático liberal-republicano no parece encontrar ningún límite en la reacción del capital para preservar su poder, es una acumulación democrática sin sobresaltos.

Dígase, en primer lugar, que esa formulación «marxista renovada» se sustenta en una mirada eurocéntrica, enfocada principalmente a la clase media profesional o técnica, que de ser empleada asalariada por el Estado pasa a la condición de *empresario individual* que vende de manera *independiente* su *producto de la era del conocimiento*, y que constituye la *nueva sociedad civil* de la Tercera Vía. Esa «desaparición» de la relación salarial, en buena medida por la relocalización productiva a la periferia —en ésta con agudizados rasgos expropiatorios que llegan a la relación esclavista— tampoco ha desaparecido de Europa, tal y como estamos viendo en las huelgas y ocupación de empresas en 2009. Mirando hacia América Latina, desde luego que ha cambiado la morfología del mundo del trabajo. La flexibilización laboral en el mercado de trabajo formal elimina las regulaciones jurídicas y contractuales sobre la relación trabajo-salario hacia un «resultado» individual por productividad; salario, tiempo de trabajo y demás condiciones laborales son precarizadas con la excusa ventajosa del desempleo; se elimina la negociación colectiva hacia una subordinada negociación individual del trabajador con el empresario; en algunos casos se terceriza la relación laboral a otras empresas, y en otros el trabajador es obligado a constituirse como una empresa individual que vende sus servicios a la empresa capitalista. La relación salarial no desaparece. En el sector informal también hay empresarios capitalistas y trabajadores. En todas estas formas de relación salarial, la esencia de la explotación en cuanto a la relación entre *trabajo necesario* y *plustrabajo apropiado privadamente*, no solo no desaparece sino que se intensifica. Y en el caso de los trabajadores informales convertidos en «empresarios» (micro, autoempleo), aunque la relación asalariada formal que supone ciertas reglamentaciones desaparece, se mantiene la condición asalariada sustantiva del no propietario, que supone obtener el ingreso con la venta del trabajo propio.

Pese a todas las críticas morales que estos «socialismos posliberales» le hacen al capitalismo por opresivo, por generar cultura individualista y enajenación, sus propuestas de reformas realistas no están en la dirección de superar al capitalismo sino de administrarlo.

Una vez más, la discusión actual no es de medios sino de fines, sobre la dirección hacia donde caminar. Reformulada como *posliberalismo o anticapitalismo*, apunta precisamente a exhibir el objetivo de las «reformas posliberales» de perpetuar al capitalismo realmente existente, y de que solo reduciendo el poder del capital se puede superar al neoliberalismo.

En el seno de la izquierda anticapitalista también se está hablando de «posneoliberalismo». En principio parece tan solo una desafortunada utilización del mismo término que ha acuñado la derecha desde hace tiempo, pero no es ajena del todo a ciertas caracterizaciones del neoliberalismo que he discutido en este trabajo.

Desde luego, aunque esté claro hacia dónde quiere caminarse, para recorrer el camino que debilita el poder del capital, que no es lineal y tiene obstáculos a vencer, es necesario acrecentar la fuerza de los explotados y dominados, que el capitalismo en su modalidad histórica *neoliberal* redujo violentamente. Acrecentarla en términos económicos, sociales, políticos,

institucionales y culturales. Lo que, en América Latina, está intrínseca-
mente entrelazado con el antimperialismo, pero no solamente.

La discusión posliberalismo/anticapitalismo no alude principalmente a
los hitos del camino que pasan por una eventual sucesión gradual de acciones para ir desmontando las políticas económicas neo(pos)liberales, que
está condicionada por la correlación de fuerzas existente, que no siempre
permite hacer lo deseable en los tiempos requeridos. Pero debe tenerse claro
que con una dirección equivocada, esas acciones no aseguran que la correlación de fuerzas se modifique a favor de los pueblos, y menos si se convierte
la necesidad en virtud. Nunca hubo una relación de fuerzas continentales
más favorable para enfrentar la destrucción imperialista. Iniciativas como
el Alba son fundamentales, pero tampoco están libres de las ya analizadas
concepciones posliberales de la derecha en la izquierda, o de las que surjan
desde el sistema en el nuevo contexto de crisis general del capitalismo.

En este nuevo contexto cabe interrogarse si el capitalismo podría reformarse. No es descartable, pero no parece muy factible que pueda volver
a converger con la reforma social como en sus «años dorados», más allá de
los discursos del momento. Hasta ahora, el reclamo por «regulación financiera» está pensado de la misma manera que hace 10 años, dirigida a reforzar al gran capital parasitario, tanto financiero como productivo, que sigue
imponiéndose como interés general de la clase. Es posible que en el centro
del sistema, si las presiones políticas son contundentes, aumente el gasto
social para medidas compensatorias. Pero nunca debe olvidarse que las
reformas en el centro del sistema se han sustentado exprimiendo a la periferia dependiente.

En América Latina, es muy previsible que con la crisis la burguesía se
radicalice conservadoramente, apuntando a mayor represión contra las
luchas populares o, con una táctica más política, con «pactos por el empleo»
con más flexibilización, precariedad y disminución de los ingresos, explotando los temores de los trabajadores.

Esta radicalización conservadora incluye la desestabilización de los
gobiernos de izquierda y centroizquierda. Que podrían seguir ganando
elecciones en el corto plazo porque los pueblos saben que, aunque algunas
de esas experiencias sean insatisfactorias, han sido mejores que bajo gobiernos de derecha. Pero a mediano plazo eso deberá seguir demostrándose. En

las nuevas condiciones, no se podrán mantener los niveles de compensación social con la que algunos gobiernos han ido administrando la crisis y conservado una base social, a menos que los gobiernos utilicen el poder estatal que poseen para reducir el poder del capital: recuperar soberanía sobre los recursos naturales y sobre sus condiciones financieras; ampliar las áreas sociales de la economía; modificar las «reglas del juego» capitalistas hacia el trabajo; acrecentar el poder social y político de los dominados. Esto implica admitir el conflicto de clases como necesidad, hasta para la permanencia de los gobiernos de izquierda mediante elecciones.

En nuestra región, es notable la extensión de las luchas populares por la defensa territorial y los recursos naturales. Aunque todavía dispersas, tienen una profunda esencia anticapitalista porque resisten al gran capital imperialista, y también porque confrontan la dimensión energética, ambiental y alimentaria de la crisis civilizatoria del capitalismo. No tienen igual extensión las luchas contra la explotación de los trabajadores, formales e informales, regulares y precarios. No se trata solamente de luchar para impedir la salida de riqueza social de nuestros países, sino también de enfrentar la concentración interna del capital, que ningún régimen fiscal progresivo resuelve efectivamente a menos que se modifique la relación del trabajo y el capital. Para avanzar, es evidente que el neodesarrollismo y el social-liberalismo no son las alternativas de la izquierda aunque se autodenominen socialistas.

La crisis ha puesto la larga duración del análisis del sistema histórico capitalista en tiempo mucho más corto, y hasta episódico en lo que refiere a los problemas del poder y de la construcción del sujeto popular que lo hace posible. En las preguntas actuales han «vuelto» Marx y Rosa, pero también Lenin. Las respuestas a aquellas preguntas son más claras hoy, porque no estamos ante el capitalismo en maduración sino en senilidad. Pero éste no está derrotado, no renuncia a defender los privilegios, y aunque tiene poco margen para reformas que absorban las contradicciones que genera, todavía conserva una desproporcionada capacidad de dirección ideológica. Las exigencias son hoy mayores porque está en juego la sobrevivencia de la humanidad y del planeta, y ese derrotero debe ser efectivamente disputado.

Notas

1. Rosa Luxemburgo: *Reforma o revolución* (1899), «Introducción», México, Grijalbo, 1967, p. 9.

2. Eduard Bernstein: *Problemas del socialismo*, en el libro compilado por José Aricó titulado *Las premisas del socialismo y las tareas de la socialdemocracia*, que incluye otros escritos de Bernstein, Siglo XXI Editores, México D. F., 1982, p. 75. De octubre de 1896 a finales de 1898, Bernstein publicó una serie de artículos titulada *Problemas del socialismo*. Las críticas que suscitó lo llevaron a exponer con más amplitud esas ideas en el libro *Las premisas del socialismo y las tareas de la socialdemocracia*, publicado el 14 de marzo de 1899, que es su texto más conocido.

3. Esa interrogante fundamental atraviesa nuestro libro: Beatriz Stolowicz (Coord.), *Gobiernos de izquierda en América Latina. Un balance político*, Ediciones Aurora, Bogotá, 2007.

4. Antonio Gramsci: *Cuadernos de la cárcel* (edición crítica en 6 tomos), Ediciones Era-Benemérita Universidad Autónoma de Puebla, 1999, t. 4. El término *reformismo*, dice Gramsci, es el nombre que el «lenguaje moderno» da a ese concepto que anteriormente se calificaba como moderacionismo político, p. 205.

5. Rosa Luxemburgo: *Reforma o revolución*, op.cit., p. 89.

6. Eduard Bernstein: «Prefacio al décimo millar» de *Las premisas del socialismo y las tareas de la socialdemocracia*, op. cit., p. 101.

7. Eduard Bernstein: *Problemas del socialismo*, op. cit., p. 46.

8. Eduard Bernstein: *Premisas del socialismo*, op. cit., pp. 214-215.

9. Ibidem: p. 230.

10. Dice Bernstein: «El socialista no puede valorar satisfactoriamente la actual emigración del campo a la ciudad que concentra las masas de trabajadores, siembra la rebelión y promueve la emancipación política». Ibidem: p. 211.

11. Eduard Bernstein: «Prefacio a la primera edición» de *Las premisas del socialismo y las tareas de la socialdemocracia*», ibidem, p. 99.

12. Carlo Rosselli: *Socialismo liberal* (1930) Editores Mexicanos Unidos, México D.F., 1977, pp. 108-112. El social-liberal y anticomunista Carlo Rosselli fue opositor a Mussolini. Fue el gran mentor de Norberto Bobbio (véase la entrevista a Norberto Bobbio de Luiz Carlos Bresser-Pereira: «Bobbio defiende compromiso entre liberalismo e socialismo», publicada en *Folha de Sao Paulo, Mais!*, el 5 de diciembre de 1994).

13. Un acucioso estudio de este período se encuentra en Eric Hobsbawm, *La era del imperio (1875-1914)*, Editorial Labor, Barcelona, 1989.

14. Karl Polanyi: *La gran transformación. Los orígenes políticos y económicos de nuestro tiempo* (1944), Fondo de Cultura Económica, México D. F., 2003. Su tesis de que el antiliberalismo fue un movimiento pendular espontáneo es sintetizada en la afirmación: «El *laissez-faire* se planeó; la planeación no», p. 196.

15. Retomo aquí algunos fragmentos de lo dicho en «Los desafíos del pensamiento crítico», conferencia impartida en octubre de 2007 en Bogotá, en la celebración del 40 aniversario del Consejo Latinoamericano de Ciencias Sociales (Clacso), publi-

cada en: *Periferias* no. 115, Buenos Aires, 2007; *Cuadernos de Nuestra América* no. 41, La Habana, 2008; y *Contexto Latinoamericano* no. 8, México D. F., 2008.

16.   Antonio Gramsci: *Cuadernos de la cárcel*, t. 5, op. cit., pp. 40-41.

17.   Ya desde *Camino de Servidumbre* (1944), decía Friedrich von Hayek: «La cuestión de si el Estado debe o no debe "actuar" o "interferir" plantea una alternativa completamente falsa, y la expresión *laissez faire* describe de manera muy ambigua y equívoca los principios sobre los que se basa una política liberal. Por lo demás, no hay Estado que no tenga que actuar, y toda acción del Estado interfiere con una cosa o con otra». Alianza Editorial, Madrid, 1995, p. 113.

18.   Karl Marx: *Elementos fundamentales para la crítica de la economía política (Grundrisse) 1857-1858*, t. 1, Siglo XXI Editores, México D. F. 1971 (primera edición en castellano), pp. 362-367 y 402.

19.   John Maynard Keynes: *The end of laissez-faire*, Hogarth Press, julio de 1926. Publicada por la Von Mises Foundation en su página electrónica.

20.   Joseph A. Schumpeter: *Capitalismo, socialismo y democracia* (1942, con un capítulo agregado en 1946) Ediciones Orbis, Barcelona, 1983, pp. 454-466.

21.   Jorge G. Castañeda: *La utopía desarmada. Intrigas, dilema y promesas de la izquierda en América Latina*, Joaquín Mortiz, México D. F., 1993.

22.   Los ideólogos de la derecha exaltaron los nuevos conocimientos como el único factor productivo dinámico, no agotable, que internamente desplaza la pugna por la distribución de la renta con la concertación colectiva como intercambio de conocimientos entre «agentes» (entre ellos los trabajadores); y que externamente desplaza la pugna en torno a la distribución de la renta proveniente de los recursos naturales con el esfuerzo por incrementar la competitividad, la productividad y la modernización tecnológica. Así lo planteaba el presidente del BID, Enrique V. Iglesias, en su libro *Reflexiones sobre el desarrollo económico. Hacia un nuevo consenso latinoamericano*, Banco Interamericano de Desarrollo, Washington D. C., 1992.

23.   Los neo-bernsteinianos deslindan de la postura belicista de Bernstein calificándola como una desviación de derecha, pero adoptan su revisionismo con sus consecuencias prácticas de aceptación del capitalismo reformable.

24.   El embrollo taxonómico es correlativo a los reduccionismos analíticos. Anteriormente, se autodenominaron «nueva izquierda» quienes a partir del tema de las vías rompieron con los partidos comunistas por considerarlos la «vieja izquierda reformista», aunque compartían el objetivo anticapitalista. En la década de los noventa, por el contrario, la «nueva izquierda» es la que renuncia a la revolución («violenta») y se hace «democrática» («pacífica»), integrándose pragmáticamente a las reglas del juego institucional del sistema; además del reduccionismo de lo democrático a lo institucional, se presupone la inviabilidad del anticapitalismo. Sobre todo después del levantamiento zapatista en 1994, aparece otra denominación de «nueva izquierda» en la «izquierda social», caracterizada en ocasiones por la diversidad de sujetos «no clasistas» que la componen (indígenas, mujeres, ambientalistas, defensores de derechos humanos, etcétera), o por el ámbito y naturaleza de su accionar como basismo y rechazo a los partidos y a las instituciones políticas estatales; en esta denominación de «nueva izquierda», en algunos casos esos dos tipos de rasgos coinciden con el anticapitalismo y en otros no.

25. Entre ellos, al texto de 2002: «Estrategias dominantes ante la crisis», publicado en Naum Minsburg (coord.) *Los guardianes del dinero. Las políticas del FMI en Argentina*, Grupo Editorial Norma, Buenos Aires, 2003, y en *Revista Espacio Crítico* no. 1, segundo semestre de 2004, Bogotá. El texto de 2004: «El posliberalismo y la izquierda en América Latina», publicado en *Revista Espacio Crítico* no. 2, Enero-Junio de 2005, Bogotá. Ambos disponibles en (http://america_latina.xoc.uam.mx). Y el texto de 2005: «La tercera vía en América Latina: de la crisis intelectual al fracaso político», publicado en Jairo Estrada (Ed.), *Intelectuales, tecnócratas y reformas neoliberales en América Latina*, Universidad Nacional de Colombia, Bogotá, 2005.

26. Shahid Javed Burki y Guillermo Perry: *Más allá del Consenso de Washington. La hora de la reforma institucional*, Banco Mundial, Washington D. C., septiembre de 1998.

27. Shahid Javed Burki y Guillermo E. Perry: *The Long March: A Reform Agenda for Latin America and the Caribbean in the Next Decade*, The World Bank, Washington D. C., August 1997.

28. El «capital humano» alude, en la teoría neoclásica, solo a aquellas habilidades que posee el «factor trabajo» que al mercado le interesa emplear. Tanto los neoliberales como los social-liberales asignan al Estado la función de financiarlas (educación, salud), pero solo las que interesan al mercado pues de lo contrario ese es un «costo de oportunidad» desperdiciado. La «equidad» liberal o social-liberal, la «igualdad de oportunidades», consiste en que todos tengan acceso a esas habilidades mínimas, y a partir de ahí dejando librados al desempeño de los individuos en el mercado cuáles sean los resultados en bienestar que alcancen. Con la «posprivatización» posliberal, la «igualdad de oportunidades» es un lucrativo negocio para el capital.

29. Banco Mundial: *Informe sobre el desarrollo mundial 1997: El Estado en un mundo en transformación*, p. 26.

30. Véase a Friedrich von Hayek: «La competencia como proceso de descubrimiento», en *Estudios Públicos* no. 50, Centro de Estudios Públicos, Santiago de Chile, otoño 1993, pp. 5-21.

31. Enrique Iglesias: *Reflexiones sobre el desarrollo económico. Hacia un nuevo consenso latinoamericano*, op. cit., p. 56.

32. John Williamson: «What the Washington Consensus Means by Policy Reforms?» en J. Williamson (ed.), *Latin American Adjustment: How Much has Happened*, The Institute for International Economics, Washington D. C., 1990. En éste se refiere a los diez temas de política económica sobre los que había consenso: 1) disciplina presupuestaria; 2) cambios en las prioridades del gasto público (de áreas menos productivas a sanidad, educación e infraestructuras); 3) reforma fiscal encaminada a buscar bases imponibles amplias y tipos marginales moderados; 4) liberalización de los tipos de interés; 5) búsqueda y mantenimiento de tipos de cambio competitivos; 6) liberalización comercial; 7) apertura a la entrada de inversiones extranjeras directas; 8) privatizaciones; 9) desregulaciones; 10) garantía de los derechos de propiedad.

33. Williamson no estaba de acuerdo con que se interpretara «que las reformas de liberalización económica de las dos décadas pasadas fueron impuestas por las instituciones de Washington, en lugar de haber sido el resultado de un proceso de convergencia intelectual, que es lo que yo creo que subyace a las reformas [...] y en el que participó también el Banco Mundial». Decía molestarle que el «término haya sido investido de un significado que es notablemente diferente del que yo pretendí

y que hoy sea usado como sinónimo de lo que a menudo se llama "neoliberalismo" en América Latina, o lo que George Soros (1998) ha llamado "fundamentalismo de mercado.» En: «What Should the World Bank Think about the Washington Consensus», *The World Bank Research Observer*, vol. 15, no. 2, Washington D. C., August 2000, pp. 251-252.

34. John Williamson: «Did the Washington Consensus Fail?», conferencia del 6 de noviembre de 2002 publicada en la página electrónica del Peterson Institute for International Economics.

35. David Harvey: *El nuevo imperialismo* (2003), Ediciones Akal, Madrid, 2004.

36. Orlando Caputo Léiva: «El capital productivo y el capital financiero en la economía mundial y en América Latina», 2007, verso.

37. Véase, entre otros, del uruguayo Gonzalo Pereira: «A Marx y Engels, lo que es de Marx y Engels», 2008 en *La onda digital* (www.laondadigital.com).

38. Fernando Haddad: «Introducción» al libro de Tarso Genro y otros autores: *O mundo real. Socialismo na era pós-neoliberal*, L&PM Editores, Porto Alegre, octubre de 2008, p. 15. Haddad es ministro de Educación del gobierno de Luiz Inácio Lula da Silva desde 2005.

39. El «principio de diferencia» consiste en que: «Las desigualdades sociales y económicas habrán de ser conformadas de modo tal que a la vez que: a) se espere razonablemente que sean ventajosas para todos, b) se vinculen a empleos y cargos asequibles para todos». Es así que: «Mientras que la distribución del ingreso y de las riquezas no necesita ser igual, no obstante tiene que ser ventajosa para todos, y al mismo tiempo los puestos de autoridad y mando tienen que ser accesibles para todos». Este principio de diferencia se formula también con la fórmula del *maximin*: las desigualdades son benéficas si, en ausencia de ellas, los menos aventajados estarían peor. John Rawls: *Teoría de la justicia* (1971), Fondo de Cultura Económica, México D. F., 1979, p. 68. Véase también: *Justicia como equidad. Una reformulación*, de octubre de 2000.

40. Tarso Genro: «E possível combinar democracia e socialismo?», *O Mundo real. Socialismo na era pós-neoliberal*, op. cit., p. 20. Tarso Genro es ministro de Justicia de Brasil desde 2007.

El socialismo del siglo XXI como desafío histórico

*Carlos Fonseca**

El poder político como poder de clase

Ante las diversas fuerzas de la izquierda que en América Latina han venido obteniendo sucesivos triunfos electorales —en contiendas políticas enmarcadas dentro de una democracia representativa que, en tiempos aún de unipolaridad mundial, globalización y neoliberalismo, ofrece menos espacios de poder que los existentes en la versión típica de este sistema político diseñado para legitimar el capitalismo como modo de producción—[1] se plantea en estos momentos una difícil disyuntiva: gobernar contra un sistema en crisis pero todavía vigente para sustituirlo por otro, o administrar ese sistema contrario al suyo para resolver su crisis y pagar el costo de la misma.

La experiencia de la izquierda gobernante en América Latina pone en evidencia que los gobiernos nacionales continúan siendo un instrumento con alto grado de efectividad para promover la transformación revolucionaria de la sociedad, a pesar de su devaluación por el neoliberalismo y la globalización, en lo que se conoce como la crisis del Estado-nación, que es más bien la centralización del mismo por la concentración del poder político y económico en las metrópolis imperialistas.

Además de lo que más adelante veremos respecto a la inconveniencia de administrar un sistema ajeno y en crisis cuando el objetivo estratégico es sustituirlo por otro, e independientemente de que haya crisis o no, en ninguna circunstancia vale la pena para la izquierda ejercer el gobierno si no

*   Secretario Ideológico del Frente Sandinista de Liberación Nacional (FSLN), de Nicaragua.

es para hacer la revolución, porque ejerciendo el gobierno sin hacer la revolución se paga el costo del sistema —aunque no esté en crisis— y se retrocede en términos de la conciencia de clase. El poder es un medio para hacer la revolución, no un fin; y por tanto, lo mismo vale decir para el gobierno como el más importante espacio institucional del Estado, que a su vez es la manifestación institucionalizada del poder político.

El poder existe porque es necesario para que una parte de la sociedad dividida por antagonismos de clase domine a la otra, y esa dominación se manifiesta como opresión cuando la sociedad está estructurada sobre la explotación de unos seres humanos por otros, cuya ubicación material o mental, a un lado o al otro en relación con los explotados y los explotadores, determina su situación y la posición de clase con que se identifica cada individuo. El poder existe para oprimir, y por tal razón es reaccionario por naturaleza, porque la causa de su existencia es idéntica a la que determina la existencia de la propiedad privada sobre los medios de producción y, por tanto, de la explotación y la opresión contra las cuales se hace precisamente la revolución —es algo tan contrario a la revolución aunque igual de necesario para hacerla—, que el costo de hacer uso de él solamente vale la pena por lo indispensable que resulta para hacer la revolución, pero en una hipotética circunstancia dentro de la cual no fuera posible hacer la revolución aún contando con el poder o con el gobierno, el control de éstos no sería ideológicamente rentable, por decirlo en términos quizás grotescos, pero esperemos que bien claros. Esto invalida toda justificación para no hacer la revolución si se cuenta con el control del poder, o incluso del gobierno, pese a no tener todo el poder político, ya no se diga el económico y, menos aún, la hegemonía ideológico-cultural.

Pero las limitaciones en medio de las cuales la izquierda ha logrado promover transformaciones revolucionarias en algunos países de América Latina, nos indican que si el poder, o incluso solamente el gobierno, se tienen bajo control, siempre es posible desde ese espacio hacer la revolución, a no ser que el espacio una vez obtenido, continúe en manos de la organización política revolucionaria en términos formales, pero en términos reales esté en manos de quienes están en los cargos públicos y éstos no respondan a la línea de la organización política a la cual pertenecen o que los postuló para tales cargos. Es por eso que, para una organización política que pretende la transformación revolucionaria de la sociedad desde el gobierno, es mejor perder una elección con un candidato confiable, que ganarla con un candidato que no lo sea, a no ser en circunstancias muy excepcionales en las que debido a una coyuntura histórica específica, sea indispensable políticamente para una organización revolucionaria ganar las elecciones aunque se corra el riesgo de no obtener con ello el control del gobierno en términos reales, pero en tal caso los costos de esa situación deberán valorarse muy detenidamente antes de dar semejante paso.

Aquí se hace necesaria una breve digresión teórica en cuanto a la idea de que el partido es la expresión organizada de la clase para el ejercicio del poder y, por tanto, el hecho de que esto último esté a cargo del partido no implica que éste sustituya a la clase en el cumplimiento de tal tarea, todo lo cual, como se verá, es un sofisma que ha resultado mortal para el movimiento revolucionario y el socialismo. En otras palabras, el poder verdaderamente revolucionario debe ser ejercido por la clase, no por el partido en sustitución de ella, aunque éste —consecuentemente con su papel conductor— sea protagonista de la lucha por alcanzarlo y lo ejerza de forma directa en el primer momento del proceso revolucionario, lo cual también es válido para el control del gobierno, pues la mejor forma concreta de obtener el poder desde el gobierno es construyendo desde ese espacio un nuevo poder que sea ejercido directamente por las clases populares, lo cual garantiza que se ejerza de forma tal que en el transcurso del proceso revolucionario desaparezcan las condiciones que lo hacen necesario.

El socialismo como sistema

Al menos en diez de los veinte países latinoamericanos y de las Antillas mayores existen gobiernos con políticas que no responden al pensamiento único promovido por el poder global. Entre ellos se encuentran los que están en manos de organizaciones políticas de izquierda, pero no en todos los casos esas fuerzas de izquierda están promoviendo procesos de transformación revolucionaria, es decir, un cambio de sistema socioeconómico y político, o lo que es igual, la sustitución del capitalismo por un nuevo modelo socialista cuyas características han surgido no tanto de la reflexión teórica como de lo que la realidad ha indicado.

La línea de la izquierda en los países donde ésta controla el gobierno sin promover la transformación revolucionaria de la sociedad —como sí lo hacía al menos a nivel programático cuando era oposición—, es que para hacer la revolución debe alcanzarse primero una correlación de fuerzas favorable en la sociedad, más allá de la que pueda existir en términos políticos electorales; es decir, construir lo que en términos gramscianos sería la hegemonía cultural, que viabilice el cambio de sistema por la vía pacífica y democrática, considerada como única posible en las condiciones de la democracia representativa y la unipolaridad mundial. Por otra parte, todos asumen que ejercer el gobierno es indispensable para alcanzar esos objetivos; pero siendo así, ¿cómo hacerlo desde el gobierno, si no es precisamente promoviendo políticas orientadas a la transformación revolucionaria de la sociedad?

Antes de continuar se vuelve indispensable saber a qué nos referimos cuando hablamos de la transformación revolucionaria de la sociedad, toda vez que estemos de acuerdo en que la alternativa revolucionaria al capitalismo es el socialismo, lo cual requiere hacer referencia a las características que distinguen al socialismo de cualquier otro sistema socioeconómico y político, la razón de esto y puntualizar cómo tales características se manifiestan en el modelo socialista que se viene perfilando a partir de la experiencia de la izquierda gobernante en América Latina.

Cuando se hace referencia a las características que distinguen al socialismo de cualquier otro sistema, se está abordando el tema de los requisitos sin los cuales un sistema no puede ser considerado como socialista, además de que tales características —que serán llamadas aquí *características definitorias del socialismo como sistema*—, solo pueden ser propias de una sociedad socialista, porque ellas son la esencia del socialismo; es decir, ellas *son* el socialismo, o visto desde otro ángulo, se está planteando cuáles son los objetivos a alcanzar para considerar que se está promoviendo la transformación revolucionaria de la sociedad, o lo que es igual, que se está avanzando hacia el socialismo.

Entre las múltiples características del socialismo, hay tres que lo distinguen de cualquier cosa que no lo sea. De ellas, hay dos de las que se derivan otras características del socialismo que, sin embargo, en este último caso no son exclusivamente suyas. Las tres que podrían considerarse como características definitorias del socialismo como sistema, son: la socialización de

la propiedad, el poder en manos de las clases populares y la despatriarcalización social como condiciones indispensables —aunque como se verá, no
suficientes— para considerar que el socialismo está instaurado. De las dos
primeras, dependen otras que veremos después.

La revolución no sería la más ambiciosa de las causas humanistas si su
objetivo fundamental no se correspondiera con la máxima meta a alcanzar
por cada ser humano como expresión de su condición en cuanto tal. Por
tanto, si esa meta es alcanzar la felicidad, lograrlo para toda la sociedad, o
más exactamente, para toda la humanidad es entonces el objetivo fundamental de la revolución. Como resultado, las tres diferencias básicas entre
los revolucionarios y quienes no lo son consisten en que, contrario a lo que
ocurre con estos últimos, los primeros creen en la posibilidad de lograr
ese objetivo; conocen la manera de hacerlo o, al menos, buscan cómo obtener
el conocimiento necesario para ello, o de crearlo cuando el que existe no se
considera suficiente; y en vista de la magnitud que esa meta representa para
la humanidad y de la complejidad de la lucha necesaria para alcanzarla, los
revolucionarios hacen de tal empeño su razón de ser, y tales condiciones
requieren que una parte de ellos hagan de esa lucha una ocupación a tiempo
completo. Es decir, ser revolucionario es un problema de fe (es decir, *creer*
o no que algo existe o que es posible hacerlo existir), de convicciones (*saber*
que es así o que puede llegar a ser así, así como conocer y/o descubrir el
camino para lograrlo) y de actitud (*actuar* en consecuencia con la esencia y la
magnitud del proyecto en cuestión).

La realidad no es otra cosa que materia y espíritu, y la realidad social
no es la excepción. Por tanto, para alcanzar la felicidad de toda la sociedad deben crearse las condiciones materiales y espirituales adecuadas para
ello. En el capitalismo, lo que cada quien recibe de la sociedad no necesariamente tiene que ver con su aporte a la misma, y muchos hacen un aporte a
la sociedad inferior a su capacidad o en algunos casos de sobre-explotación,
superior a la misma. El socialismo corrige esto con la aplicación del principio de que cada quien reciba de la sociedad según lo que aporte a ella, y
que cada quien entregue a la sociedad según su capacidad. Sin embargo,
al ser diferentes las capacidades y no corresponderse éstas con las necesidades, la mayor equidad en la distribución de la riqueza alcanzada por el
principio de que cada quien reciba según lo que aporta, no garantiza que la

distribución sea completamente justa; lo justo sería, pues, que cada quien reciba según sus necesidades, que es el principio aplicable en el comunismo. Pero esto plantea un problema casi obvio: si todos saben que recibirán lo que necesitan, nadie trabajará. Si el principio *a cada quien según su necesidad* es más justo que el principio *a cada quien según su trabajo,* y si la felicidad para toda la sociedad es inconcebible sin la más plena justicia —pues obviamente, ser víctima de una injusticia no parece ser una condición apropiada para alcanzar la felicidad—, entonces para alcanzar la felicidad es necesario que la conciencia de los seres humanos les permita trabajar sin esperar a cambio nada más que la satisfacción proporcionada por el cumplimiento del deber social y por el hecho de sentirse útil a la sociedad. Pero, ¿cómo puede crearse una conciencia social que permita asumir a la sociedad entera semejante actitud?

Ya hemos visto que la felicidad de todos los seres humanos es el objetivo fundamental de la revolución. La esencia del ser humano es su condición de sujeto, es decir actor de causas que producen efectos en el entorno al cual pertenece y que de esa forma es también creado por él, pero dentro de las condiciones establecidas por dicho entorno. Su capacidad de producir efectos da origen en el ser humano a la conciencia de sí mismo o autoconciencia, que es por tanto la génesis de su condición de sujeto, siendo por tanto la conciencia, la principal manifestación concreta de tal condición. La revolución se define entonces por ser una apuesta a la creación de las condiciones espirituales sin las cuales no sería posible que toda la sociedad alcanzara la felicidad para todos los seres humanos que forman parte de ella; por eso, la principal de todas las batallas revolucionarias es la batalla por la conciencia. Es por eso que la esencia de la diferencia entre reforma y revolución reside en el papel de la conciencia en cada uno de los dos proyectos correspondientes, siendo dicho papel determinante en el segundo por ser una apuesta, en resumidas cuentas, a la capacidad del ser humano para alcanzar la felicidad a nivel de toda la sociedad.

Al ser su pertenencia a la sociedad una característica inherente al ser humano, al ser el trabajo la actividad principal que lo diferencia de las demás especies biológicas y que lo define históricamente como especie capaz de tener autoconciencia como producto de su capacidad de ser actor de causas que producen efectos, al ser la producción de bienes materiales un proceso social y al ser este proceso la base para la existencia de la sociedad debido a que para sentir y pensar, el ser humano necesita primero alimentarse, vestirse y guarecerse, entonces los seres humanos deben establecer relaciones entre ellos durante el transcurso de su trabajo y, sobre todo, de su actividad productiva; y del carácter de estas relaciones dependerá por tanto el contenido de los valores que prevalecerán en la conciencia social. La conciencia y sus valores surgen, por consiguiente, de la forma en que los seres humanos se relacionan entre sí durante el desempeño del trabajo y/o dentro del proceso de producción de los bienes materiales. A su vez, esas relaciones sociales de las cuales surgen los valores, dependen en su forma, como ya veremos, del tipo de propiedad predominante sobre los medios de producción.

Si la propiedad privada sobre los medios de producción prevalece sobre la propiedad social, las relaciones entre los seres humanos serán de explotación y opresión, siendo los valores correspondientes el egoísmo, la hipocresía y la deshonestidad. Por el contrario, si prevalece la propiedad social las relaciones serán de cooperación e igualdad, correspondiendo a éstas otros valores, tales como la fraternidad, la sinceridad y la honestidad, indispensables para la felicidad y para la actitud ante el trabajo que deberán tener los seres humanos en la sociedad comunista, que precisamente por eso es la única con las condiciones adecuadas para que la felicidad sea alcanzada por toda la sociedad. Pero el solo predominio e incluso, la existencia exclusiva de la propiedad social sobre los medios de producción no asegura más que *la forma* de las relaciones de producción basadas en la cooperación y la igualdad, cuyo *contenido* debe ser asegurado por la manera concreta en que dichas relaciones se establecen, lo cual depende de las motivaciones de los seres humanos para trabajar y producir los bienes materiales. De muy poco sirve el predominio de la propiedad social sobre los medios de producción para la creación de los nuevos valores —aunque sea indispensable para ello— si esos nuevos valores no son conscientemente creados aprovechando la condición indispensable para ello que significa el predominio de la propiedad social sobre los medios de producción, de modo que la conciencia social propia del socialismo no podrá ser creada si no se definen políticas concretas que hagan —o terminen haciendo— prevalecer las motivaciones espirituales por encima de las materiales, y las colectivas (materiales y espirituales) por encima de las individuales materiales para la actividad productiva y el trabajo en general, lo cual se desprende de los señalamientos que hiciera el Che y luego sintetizara Carlos Tablada, sobre la necesidad de unir diversos aspectos de la base económica y la superestructura en el análisis de la realidad social.[2]

La propiedad social, por su parte, también garantiza que las ganancias de las empresas sean de toda la sociedad o de los trabajadores que laboran en ellas. Se crean así las condiciones materiales necesarias para que la sociedad alcance la felicidad mediante la distribución equitativa de la riqueza. La distribución de la riqueza según el trabajo es la esencia de la equidad social en el socialismo, que tiene su base en la socialización de la propiedad. Pero hay otra forma de distribuir equitativamente la riqueza, que es por la vía de la política tributaria y, por tanto, de la redistribución del ingreso. Sin embargo, este tipo de redistribución no garantiza que lo recibido por cada quien se corresponda con su aporte a la sociedad, principio del socialismo sin el cual es imposible pasar al más avanzado —que lo recibido por cada quien se corresponda con su necesidad—, propio del comunismo. La redistribución por la vía de la política tributaria —que no por ello es incompatible con la redistribución por la vía de la propiedad social, sino por el contrario, es necesaria para que ésta funcione al menos mientras exista la propiedad privada—, al no interferir con la propiedad sobre los medios de producción tampoco altera las relaciones de producción y, por tanto, no tiene posibilidad alguna de incidir, ni siquiera en la forma, para la creación de las condiciones espirituales que hagan posible alcanzar el objetivo fundamental de la revolución.

Tenemos por tanto, que la diferencia fundamental entre reforma y revolución —que reside en el papel de la conciencia dentro de cada uno de estos dos proyectos— consiste en que la primera no busca la sustitución del sistema basado en el predominio de la propiedad privada sobre los medios de producción y el poder (político y económico) de los propietarios privados sobre quienes no lo son, por un sistema distinto y basado en el predominio de la propiedad social sobre los medios de producción y el poder (político y económico, pero con características que lo alejan de su condición de instrumento para la dominación de una parte de la sociedad por otra) de los nuevos propietarios-productores asociados sobre los propietarios individuales no productores, punto de partida para que el poder llegue a ser de todos y, por tanto, no sea alguien en tanto instrumento de opresión, al igual que al terminar siendo todos dueños de todo, nada será de alguien en específico, de modo que los seres humanos hagan uso de lo que necesitan en tanto tales bienes materiales existan, lo cual constituye la base del principio comunista de distribución según las necesidades: la desaparición del poder y la propiedad son por tanto una característica propia del comunismo.

La búsqueda reformista de una distribución más equitativa de la riqueza —aspecto en el cual coinciden reforma y revolución— no está vinculada con la socialización de la propiedad, ni por tanto con el poder en manos de las clases populares que resulta indispensable para alcanzar dicho objetivo, debido a que éste se corresponde con los intereses de dichas clases y se contradice con los de las clases económicamente pudientes en la sociedad capitalista, basada en los antagonismos de clase que desaparecen en el socialismo para, finalmente, desaparecer las clases antagónicas en el comunismo, aunque según la versión tradicional en el socialismo desaparecen las clases antagónicas y en el comunismo desaparecen las clases como tales. Sin embargo, si el socialismo es posible solo con el predominio de la propiedad social sobre la privada, es porque en él aún sobrevive la clase de los propietarios privados, que es la burguesía. Lo que desaparece, para efectos prácticos, es el antagonismo de clase entre la burguesía y las clases populares. En realidad, el antagonismo de clase queda congelado producto del poder ejercido por las clases populares, aunque los intereses de clase continúen expresándose, lo cual no significa que no haya un modelo socialista donde desaparezcan las clases sociales antagónicas; de hecho, así fue y ha sido en el modelo conocido como el socialismo real en sus diferentes variantes. En cuanto al comunismo, en efecto es lo más probable que desaparezcan las clases sociales —aún las no antagónicas que continúan existiendo dentro de cualquier modelo socialista—, pero es preferible en esto la prudencia de decir que, al menos, lo seguro es que en el comunismo desaparecen las clases sociales antagónicas, no siendo esto por supuesto, su única característica, pues de lo contrario no habría diferencia entre el socialismo real y el comunismo.

Retomando la diferencia entre reforma y revolución, con otras palabras, la redistribución de la riqueza por la vía tributaria no trasciende el sistema capitalista, no lo sustituye por otro, ni en lo económico, ni en lo político.

La principal diferencia entre reforma y revolución es entonces, precisamente, que la reforma se limita a la redistribución de la riqueza por la vía tributaria o al menos, no considera que haya algo más importante que esto, mientras la revolución redistribuye la riqueza por la vía del régimen de propiedad, mediante la socialización de ésta, porque su aspiración no se limita a la redistribución de la riqueza, la cual solamente garantiza ciertas condiciones materiales que no inciden en las condiciones espirituales, mientras que la redistribución por la vía de la socialización de la propiedad incide en las condiciones espirituales porque crea condiciones indispensables para la transformación de las relaciones de producción, que es de donde surgen los valores que integran la conciencia social, pero teniendo claro que el régimen de propiedad solamente incide en la forma de las relaciones de producción, y que aunque es indispensable para que de éstas surjan los valores necesarios para alcanzar el objetivo fundamental de la revolución, no hay garantía de que tales valores surjan aún de las relaciones de producción basadas en la propiedad social, si no se asegura el contenido de estas relaciones de producción mediante métodos de dirección económica y gestión empresarial orientados a que en las motivaciones para el trabajo y la actividad productiva prevalezca lo espiritual sobre lo material y lo colectivo sobre lo individual. Pero al mismo tiempo, la redistribución de la riqueza orientada hacia una mayor igualdad y equidad es un punto de coincidencia entre reforma y revolución, y la diferencia fundamental entre el reformismo y los demás sectores de la derecha, que no buscan ni siquiera ese objetivo.

Como ya se ha dicho antes, son tres las características que diferencian al socialismo en general de cualquier otro sistema socioeconómico, de modo que, junto a la socialización de la propiedad, están el poder en manos de las clases populares y la emancipación de género mediante la despatriarcalización del poder como parte del proceso de desaparición política del mismo. El poder tiene una expresión política y una expresión económica. Considerando la política —para decirlo con palabras de Mao— como *la expresión concentrada de la economía*,[3] debe quedar clara antes que nada, la existencia paralela y complementaria de un poder político, un poder económico y un poder o hegemonía ideológico-cultural.

Mientras existan las clases sociales antagónicas, la gobernabilidad política y, con ella, la cohesión social dependerán de que una de esas clases ejerza el poder como forma de imponer el predominio de sus intereses, independientemente de los mecanismos a utilizar y de la capacidad legitimadora de los mismos. El poder en manos de las clases populares como una de las dos características indispensables y definitorias del socialismo en tanto sistema socioeconómico, garantiza la existencia de la otra característica, que es la socialización de la propiedad sobre los medios de producción, pues la propiedad es un concepto jurídico, y el orden jurídico junto a los mecanismos institucionales para crearlo (poder legislativo) e implementarlo (poder judicial) forman parte del poder político.

El socialismo como proceso de emancipación, es decir como sustitución de la opresión por la libertad, no puede existir sin la entrada en decadencia del patriarcado como forma de opresión surgida al mismo tiempo que la opresión social cuya expresión por excelencia es la propiedad unida al poder político que la hace prevalecer en el orden social, siendo por tanto otra característica del socialismo la emancipación de la mujer mediante su igualdad de derechos respecto al hombre y la presencia de su visión de género en el ámbito público o lo que Simone de Beauvoir llamaba *el mundo de la trascendencia* como contrapartida del *mundo de la inmanencia* o ámbito privado en el que la mujer ha sido recluida por el patriarca opresor; para lo cual —como plantea Fernando Mires— no basta la presencia física femenina en dicho ámbito —la que sin embargo y a pesar de no ser suficiente como requisito, es indispensable en dicho proceso—, sino la capacidad de transformar lo público mediante su despatriarcalización,[4] que es parte del proceso de desactivación del poder como instrumento de opresión, en tanto el poder es culturalmente masculino y socialmente patriarcal por naturaleza. La emancipación de género como característica del socialismo es, en términos de la esencia de dicho sistema como proceso de emancipación, incluso más importante aún que la emancipación social mediante la socialización de la propiedad, y se incluye aquí como característica definitoria del socialismo como sistema porque al ser causas comunes las que dan origen a la propiedad privada y al patriarcado, es imposible suprimir una de esas dos cosas sin hacer lo mismo con la otra, lo cual no significa que al suprimir una de ellas se suprime automáticamente la otra; son dos tareas complementarias entre sí e indispensablemente paralelas. Pero es una característica definitoria también y sobre todo porque forma parte de la esencia del socialismo, aparte de que sin ella no puede considerarse que existe el socialismo; contrario a lo que hasta ahora se ha considerado, pero sin que esto signifique que los déficits en este sentido de los modelos socialistas conocidos hasta ahora determinen que éste no era tal, ya que cada modelo debe ser valorado según los parámetros existentes en concordancia en el avance de la conciencia social y de la teoría revolucionaria en el momento histórico correspondiente, porque una cosa es analizar el pasado *desde* el presente y otra, analizarlo *como si fuera* el presente.

A la par de sus tres características definitorias (la socialización de la propiedad sobre los medios de producción, el poder político en manos de las clases populares y la despatriarcalización de la sociedad) y de la distribución equitativa de la riqueza en los términos ya expuestos, como parte de su principio de equidad social, el socialismo tiene otra característica que, tal como sucede con la distribución equitativa de la riqueza, se deriva de sus dos características fundamentales (la socialización de la propiedad y el poder en manos de las clases populares), y esta otra característica es el acceso de toda la población a aquellos servicios cuya naturaleza es incompatible con su mercantilización: la salud y la educación, la cual igualmente comparte con el modelo socialdemócrata y, por tanto, no es una característica exclusiva del socialismo, como tampoco lo es la distribución equitativa de la riqueza, aunque así como la redistribución que es propia del socialismo se basa en la socialización de la propiedad sobre los medios de producción, el acceso a la salud y la educación como característica del socialismo se caracteriza por la gratuidad de estos servicios, por estar la no mercantilización de éstos vinculada con los valores; es decir, que el reformismo se preocupa únicamente por el *acceso* a la salud y la educación, pero no necesariamente por su *gratuidad*. Sin embargo, a pesar de que la redistribución derivada de la propiedad social y el acceso a la salud y la educación expresados en su gratuidad no son una cuestión de principios para el modelo reformista por excelencia, que es el conocido como socialdemócrata, pero sí lo es para el socialismo, el modelo reformista puede incluir el predominio de la propiedad social y la gratuidad en la salud y la educación, aunque en el primer caso el carácter social del tipo de propiedad predominante está definido únicamente a nivel formal, debido a que en dicho proyecto no hay posibilidades de que el contenido de las relaciones de producción sea el adecuado para que la forma de éstas pueda dar lugar al surgimiento de la nueva conciencia social. En este sentido, y en relación con el surgimiento de la conciencia social, no habría diferencia entre el socialismo real y el modelo socialdemócrata, a pesar de sus evidentes diferencias en otros aspectos, que son precisamente, sin embargo, las que podían haber permitido al socialismo real —pero nunca a la socialdemocracia— atender el contenido de las relaciones de producción —interpretando como tal el planteamiento del Che sobre la necesidad de hacer prevalecer las motivaciones espirituales sobre las materiales y las colectivas sobre las individuales en el trabajo y la producción de los bienes materiales—, lo cual, sin embargo, nunca sucedió, con las consecuencias de todos conocidas.

Hay que agregar, sin embargo, que el modelo socialdemócrata y el del Estado de bienestar capitalista en general solamente han sido posibles en países con una acumulación histórica de capital posibilitada por el saqueo colonial y las relaciones económicas desiguales a nivel mundial. El modelo capitalista de bienestar fue la combinación de la regulación estatal keynesiana necesaria en la etapa de maduración del imperialismo como fase superior del capitalismo con una apertura social apropiada a este modelo y surgida de la necesidad de las potencias industriales capitalistas de evitar que el modelo del socialismo real fuera atractivo para el proletariado occidental. Tal modelo se ha vuelto tan inviable como el socialismo real —ambos por su vocación estatista—, debido a la revolución electrónica y la globalización, que han desalojado de la economía formal a grandes cantidades de trabajadores, poniendo en crisis las relaciones salariales y desplazándolas cada vez más como principal expresión de las relaciones de producción en el capitalismo, sobre todo en los países no industrializados en una época considerada como posindustrial. Por tanto, el neoliberalismo es el único modelo capitalista posible en la actualidad, que ya está colapsando como producto de la contradicción antes inexistente, entre la producción de bienes materiales como base de la existencia social y su desplazamiento por la especulación financiera como principal actividad creadora de riqueza.

Tanto la distribución equitativa de la riqueza como el acceso de la población a la salud y la educación son características del socialismo cuya existencia no es garantía de que el socialismo esté instaurado, es decir que pueden existir sin que haya socialismo, pero sin ellas el socialismo no puede existir, solo que en el socialismo estas características dependen de la propiedad social sobre los medios de producción y del poder en manos de las clases populares como características no solamente definitorias, sino también por tanto fundamentales del socialismo como sistema y que constituyen —ellas sí— un parámetro universal para considerar o no socialista un sistema socioeconómico en cualquier lugar del mundo y en cualquier momento de la historia.

Otra característica del socialismo es una que está vinculada con el poder en tanto forma de opresión, y que por su naturaleza misma —tal como veremos— no es posible su existencia sin el socialismo, aunque la existencia de éste no depende de que tenga esa característica; se trata de la emancipación generacional, reivindicación que ha pasado más inadvertida aún que la emancipación de género porque en la medida en que sus víctimas aprenden a levantar sus banderas, dejan de ser los niños, adolescentes y jóvenes que antes eran, y esto limita su capacidad de luchar a partir de su condición como tales por las reivindicaciones propias, a lo que debe sumarse el hecho de que si convierten sus reivindicaciones en bandera exclusiva pierden legitimidad porque no logran entrar con esas banderas en ninguno de los escenarios donde éstas deben ser levantadas, igual que sucede con la lucha de género, pero teniendo esta última la ventaja de que las mujeres no dejan de serlo. El poder es masculino, decíamos; pero también es adulto, con todas las implicaciones que esto tiene en la formación de la conciencia.

Por último, una característica que entraría a nivel clasificatorio dentro del mismo tipo que la anterior, es la sostenibilidad ecológica o la reconciliación entre el ser humano y la naturaleza, un tema que es propio de la crisis sistémica actual y que apunta hacia la necesidad de que el ser humano pase de transformar la naturaleza en beneficio propio a transformarse a sí mismo en beneficio de ella, de la cual no es dueño sino que por el contrario, forma parte de la misma.

Además de lo ya planteado con anterioridad sobre las características del comunismo, en esta sociedad los seres humanos no trabajarán a cambio de algo material que recibirán individualmente, conscientes de que solo el trabajo hace posible la existencia de las condiciones materiales básicas y de la riqueza espiritual suficiente para la existencia del ser humano socialmente concebido y plenamente desarrollado como tal, en correspondencia con su esencia social y con su condición como sujeto que a partir de su conocimiento de las leyes que rigen la realidad social, se convierte en actor consciente de la misma. El ser humano del comunismo trabajará sabiendo que gracias a ello —pero no a cambio de ello— tendrá garantizadas las condiciones materiales que le permitirán el acceso a los bienes necesarios para la satisfacción de sus necesidades materiales básicas (alimentación, salud, vivienda, transporte); y tendrá asegurada su realización espiritual mediante el placer en que se convertirá el trabajo, que dejará de ser así una carga, producto de lo cual —y del trabajo mismo como tal (por sus efectos materiales y espirituales)— tendrá asegurada también la satisfacción de sus necesidades espirituales (educación, cultura, recreación, afecto).

Entre las nuevas características que esos seres humanos tendrán, estará necesariamente su capacidad de apreciar lo que tendrán como se aprecia ahora solamente aquello que se desea y no se tiene, pues de lo contrario nada de lo ya descrito aquí serviría para alcanzar la felicidad. Podrá haber —como sin duda alguna hay, y son una inmensa mayoría— quienes consideren que esto no es posible, pero nadie en sus cabales podría atreverse a considerar que tal sociedad no es deseable. La lucha ideológica se plantea, por tanto, entre la convicción de que el ser humano es capaz —como dijera Fidel Castro alguna vez— de *construir un mundo a la altura de su propia inteligencia* y el escepticismo al respecto o la convicción contraria. Con lo dicho, cae de su peso que para ser revolucionario se deben tener en la mayor medida posible, las características que tendrá el ser humano que vivirá en esa sociedad que constituye la meta de la transformación revolucionaria que por eso mismo es no solamente de la sociedad, sino del ser humano que la haría posible bajo determinadas circunstancias creadas por él mismo como producto de la transformación consciente de la realidad social a partir del conocimiento científico de las leyes objetivas que rigen la existencia de ésta.

El socialismo del siglo XXI

El nuevo modelo socialista no solamente se está construyendo en los nuevos países donde las vanguardias revolucionarias están conduciendo desde los respectivos gobiernos, procesos que transitan hacia el socialismo, sino que sus características en formación están siendo gradualmente adquiridas por los antiguos modelos socialistas que luego de haber sobrevivido al apocalipsis soviético, han continuado avanzando en sus correspondientes procesos de transformación revolucionaria.

En correspondencia con las dos características fundamentales del socialismo como sistema (la socialización de la propiedad y el poder en manos de las clases populares), hay dos características específicas que se vienen perfilando como propias del nuevo modelo socialista: la socialización autogestionaria de la propiedad mediante el acceso a ésta para los trabajadores de forma directa en el contexto de un proceso de democratización económica, y la instauración de la democracia directa como forma de ejercicio directo del poder por las clases populares, haciendo que sean los ciudadanos quienes tomen las decisiones que definen las políticas gubernamentales y de Estado, así como el quehacer de las instituciones que forman parte de éste.

En su expresión más general, el socialismo se presenta como un sistema socioeconómico con su correspondiente expresión política institucional y cultural, pero en sus manifestaciones específicas territoriales e históricas, se presenta como un modelo concreto con características comunes a todos los países o regiones geográficas en un momento histórico dado, pero en cada uno de ellos con determinadas especificidades socioeconómicas, políticas, históricas y culturales.

El socialismo del siglo XXI, con la esencia autonomista de la ausencia de intermediarios, tanto en lo económico, con la propiedad directamente ejercida por los trabajadores y con la autogestión, como en lo político, con el poder ejercido directamente por las clases populares mediante la potestad decisoria de los ciudadanos, así como el neoliberalismo, con la esencia individualista de la eliminación de la función social del Estado mediante la reestructuración de su aparato con la reducción masiva del personal orientado a esa función y la ampliación de la élite tecnocrático-burocrática para su nueva orientación reguladora en sentido distinto del anterior, son las expresiones posmodernas del desplazamiento de las relaciones laborales de tipo salarial por nuevas relaciones de asociación que ya no se corresponden con la esencia del capitalismo, sino con la del socialismo, todo ello producto de la revolución electrónica que expulsa de la economía formal y del mercado una inmensa cantidad de fuerza laboral cuyo potencial productivo deja así de ser utilizado, pero no de ser útil; pues sucede que el desarrollo de las fuerzas productivas ha llevado a la humanidad a la era digital-electrónica, en la que las relaciones de producción capitalistas no tienen capacidad de desarrollar ese potencial productivo existente en toda la gran masa de expulsados del sistema y por tanto, pioneros del nuevo sistema cuyo ensayo previo ha permitido una acumulación de experiencia que resulta indispensable para avanzar al ritmo que la crisis integral del sistema actual exige.

Cada una en su momento, las máquinas primero y las computadoras después, han disminuido la cantidad de personas necesarias para realizar las mismas labores que antes; y si el feudalismo no tenía la capacidad de canalizar económicamente el potencial productivo de esa gran cantidad de fuerza laboral desplazada, ahora al capitalismo le sucede exactamente lo mismo, como expresión de la contradicción entre las fuerzas productivas y las relaciones de producción, siendo éstas cada vez menos capaces de estimular el desarrollo de las primeras.

Así como la espiritualidad y el colectivismo en tanto integrantes del contenido sin el que la forma de las relaciones de producción del socialismo (es decir, la propiedad social sobre los medios de producción) no es capaz de generar a nivel masivo la conciencia social correspondiente, constituyen elementos indispensables no para que el socialismo exista —como ocurre con la forma de las relaciones de producción expresada como propiedad social sobre los medios que la hacen posible y con el poder ejercido por las clases populares—, sino para que funcione; de igual manera ocurre con la autogestión como capacidad de decisión de los trabajadores sobre los medios de producción donde desempeñan su labor productiva y la no intermediación del poder ejercido por consiguiente de forma directa por las clases populares. Lo primero (el contenido espiritual y colectivista de las relaciones de producción) constituye una corrección al socialismo como sistema; en tanto que lo segundo es esto mismo respecto al socialismo expresado mediante su modelo específico para estos tiempos.

Ambas cosas, decíamos, son indispensables para que el socialismo funcione como sistema, mas no para que exista como tal; pero si no funciona, el sistema se vuelve inviable cuando menos, a largo plazo, lo cual quedó evidenciado con el derrumbe de la Unión Soviética, previsto cuando nadie podía imaginarlo precisamente por quien aportó a la teoría marxista su preocupación por la inexistencia de estos elementos: el Che, quien advirtió acerca de las posibles consecuencia que tal déficit podía traer, tal como efectivamente ocurrió debido a que, lejos de hacer las correcciones correspondientes según aquellos señalamientos, la perestroika de Gorbachov y Yakovlev exacerbó los aspectos negativos de la línea que venía asumiéndose con la absolutización del cálculo económico como una ley de todo el proceso de transición hacia el comunismo. Mientras por otra parte, la no intermediación en la apropiación de los medios de producción por la sociedad en su conjunto mediante su control por las clases populares, así como en el ejercicio del poder por éstas, vendrían a ser indispensables para que el socialismo funcione como modelo concreto en la época actual en tanto constituyen un principio por el cual se rigen sus características actuales como sistema, es decir las que le son propias dentro de las circunstancias históricas definidas por la revolución electrónica.

Por su parte, la coexistencia de diversas formas de propiedad sirve de contexto viabilizador dentro del cual la socialización creciente de ésta se estaría planteando como un proceso de empoderamiento de los sectores populares de la economía forjados a partir de la acción organizada de los excluidos del sistema, que producen gran parte de la riqueza existente pero no la reciben, tratándose en este caso de revertir esta situación mediante el acceso crediticio y tecnológico de estos sectores al funcionamiento de la economía con la organización cooperativa, microempresarial y empresarial, de redes y alianzas productivas, industriales y comerciales, teniendo como referencia principal la propiedad directamente ejercida por los trabajadores sobre las empresas en las que trabajan, pero sin estar aún definidos los mecanismos concretos que eviten la reproducción de las relaciones capitalistas de producción por este medio. En este sentido, lo más conveniente parece ser que esa propiedad sea ejercida por los trabajadores a partir de su condición como tales y sin que carezca de tal prerrogativa ningún trabajador de las empresas cuya propiedad haya sido socializada o que hayan sido creadas como empresas de propiedad social; acceso directo a la propiedad que tendría su limitación en el carácter de la actividad que realice la empresa en cuestión; por ejemplo, las empresas encargadas de la explotación de los recursos naturales es más recomendable que sean estatales, pero eso estará condicionado por la realidad específica de cada país.

En cuanto a la democracia directa, se trata de que los ciudadanos organizados territorial y sectorialmente ejerzan el poder sin intermediarios, mediante la definición de las políticas económicas y la elaboración del presupuesto, entre otras cosas que implicarían facultades decisorias de la sociedad civil tradicionalmente monopolizadas por el Estado, de modo que los ciudadanos no solamente elijan gobernantes y representantes, sino que decidan las políticas gubernamentales, siendo parte de este modelo político la revocabilidad de los cargos públicos, la obligatoriedad del referéndum o el plebiscito según corresponda, para la toma de cierto tipo de decisiones estratégicas por parte del Estado, y el establecimiento de una cuota mínima obligatoria de presencia femenina en los cargos públicos. Este componente político del modelo se estaría dando en un contexto que exige como parte de la viabilización de estas transformaciones, la preservación de las características formales de la democracia representativa en cuanto al pluripartidismo, la existencia de la prensa privada (es decir, la mal llamada libertad de prensa propia de este tipo de democracia) y otros.

Los aspectos económico y político del modelo socialista del siglo XXI tienen como característica común la subordinación de los intermediarios a los ciudadanos antes desplazados por éstos (el Estado empresario en el ámbito económico y las instituciones gubernamentales, legislativas y judiciales en el ámbito político), para una eventual y posterior desaparición de tal intermediación en ambos ámbitos de la vida social, convirtiéndose sus portadores en ejecutores de las decisiones de los ciudadanos, lo cual implicaría la desaparición de los privilegios que separan a los funcionarios correspondientes de la sociedad que representan y gobiernan.

Desde Lenin ha quedado claro que la revolución se hace mediante una lucha cuyo objetivo es precisamente ese: hacer la revolución; y que independientemente de la existencia o no de una situación revolucionaria —tal como el mismo Lenin la caracterizó, con sus condiciones objetivas y subjetivas—,[5] hacer la revolución de forma permanente (coincidiendo en esto con Trotsky) es la única manera de que los revolucionarios estén preparados para transformar una situación revolucionaria en revolución cuando tal situación se presente, o para desarrollar los elementos de la realidad social que permitan la creación de una situación revolucionaria cuando ésta no exista. En todo caso, si no hay condiciones para instaurar el socialismo, éstas pueden ser creadas desde los gobiernos, con el poder político o sin él; con más razón aún teniéndose o no el poder en general (político y económico), el cual sin embargo, deberá llegar a obtenerse primero para estar en condiciones de instaurar el socialismo, pero tales condiciones y, por tanto, la obtención del poder como premisa para contar con ellas, solo serán posibles en la medida en que se trabaje para ello, es decir: para construir el socialismo hay que tener el poder, pero ese poder se puede obtener a plenitud construyendo el socialismo desde al menos uno de esos espacios de poder, que es el gobierno; y esto puede implicar un proceso cuyo contenido en términos absolutos no pase de las reformas, pero que al tener dichas reformas como objetivo la creación de condiciones para promover la transformación revolucionaria de la sociedad y, por tanto, para la sustitución del capitalismo por el socialismo, dicho proceso tendría de todas formas un carácter revolucionario por el contenido relativo de las políticas asumidas y los programas impulsados, destinados a desembocar en un cambio revolucionario que en este caso, no sería producto del típico estallido violento en el marco de una situación revolucionaria convencionalmente concebida, o incluso ni siquiera de una ruptura sistémica potencialmente explosiva, cambio que como siempre debe suceder para que sea revolucionario, sería conducido por la organización política cuya esencia es el destacamento de vanguardia articulado en función de ello, y que resultaría de una situación revolucionaria cuyas características serían distintas a las expuestas, y donde la ruptura se daría de forma gradual, pero siendo protagonistas de ésta las clases populares socialmente organizadas y siendo el proceso conducido por la expresión política organizada de sus intereses, es decir la organización política revolucionaria de vanguardia.

La revolución no se hace solamente para que la gente viva mejor, sino para que la gente sea feliz, y para eso es que debe vivir mejor (condiciones materiales), pero también —y sobre todo— *ser* mejor (condiciones espirituales). Las reformas son para que la gente viva mejor; la revolución es para que la gente alcance la felicidad creándose para ello condiciones que al mismo tiempo le permitan ser mejor y como producto de ello —*no solo* de ello, pero *contando necesariamente* con ello—, vivir mejor. El ser humano de la sociedad de consumo es incapaz de ser feliz por la vía de la simple mejoría en sus condiciones de vida, porque las necesidades aumentan ilimitadamente en tanto aumenta el nivel de vida; de modo que la satisfacción indispensable para alcanzar la felicidad, solo puede darse si existe como condición previa una gran riqueza interior, de tipo espiritual en el ser humano. Por eso, una cosa es hacer reformas que no tengan más objetivo que el mejoramiento de las condiciones de vida de la población —muy plausible, por supuesto, pero absolutamente insuficiente para un proceso revolucionario, por lo que acabamos de decir— aunque se crea que con ello se están preparando las condiciones para en un futuro imposible de prever se pueda llegar a la transformación revolucionaria de la sociedad; y otra cosa es que al impulsar *esas mismas* reformas, se garantice en ellas ciertas características que aseguren la creación de esas condiciones en un futuro previsible y tangible de antemano, es decir asumiendo como parte de la estrategia misma del proyecto de reformas la preparación concreta de esas condiciones que permitirán la transformación revolucionaria de la sociedad como parte del mismo proceso y no como algo que espera pacientemente en el lejano porvenir por ahora inalcanzable e imperceptible.

No se trata de que la sustitución del sistema actual por otro se tenga como el objetivo a alcanzar en un momento indefinido de la historia, pues cuando esto sucede en el camino se olvida tal objetivo, tal como ha ocurrido ya tantas veces, siendo el mejor ejemplo de ello el fenómeno de la socialdemocracia, que luego de proponerse al inicio del siglo XX el avance progresivo hacia el socialismo renunciando a la revolución, lo que tuvo lugar en vez de su supuesto objetivo estratégico fue la derechización acelerada de ese sector político hasta convertirse en parte de las fuerzas de la derecha incluso en el ámbito militar. Por eso, aún dando la razón a Rosa Luxemburgo cuando planteó que la alternativa entre reforma y revolución no estaba necesariamente en manos de los sujetos, sino a veces en manos de la realidad objetiva,[6] y aún cuando la realidad objetiva impida ir más allá de lo que convencionalmente no sean más que reformas, se puede hacer la revolución, con lo cual se conciliaría el planteamiento anterior con el enfoque de la Segunda Declaración de La Habana, donde hacer la revolución no se concibe solamente como una oportunidad, sino como el cumplimiento de un deber.[7]

Existen políticas o decisiones que son en sí mismas, revolucionarias; hay políticas que por su contenido pueden ser reformas o pueden ser revolucionarias, en dependencia de sus objetivos; y también políticas que en sí mismas nunca podrían ser revolucionarias por su contenido, pero que lo son si forman parte de un proyecto de transformación revolucionaria de la sociedad, aunque por su forma sean reformas. Sin embargo, las terceras no podrían ser revolucionarias si no van acompañadas al menos de las segundas, siempre que ambas tengan características sintomáticas de que con ellas se están preparando las condiciones para implementar las primeras. Esas características deben estar vinculadas de alguna manera con los dos componentes fundamentales del socialismo como sistema socioeconómico: la socialización de la propiedad y el poder en manos de las clases populares.

La disyuntiva de la izquierda en América Latina

Según ha podido verse, la revolución se puede hacer aún sin que existan las condiciones idóneas para ello, pues esas condiciones tan solo son idóneas para hacerla de una manera específica —la más visible y rápida tal vez, pero no la única—; por tanto, nuestra tesis es que siempre existen en la realidad social elementos suficientes para a partir de allí promover su transformación revolucionaria, incluso —cuando no se está en una situación revolucionaria típica— mediante políticas que a primera vista pudieran resultar idénticas en su contenido concreto a las que son propias de una reforma y no de una revolución. Pero hay una pista fundamental para diferenciar unas políticas de otras cuando esto sucede, y es la afirmación antes fundamentada, de que la principal batalla revolucionaria es la batalla por la conciencia. De tal modo, todo aquello que no sirva para hacer conciencia revolucionaria, no sirve para hacer la revolución aunque su contenido específico sea revolucionario, si no va acompañado de aquello que sirva para hacer conciencia revolucionaria, lo cual siempre tendrá un carácter revolucionario y por tanto sucederá igual con su contenido en términos relativos, aunque en términos absolutos no tenga características revolucionarias. Y de la conciencia que de esto tenga la organización política revolucionaria o la izquierda políticamente organizada —o en ausencia de ésta, el liderazgo del proceso revolucionario en marcha (potencial o efectivamente)— dependerá la esencia misma (revolucionaria o reformista) del proceso en cuestión.

Para que lo anterior no se tome de primas a primeras como una herejía de lo que ortodoxamente podría calificarse como una especie de idealismo histórico o algo parecido, deberá adelantarse aquí una tesis que en posteriores trabajos será debidamente desarrollada: el determinismo espacio-temporal como una de las principales deformaciones a que ha sido sometido el materialismo dialéctico e histórico —tanto por marxistas como por antimarxistas— tiene su origen en la confusión de la determinación con la causa, lo cual no ha permitido comprender que si bien el objeto determina al sujeto, éste causa efectos en aquél; siendo en este caso el sujeto la conciencia social como parte de la superestructura jurídico-política e ideológico-cultural, y el objeto la estructura económica de la sociedad.

Con plena conciencia de que esto no calmará la ira de los clérigos, téngase por ahora lo antes dicho solamente como explicación coherente de esta tesis: el sujeto revolucionario como manifestación social de la conciencia, determina el ser revolucionario como expresión del efecto que la conciencia social causa en el ser social (el modo de producción), una de cuyas partes (las relaciones de producción) determina la conciencia social; pero el efecto que la conciencia causa en el modo de producción es mayor que la fuerza con las relaciones de producción determinan la conciencia, pues ese vínculo determinante entre estos últimos se refleja cómo relación causa-efecto entre la conciencia y el modo de producción, del que las relaciones de producción constituyen una parte; relación que al trasladarse de la realidad social en general a la realidad del proceso revolucionario se transforma de relación causa-efecto a relación determinante-determinado. Esto se debe a que la realidad social es predominantemente subjetiva (es precisamente la parte subjetiva de la realidad en general), y la realidad revolucionaria es la expresión más subjetiva de la realidad social debido al peso ya explicado con anterioridad) que el factor subjetivo tiene en el proceso revolucionario; siendo la confusión entre causa y determinación dentro de la realidad en general lo que ha impedido identificar correctamente las relaciones determinante-determinado, causa-efecto y sujeto-objeto en la realidad social.

Tómese lo antes dicho como un intento de contribución inicial —fallido o no, pero en todo caso respetuoso de opiniones adversas y consciente de la insuficiencia de estas líneas iniciales— a desatar el nudo gordiano de las relaciones antes mencionadas como única manera mediante la cual, a nuestro juicio, la izquierda gobernante en América Latina podrá librarse —y debe hacerlo pronto, debido a que ni la historia ni mucho menos los plazos políticos electorales dan un minuto de tregua— del aparente callejón sin salida en que se encuentra al estar atrapada entre la espada de la conciencia social predominante y la pared del sistema vigente, lo cual la empuja al que podría ser un error histórico de la izquierda a escala mundial aún más grave que el conjunto de deformaciones que condujeron al modelo socialista del siglo XXI hacia el colapso. Tal error consistiría en que la izquierda haga el papel de salvadora del capitalismo en crisis con la sustitución del neoliberalismo por un retorno al keynesianismo, a costa de la existencia misma de la izquierda como tal y, por tanto, de las posibilidades revolucionarias en un mundo cuya crisis ecológica ya no admite errores de esta índole. Independientemente de su inadmisibilidad ética como sistema al generar la injusticia social, la enajenación y la alienación que les son inherentes, el capitalismo es incapaz de resolver la crisis ecológica; solución de la cual posiblemente depende que el ser humano sobreviva a este siglo; o al que viene, en el más optimista de los cálculos posibles. Razón por la cual la famosa disyuntiva de Rosa Luxemburgo entre socialismo y barbarie se traduce actualmente en la disyuntiva entre socialismo y Armagedón.

Hay quienes pueden suponer que precisamente para evitar pagar el costo de la crisis, la izquierda debe administrarla y resolverla sin mayores cambios estructurales que más bien podrían aumentar el impacto económico de la misma a corto plazo, aumentando el costo político para la izquierda inoportunamente en el gobierno. Pero esto se basa en una premisa falsa, que es la posibilidad de que el impacto social de la crisis pueda ser disminuido en ese mismo corto plazo dentro de los límites del capitalismo; y aunque esto fuera cierto, el costo de tal salida sería impagable: el sacrificio del proyecto revolucionario.

La única posibilidad de disminuir el impacto social de la crisis está en el modelo alternativo de la izquierda, es decir la instauración del socialismo o la creación de condiciones para ello mediante reformas cuyo contenido relativo imprima el carácter revolucionario que todo proceso de transformaciones sociales puede tener. El capitalismo podrá sobrevivir o reinventarse con una combinación entre elementos de keynesianismo y de neoliberalismo, o con alguna otra innovación, pero ya la crisis ecológica no le da tiempo para eso a la humanidad; y le tendría que corresponder a la izquierda en América Latina asumir ese papel, a costa de su propio proyecto y de sí misma, porque el costo de toda crisis ante la opinión pública lo tienden a pagar los gobiernos, que es donde está ubicada en este momento la izquierda, cuya única posibilidad de no pagar políticamente los costos inevitables de las igualmente inevitables calamidades que generará la crisis del capitalismo, está en presentar y promover su modelo alternativo, dejando claro ante la sociedad que su proyecto es distinto al que está en crisis, y que esta es realmente la crisis de un proyecto en cuyo desmantelamiento está empeñada la izquierda en el gobierno. Es decir, la radicalización de los procesos de cambio en América Latina es lo mejor que podría suceder aunque solo fuera para que la izquierda y/o las fuerzas progresistas no paguen los costos de la crisis de un sistema ajeno como producto del colosal error que significaría tratar de solucionarla sin cambiar el sistema o sin avanzar conscientemente en esa dirección, pero no haciéndolo únicamente desde arriba, sino con todo el pueblo; haciendo que éste sienta suyos estos procesos, como en efecto deben serlo para que sean auténticos, sin lo cual no podrían perdurar en una sociedad cultural e ideológicamente hegemonizada por los valores y las ideas que son propios del sistema que la izquierda se propone cambiar.

No hay mejor momento que el de la crisis de un sistema para instaurar el sistema opuesto o alternativo, que surge precisamente de las entrañas del que se encuentra conmovido por la crisis. La crisis de un sistema solo tiene una solución revolucionaria: la sustitución del sistema en crisis por otro, nuevo y superior. Son por eso estos momentos de crisis los más idóneos para el cambio de sistema, es decir para el cambio revolucionario, y sería un acto de traición a la lucha revolucionaria tan monumental como el cometido por la II Internacional en su momento —por muy buenas intenciones de las que esté empedrado ese camino hacia el basurero de la historia— que las fuerzas interesadas en tal cambio no lo promuevan, desaprovechando la inmensa oportunidad de contar con el instrumento más importante para lograrlo: los gobiernos. El cambio en cuestión no necesariamente debe ser abrupto, no obligatoriamente debe significar una ruptura institucional explosiva, pero ésta sí debe darse en el más breve plazo posible para no dar tiempo al adversario de reagruparse y prepararse para la contraofensiva. Si ya de por sí administrar el sistema en lugar de sustituirlo por otro no es una opción para la izquierda bajo ninguna circunstancia, este es precisamente por todo lo dicho, el peor momento para hacerlo, es decir el momento en que más graves serían las consecuencias estratégicas negativas para la izquierda si optara por esa línea, y a la vez el mejor momento para cambiar el sistema, y no solamente porque éste se encuentra en crisis, sino además porque su única expresión posible en la actualidad por las razones ya apuntadas antes (el neoliberalismo) está colapsando.

Sería un silogismo engañoso pensar que si está colapsando el neoliberalismo y éste es la única expresión posible del capitalismo en la época actual, es el capitalismo entonces lo que está colapsando. Decimos que el neoliberalismo está colapsando, pero no decimos lo mismo del capitalismo aunque el neoliberalismo sea su único modelo posible en esta época histórica, porque la condición de éste como tal no está dada por la imposibilidad de que exista o sea temporalmente viable otro modelo capitalista en este momento, sino porque el actual es el único que se corresponde con las características de la realidad social propia de lo que se conoce como la revolución electrónica en términos tecnológicos, la globalización en términos económicos o la posmodernidad en términos culturales y civilizatorios.

Pero el hecho de que el neoliberalismo hoy en proceso de colapso sea el único modelo que se corresponde con la realidad objetiva en la actualidad por todo lo antes dicho, no significa que el capitalismo ya no pueda existir sino mediante este modelo, dado que existe la posibilidad de su salvación neokeynesiana, aunque tal alternativa esté condenada al fracaso por no corresponderse con los requerimientos del desarrollo de las mismas fuerzas productivas que se expresa en la revolución electrónica, pero al no ocurrir esto inmediatamente, las nuevas políticas funcionarían como una tabla de salvación temporal mientras el sistema mismo desarrolla sus próximos mecanismos de prolongación, que sin duda serían resultado del ulterior desarrollo de esas mismas fuerzas productivas; con el detalle de que ya para entonces se habrían agotado las condiciones que hacen posible la existencia del ser humano sobre la faz de la Tierra, y así el capitalismo llegaría a su fin junto con la humanidad misma; pues el capitalismo no puede existir sin un modo de vida que convierte todo en mercancía y hace de toda actividad humana una actividad de consumo, en virtud del carácter infinito de la acumulación como razón de ser del sistema en contradicción con el carácter finito de los recursos sin los que esa acumulación sería insostenible, como en efecto ya lo es. Son conocidos los cálculos que señalan la inviabilidad del modo de vida consumista propio de los países capitalistas industrializados, aún si solamente continúan practicándolo los habitantes de dichos países, ya no se diga si lo practicara el resto del mundo; mientras por otra parte, ese modo de vida con ese nivel de consumo sería imposible en esos mismos países si éstos no se beneficiaran de las relaciones económicas desiguales existentes entre ellos y los países históricamente dominados, que son las mismas ex colonias de la época precapitalista en la que el saqueo de sus riquezas hizo posible la acumulación originaria del capital en las metrópolis coloniales.

Todo esto se debe a que el capitalismo es un sistema que, por débil que se encuentre y por profundas que sean sus contradicciones y sus crisis, tiene características que no permiten su caída espontánea, debido a dos cosas: sus mecanismos básicos de funcionamiento son los más desarrollados posibles entre los que se corresponden con la mentalidad humana estructurada desde la revolución neolítica que hizo posible y necesario el surgimiento de la propiedad, el poder y el patriarcado, con todo su hedonismo material, el egoísmo que le es innato a éste y todo lo que de ello se deriva. A esto se suma el hecho más importante aún de que este sistema no tiene más alternativa que el socialismo, que al ser la primera fase del comunismo, es una sociedad que solo puede existir si se instaura conscientemente, debido a que sus características implican la aplicación consciente por primera vez en la historia, de las leyes objetivas que rigen la existencia de la sociedad, y a que constituye un salto en el desarrollo social mayor aún que el de la comunidad primitiva a la civilización, solo comparable con el del nomadismo al sedentarismo propio de la revolución neolítica que permitió al ser humano, mediante la agricultura y la crianza de animales, producir más riqueza que la suma de la que podía producir individualmente cada uno de los individuos que formaban parte de lo que de esta manera comenzó a dejar de ser una comunidad para comenzar a convertirse en una sociedad, siendo el surgimiento de ésta con las características generales que le son propias y con ello de la civilización misma, un producto de dicha transformación.

La única forma, pues, en que el capitalismo puede desaparecer espontáneamente es haciéndolo junto con la civilización misma, la sociedad como entorno de la humanidad y la humanidad como tal, de modo que en lugar del cambio civilizatorio que significaría la sustitución del capitalismo por su única alternativa posible, lo que vendría sería el fin de toda civilización, pero producto de que en las condiciones actuales, las mismas causas que en otro momento pudieron haber traído eso como resultado ahora traerían consigo el fin de la existencia humana.

Con otras palabras, el capitalismo no se cae solo; hay que derribarlo, y esto es imposible sin un sistema alternativo que resuelva no solamente los problemas que el capitalismo es incapaz de resolver, sino los que dicho sistema ha podido resolver mejor que ningún otro, incluyendo el primer modelo socialista que terminó colapsando a pesar de haber demostrado ya con anterioridad su superioridad respecto al capitalismo en relación con el objetivo de alcanzar una sociedad en la que el ser humano alcance su máxima plenitud como tal.

Respecto a la imposibilidad de que el capitalismo caiga por sí mismo, ya Lenin señalaba que,

> no toda situación revolucionaria origina una revolución, sino tan solo la situación en que a los cambios objetivos [...] se agrega un cambio subjetivo, a saber: la capacidad de la clase revolucionaria de llevar a cabo acciones revolucionarias de masas lo suficiente fuertes para romper (o quebrantar) el viejo gobierno, que nunca, ni siquiera en las épocas de crisis, «caerá» si no se le «hace caer».[8]

Esta crisis *puede ser* el fin del capitalismo, pero como pudo haberlo sido también la de los primeros años del siglo XX o la posterior crisis de los años treinta *siempre que* los revolucionarios hagan lo correcto para que esto sea así, lo cual no sucedió entonces, salvo en Rusia, con relación a la primera crisis, con la diferencia de que ahora, en caso de que no triunfe la revolución lo que llegaría a su fin sería la especie humana o incluso, la vida misma en la Tierra.

Sobre la base de lo ya planteado sobre cómo hacer la revolución y las características que tienen en común los proyectos que promueven el socialismo del siglo XXI, hay países de América Latina donde puede considerarse que, o bien se está construyendo el socialismo del siglo XXI, o se están creando conscientemente las condiciones para ello. En este sentido, Cuba representa un caso muy particular por ser el punto de referencia indispensable que funcionó como una especie de foco revolucionario continental sin el cual habría sido imposible el actual proceso de transformaciones que vive América Latina, y donde el socialismo real logró sobrevivir por haberse aplicado allí las ideas del Che en relación a lo que aquí se considera como el contenido de las relaciones de producción en el socialismo; donde además, se experimentan cambios que acercan esa experiencia cada vez más al socialismo del siglo XXI y su líder, Fidel Castro, lo es también de todos los revolucionarios del mundo.

Los demás países en los que este modelo se está construyendo son: Venezuela, donde se inició el actual proceso continental con la Revolución Bolivariana, pudiendo considerarse este país como el típico donde se está implementando el socialismo del siglo XXI como nuevo modelo alternativo de la izquierda, y cuyo líder Hugo Chávez ha sido precisamente el principal divulgador de este concepto. Es también parte de este proceso, Bolivia con el primer presidente indígena de América, Evo Morales, y como primera experiencia de una revolución hecha desde la visión y las reivindicaciones de los pueblos originarios del continente, lo cual en gran medida está presente también en Ecuador con la Revolución ciudadana liderada por Rafael Correa, y es parte también de este proceso Nicaragua, país que en su primera etapa se adelantó en cierto modo a la época actual, siendo a la vez la última revolución armada triunfante y la única experiencia histórica de una izquierda que regresa al poder luego de haberlo perdido; su líder, Daniel Ortega, es el único que junto con Fidel Castro, viene de la lucha guerrillera. Existen otros países donde las fuerzas de izquierda o progresistas están en el gobierno, pero donde éste no llega a tener un carácter revolucionario, ya sea porque no lo tiene su liderazgo o porque éste se identifica con el planteamiento de que *no siempre es posible* hacer la revolución, lo cual como se ha visto ya, constituye en todo momento un error gravísimo, pero sobre todo en este momento; con más razón aún teniéndose el control del gobierno y por tanto, importantes cuotas de poder político, con lo que más bien los defensores de esta especie de pesimismo estratégico parecieran decir que *casi nunca es posible* hacer la revolución.

Para la izquierda, este es el mejor momento de gobernar debido a que el sistema que ella quiere suprimir está en crisis; pero también desde la óptica de la derecha este es el mejor momento para que gobierne la izquierda, porque eso le permite endosar a ésta el costo que por toda crisis económica tienden a pagar los gobiernos, lo cual sucedería si en vez de cumplir con su deber de hacer la revolución y asumir así su papel de ser protagonistas de la resurrección mundial del socialismo, los revolucionarios se dedican diligentemente a convertirse en los chapulines colorados del capitalismo, como ya parecen estarlo queriendo hacer algunos que se preocupan más que la derecha misma por *resolverle* a ésta la crisis actual de *su* sistema y no por *resolver* la crisis de manera revolucionaria, cambiando el sistema con la sustitución del capitalismo por el socialismo como antesala del comunismo, único otro mundo que es posible, porque es urgente.

Notas

1. Se recomienda el estudio de la tesis planteada por Roberto Regalado sobre la democracia neoliberal o controlada. Véase a Roberto Regalado: *América Latina entre siglos: dominación, crisis, lucha social y alternativas políticas de la izquierda* (edición actualizada), Ocean Sur, México D. F., 2006, pp. 65 y 172. Veáse también a Roberto Regalado: *Encuentros y desencuentros de la izquierda latinoamericana: una mirada desde el Foro de Sao Paulo*, Ocean Sur, México D. F., 2008, pp. 4, 19-23, 279 y 281.

2. Carlos Tablada: *El pensamiento económico del Che*, Editorial Antarca, Buenos Aires, 1987, pp. 35-36.

3. Mao Tsé-tung: *Sobre la nueva democracia*, p. 1 (www.moirfranciscomosquera.org).

4. Fernando Mires: *La revolución que nadie soñó*, Editorial Nueva Sociedad, Caracas, 1996 pp. 61-62.

5. Vladimir Ilich Lenin: *La bancarrota de la II Internacional*, Editorial Progreso, Moscú, 1977, p. 13.

6. «La reforma social y la revolución no son [...] diversos métodos del progreso histórico que a placer podemos elegir en la despensa de la historia, sino *momentos* distintos del desenvolvimiento de la sociedad de clases». Rosa Luxemburgo: *Reforma Social o Revolución y otros escritos contra los revisionistas*, Editorial Fontamara S. A., México, D. F., 1989, pp. 119-120.

7. «El deber de todo revolucionario es hacer la revolución», *Segunda Declaración de La Habana*, p. 17, en el sitio del Partido Comunista de Cuba (www.pcc.cu).

8. Idem.

¿Reforma o revolución en América Latina?
El proceso venezolano

*Amílcar Figueroa**

Analizar los cambios en curso en la sociedad venezolana, con la histórica polémica *reforma o revolución*[1] como telón de fondo, constituye una tarea en extremo compleja, que no solo presupone revisar el desarrollo de la propuesta teórico-práctica de la Revolución Bolivariana, sino también ubicar ese proceso en las circunstancias en que se desenvuelve y tomar en cuenta su especificidad. No obstante los retos mencionados, esta reflexión aspira a cumplir tal propósito y, además, a incursionar en el escenario más amplio de lo que acontece en nuestra América Latina, donde los cambios políticos ocurridos en varios países en el transcurso de la última década no poseen una misma cualidad, si los calificamos de acuerdo a la profundidad transformadora de cada uno de ellos. En rigor, no todos pueden catalogarse de cambios revolucionarios y, en algunos casos, ni siquiera puede hablarse de reformas que apuntan hacia una revolución. Empero, plantearse el dilema *reforma o revolución* para enfrentar a la sociedad capitalista en los albores del tercer milenio, tiene connotaciones distintas a cuando lo hizo Rosa Luxemburgo.

---

* Diputado al Parlamento Latinoamericano por Venezuela, presidente alterno del mismo y miembro del Buró Político-Regional Caracas del Partido Socialista Unido de Venezuela (PSUV).

Entre «la política como el arte de lo posible» y el «seamos realistas; conquistemos lo imposible»

En medio del agotamiento del modelo político bipartidista existente en la Venezuela de las postrimerías del siglo XX y del descreimiento de la población hacia el quehacer político, tras producirse, en febrero de 1989, la revuelta popular contra «la receta neoliberal» conocida como El Caracazo, cabía preguntarse:

- ¿Cuál era la revolución posible habida cuenta que el concepto mismo de revolución perdió credibilidad a raíz de la implosión del llamado bloque socialista?

- ¿Tendría acaso cabida una revolución socialista en sentido clásico?

- ¿Cuál sería la naturaleza de los cambios que habrían de proponerse?

Para entender las respuestas a esas interrogantes que ha producido la Revolución Bolivariana —y que han sido la clave de este proceso hasta el presente— debemos partir de las siguientes premisas:

1. Venezuela ha vivido durante un siglo bajo el influjo de una economía petrolera, rentista. El sistema capitalista se impuso en la sociedad venezolana a la sombra de la economía minera-petrolera, y ello le imprimió características muy particulares al Estado, a la cultura y, en general, al conjunto de la sociedad.[2]

2. Durante ese mismo período se afianzó en el país la dominación del imperialismo norteamericano. Los volúmenes de exportación de petróleo y, en sentido general, del intercambio comercial, dieron pie a relaciones de dominación que trascendieron lo económico, tales como la adopción del modelo político (la «democracia americana») y una fuerte presencia del «modo de vida americano» en Venezuela.

3. Sin pasar por las fases del capitalismo clásico, la economía petrolera generó una estructura de clases, entre cuyas características resalta que el proletariado fabril ha sido escaso y que el ingreso proveniente

de la renta permitió la temprana formación de una especie de «aristocracia obrera» en las ramas emblemáticas de la economía;[3] factor que ha ido en detrimento de que esta clase se constituya en el sujeto histórico del cambio. A ello habría que agregar las dificultades derivadas de impulsar el socialismo en una sociedad en la cual las capas medias son muy numerosas en lo cuantitativo (en las últimas décadas se colocaron entre las más numerosas del continente) y en lo cualitativo han tenido un creciente rol protagónico.[4]

4. En el momento del triunfo de la Revolución Bolivariana, el escenario internacional era de una profunda derrota para el socialismo y las fuerzas revolucionarias, ya que no solo habían implosionado la Unión Soviética y el bloque socialista, sino que, casi al mismo tiempo, e influido en buena medida por ello, las fuerzas en lucha en América Latina se debatían entre la derrota y la negociación. Algunas de ellas resistían, haciendo un derroche de heroísmo, pero en condiciones sumamente difíciles. El sistema de explotación capitalista mostraba su fortaleza como nunca antes.

En ese cuadro adverso, la insurgencia del Movimiento Bolivariano Revolucionario-200 (MBR-200) apela a la identidad nacional. Allí se hizo presente el árbol de las tres raíces,[5] mediante la propuesta de reconstruir la república a partir de sus emblemas fundacionales. Debemos pues reconocer que, en un primer momento, la Revolución Bolivariana extrae sus contenidos de la poesía de nuestro pasado. *El núcleo central del pensamiento del Libertador Simón Bolívar: Independencia, Soberanía, Redención Social y Unidad Continental constituyó el principio rector de aquellas primeras jornadas.*

Se aplicaba de esta forma una de las leyes de la política: que se piensa y se hace para la realidad concreta; no para lo que idealmente se tenga en la cabeza.[6] Por eso, y teniendo en cuenta la «revolución posible» en aquellos días de 1999, en los que se propuso «refundar la república», se abrió paso al proceso constituyente. Es entonces que se produce la primera escisión dentro de las fuerzas que se sumaron a Hugo Chávez durante la campaña electoral. *La sola idea de la Constituyente espanta a elementos de la oligarquía —caso notorio el de Jorge*

Olavarría— que aspiraban a reformas políticas sin que se desmontase el poder constituido. Otros, como Alfredo Peña, deciden participar en el proceso constituyente con el propósito de insertar en el articulado de la nueva Carta Magna elementos favorables a los intereses del capital, en particular, de las transnacionales petroleras.

La Constituyente como revolución política

Si partimos del hecho cierto que los acontecimientos del 27 de febrero de 1989 (rebelión popular contra las medidas neoliberales) y del 4 de febrero de 1992 (insurgencia militar del MBR-200), habían fracturado el pacto de dominación elitista prevaleciente en la sociedad venezolana de la segunda mitad del siglo XX, es decir, si partimos de que se había quebrado la espina dorsal de esa dominación, es fácil entender que el camino de las *reformas*[7] no era adecuado en aquellas circunstancias. Por el contrario, estaban dadas las condiciones para iniciar un proceso que, a todas luces, tendría una cualidad revolucionaria.

La Asamblea Constituyente expresó la radicalidad del momento, al lograr impregnar en amplias mayorías de la población la idea del protagonismo popular. Fue una ampliación radical de la democracia, que dejó a un lado el concepto liberal burgués de democracia representativa, y lo sustituyó por el de democracia participativa y protagónica; pero, ¿qué sucedía mientras tanto en la estructura económica de la sociedad? A decir verdad, en ese primer momento, el aparato productivo no fue tocado en lo esencial por la Revolución Bolivariana. El articulado de la Constitución de 1999 dejó intacta la posibilidad de que la economía siguiera atada a las relaciones de producción capitalistas. Se desarrolló, en ese primer momento, del proceso una *revolución política* que sentaría las bases para escenarios posteriores. Se cumplía casi de una manera exacta aquella sentencia de Rosa:

> Cada constitución legal es producto de una revolución. En la historia de las clases, la revolución es un acto de creación política, mientras que la legislación es la expresión política de la vida de una sociedad que ya existe. La reforma no posee una fuerza propia, independiente de la revolución.

En cada período histórico la obra reformista se realiza únicamente en la dirección que le imprime el ímpetu de la última revolución y prosigue mientras el impulso de la última revolución se haga sentir. Más concretamente, la obra reformista de cada período histórico se realiza únicamente en el marco de la forma social creada por la revolución.[8]

De la revolución política a la revolución social

Si bien el proceso constituyente abrió el camino a un cambio político de tremenda trascendencia en la vida de la república, éste aconteció sin mayores sobresaltos sociales, entre otros factores, por la sólida victoria obtenida por el comandante Chávez en las elecciones de 1998 (56,20% del voto popular), por contar con un respaldo mayoritario en el estamento militar, por la parálisis de los viejos partidos —debida al desconcierto provocado por la pérdida de un poder que habían ostentado durante mucho tiempo— y porque buena parte de los sectores económicos dominantes abrigaban la esperanza de que los cambios prometidos quedaran en la nada. Sin embargo, dos hechos dan al traste con aquel corto período de paz social, transcurrido entre el 2 de febrero de 1999 y los meses de septiembre a noviembre de 2001, a saber: a) el Gobierno Bolivariano enarboló las banderas de saldar la inmensa deuda social acumulada durante el período de la llamada IV República;[9] b) la furibunda reacción clasista de la pequeña y la gran burguesía contra el Decreto 1 011[10] y las 49 leyes habilitantes (en especial la Ley de Hidrocarburos, la Ley de Tierras y la Ley de Pesca) aprobadas en noviembre de 2001.[11] Fueron precisamente esas leyes las que pusieron de relieve el pensamiento reformista de algunos, particularmente el de Luis Miquilena, quien empieza a marcar distancia por medio de pronunciamientos sobre la conciliación con el poder económico.

Es importante señalar que, atendiendo a los cambios ocurridos en el mundo globalizado y a las características del capitalismo actual, se generó una tendencia bastante extendida entre los «pensadores» a escala planetaria a negar la existencia de las clases sociales y, por consiguiente, a negar la lucha de clases. Sin embargo, el comportamiento de la pequeña y la alta burguesía venezolana a partir del segundo semestre de 2001, desdice por completo esta tesis. Sus voceros se dedicaron a sembrar el odio de clases, en particular, entre la juventud que concurría a los colegios secundarios privados. Toda suerte de epítetos despectivos eran utilizados para referirse al pueblo bolivariano: eran los primeros síntomas de una confrontación clasista que se haría evidente en lo adelante.

A fines de 2001, la oposición se había planteado tomar la calle y, en cierta forma, lo había logrado. Las «mieles del poder», que en forma temprana hicieron su efecto sobre cierto sector de cuadros medios y de dirección del Movimiento V República (MVR), llevaron a que ésta descuidara la atención al pueblo bolivariano y en esa misma medida el plan oposicionista avanzaba.

Crisis política, golpe de Estado contrarrevolucionario, sabotaje petrolero y profundización de la Revolución

Alentada desde los Estados Unidos, España, Colombia y otros países, la conspiración cobró fuerza de forma vertiginosa. Su base de apoyo principal fue la llamada *meritocracia petrolera*. Las fuerzas bolivarianas enfrentaban una situación nueva. El fantasma de la guerra civil se paseó por toda la geografía nacional. La pequeña burguesía estableció su cuartel general en la Plaza Altamira, en Caracas, y el pueblo bolivariano cerró filas en torno al Palacio de Miraflores, con el lema: *no pasarán*. La guerra mediática había arribado a su clímax.

Entre finales de 2001 y mediados de 2003, la sociedad venezolana vivió la más aguda confrontación política de su historia reciente y, en medio de ella, sobrevino lo inevitable: *el reformismo clásico, que se había sumado al proceso en su momento de auge, comenzó a tomar distancia del mismo.* Primero, dieron «el salto de talanquera» los agentes directos de los grupos económicos, como Alfredo Peña, a los que seguirían oportunistas de vieja data enroscados en la dirección del Movimiento al Socialismo (MAS). Un dato curioso es que todavía el día del golpe de Estado (11 de abril de 2002), Luis Miquilena, la figura más simbólica del reformismo clásico al interior del proceso, aparecía formalmente como coordinador nacional del Movimiento V República, a pesar de que su traición era una especie de crónica anunciada.

Amén de las deserciones civiles y militares que se produjeron antes, durante y después de la lucha abierta entre revolución y contrarrevolución, que incluyó el golpe de Estado y el sabotaje petrolero, también pueden constatarse una serie de vacilaciones políticas que forman parte de eso que, según Lenin, diferencia a los revolucionarios de los reformistas: reconocer la existencia de la lucha de clases. Los ejemplos abundan. En realidad, la pugna entre posiciones revolucionarias y propuestas reformistas siempre ha estado presente en el proceso bolivariano, fenómeno poco advertido debido a que sucumbe frente al tremendo liderazgo del comandante Chávez.

La confrontación había dejado como primer saldo positivo que el proceso se depurara de Miquilena y de buena parte del miquilenismo, pero dejó otro no menos importante: que se pusiera a la orden del día el reclamo de saldar la tremenda deuda social que habían dejado los gobiernos de la democracia burguesa en Venezuela, lo que constituye un catalizador de los cambios que empiezan a modificar la estructura económica y social del país. La lucha contra la exclusión social pasó a ser la primera tarea del Gobierno Revolucionario.

La revolución social emprendió su camino heterodoxo. El Proyecto Barrio Adentro, destinado a llevar la atención médica a los barrios pobres de Caracas, se convirtió en la Misión Barrio Adentro y se extendió a escala nacional. Le siguió la creación de las numerosas *misiones* que batallan por la redención social y, aún más, a partir de la derrota del sabotaje petrolero, que le permitió al Gobierno Revolucionario establecer su control efectivo sobre la empresa PDVSA, se adoptó la crucial decisión de transferir parte de la ganancia petrolera al fomento de la economía social. Se abría pues, un momento de búsqueda creadora con el objetivo de construir un modelo de sociedad con especificidades nacidas de nuestra propia realidad. En ese momento se hace presente la invalorable solidaridad cubana, con un gran contingente de médicos, educadores, entrenadores deportivos y otros profesionales.

El Proyecto Nacional Simón Bolívar

El año 2006 fue muy importante en la definición de hacia dónde apuntan los cambios en Venezuela. La noción de socialismo, que históricamente había tenido en el país una aceptación inferior al 10%, fue ampliamente difundida, y pudiera afirmarse que estuvo en el centro de la campaña del presidente Chávez. Con esa consigna, se reeligió con una altísima votación (62,84%);[12] empero, habría que precisar que ese concepto de socialismo dista bastante del socialismo clásico, y que constituye, sin dudas, una propuesta innovadora, con una gran dosis de creación. Debido a que no existe tesis alguna que exponga, de forma explícita, las líneas centrales del socialismo venezolano para el siglo XXI, podríamos concluir que se trata de una propuesta en construcción.

Así las cosas, el documento fundamental —ampliamente difundido— que sirve de guía en la actualidad a la edificación de la Nueva República en la Venezuela Bolivariana es el Proyecto Nacional Simón Bolívar, conocido también como «Plan de Desarrollo Económico y Social de la Nación 2007-2013» o «Primer Plan Socialista». En él hay siete componentes o líneas estratégicas definidas, a saber: 1) La nueva ética socialista; 2) La suprema felicidad social; 3) La democracia protagónica revolucionaria; 4) El modelo productivo socialista; 5) La nueva geopolítica nacional; 6) Venezuela potencia energética mundial; y 7) La nueva geopolítica internacional.

Los logros

Transcurridos 10 años de aquel histórico momento cuando el movimiento bolivariano se convierte en gobierno, podemos mencionar un conjunto de aciertos calificados por su conductor con la frase «no es poca cosa»,[13] los cuales habría que sumar a tres hechos de inestimable importancia, a saber: 1) rescatar la dignidad del quehacer político; 2) darle vigencia y pertinencia a la idea de revolución en América Latina; y 3) reabrir la discusión del tema del socialismo en la región. En concreto, se ha logrado:

- Apoyados en las grandes reservas de combustibles fósiles con las que cuenta Venezuela, se viene construyendo un Proyecto Nacional sobre la base de la política de Plena Soberanía Petrolera, que no solo ha influido en los precios de la OPEP, sino que, en el ámbito interno, ha aumentado la regalía petrolera y, en general, la carga impositiva para la explotación y comercialización de dichos recursos, lo que redunda en un aumento exponencial del ingreso nacional.

- El compromiso del Estado Bolivariano de saldar la inmensa deuda social acumulada durante siglo y medio de vida republicana, en especial durante la segunda mitad del siglo XX, reclamó de éste la implementación de un audaz programa de misiones que ha cosechado resultados significativos. Además de las Misiones Educativas[14] y de las Misiones de Salud,[15] se desarrollan misiones que tienen que ver con devolverle la vista a miles de ciudadanos (Misión Milagro) y otras para rescatar a aquellos que se encuentran en la indigencia (como las Casas de la Alimentación y Negra Hipólita).

- La voluntad política de transferir parte del ingreso petrolero a la generación de la economía social se ha traducido en una serie de iniciativas para el desarrollo de una economía que construye su camino con una lógica distinta a la del capitalismo neoliberal. De ese esfuerzo son parte: las empresas de propiedad social, las empresas familiares, las empresas cooperativas, las empresas autogestionarias, las microempresas y los fundos zamoranos. La recuperación de fábricas quebradas por el neoliberalismo y su pase al control obrero es un signo inequívoco del espíritu de la Revolución.

- Los grandes esfuerzos por la transformación del agro desplegados por el proceso bolivariano apuntan, en una perspectiva estratégica, a la posibilidad de que la economía rentista venezolana se transforme a mediano plazo en una economía productiva. Las grandes empresas de producción socialista que en esta última etapa se desarrollan con apoyo del Ministerio del Poder Popular para la Agricultura y la Tierra apuntan a generar una agroindustria poderosa. Ello es parte de un esfuerzo sostenido de apoyo a la producción del campo, cuya recuperación muestra éxitos en rubros como arroz, girasol, maíz, entre otros. Un balance autocrítico arroja que los esfuerzos iniciales, basados en la cooperativización de la propiedad (fundos zamoranos), no mostraron los mismos resultados.

- A fin de potenciar las posibilidades naturales para el desarrollo del agro (poseemos gran cantidad de hectáreas de tierras súper fértiles, recursos hídricos abundantes, energía y recursos financieros) y de avanzar en la nueva geopolítica interna mediante nuevos ejes de poblamiento y crecimiento económico, el Estado Bolivariano ha efectuado un gran esfuerzo por desarrollar la infraestructura vial del país. Amén de las grandes autopistas que se han concluido y de la cantidad de carreteras repavimentadas, existe un plan ferroviario[16] que avanza sostenidamente y que permitirá en el futuro abaratar las comunicaciones y el transporte de los productos del campo venezolano y de los bienes manufacturados.

- La idea del poder popular —a pesar de las resistencias— empieza a materializarse en no pocos espacios de la vida nacional. Ello se facilita con los niveles de politización que ha alcanzado el pueblo venezolano en esta época de cambios profundos. Expresiones de este Poder Popular son: los consejos locales de planificación pública, los consejos comunales, las mesas técnicas y los gobiernos parroquiales.

- Hoy está en marcha un vasto plan para desterrar la idea de que la cultura es solo el privilegio de una élite. En un país donde la labor editorial era una especie de quijotada, ahora se registran cifras en extremo halagadoras. En efecto, por medio del Ministerio del Poder Popular para la Cultura se han publicado cerca de tres mil títulos, lo que redunda en millones de ejemplares que circulan de forma gratuita entre nuestra población. Este es uno de los componentes de la Misión Cultura, cuyo objetivo claro es elevar el nivel cultural de la población en su conjunto.

- Venezuela desarrolla una política exterior compleja, audaz e independiente, cuyos ejes son el apoyo a la multipolaridad y al proceso de unidad latinoamericana. De tales premisas surgen esfuerzos como adelantar la Alternativa Bolivariana para los Pueblos de Nuestra América (ALBA) o de profundizar relaciones con países como China, que contribuyan a la ruptura de más de un siglo de política exterior atada indisolublemente a las políticas hegemónicas de los Estados Unidos de Norteamérica.

- El triunfo de la Enmienda Constitucional, el 15 de febrero de 2009, abre posibilidades ciertas de continuidad al proceso que lidera Hugo Chávez, pero sin dudas estamos ante grandes reclamos de construcción en lo teórico, en lo político y en lo social para consolidar y potenciar las conquistas de nuestro pueblo en estos 10 años de transformaciones.

Las Comunas y el Estado Comunal

> La Comuna es una unidad que supone una dimensión territorial. Su conformación obedece a unos parámetros concertados entre varios Consejos Comunales que organizados y luego de un estudio territorial, deciden conformarse en Comuna.[17]

El 7 de diciembre de 2008, en su discurso en la Academia Militar de Venezuela y ante gobernadores y alcaldes recién electos, la Dirección Nacional del PSUV y todos los equipos de dirección regional, el presidente Chávez anunció: hemos entrado en la tercera etapa de la Revolución, la etapa de formación de las comunas y del Estado Comunal.[18]

Cierto es que, tal como señala el documento presentado para el estudio del PSUV, «no se pretende crear comunas por decretos...»; su puesta en marcha supone edificarlas sobre la base de un sólido desarrollo de los consejos comunales. Se impone entonces una revisión a fondo de cuál es la situación exacta de la construcción, vida y funcionamiento de dichos consejos. Y a este problema debemos agregar dos asuntos a tener en consideración: 1) ¿Cómo combinar el autogobierno de las comunidades con los grandes planes centralizados que contempla la puesta en marcha el Proyecto Nacional Simón Bolívar? 2) el actual estadio de la economía social ¿ha generado las condiciones para la implantación del socialismo?

En tal sentido, la historia de las revoluciones sociales es rica en ejemplos sobre la necesidad de fundir la voluntad política con las condiciones objetivas para el salto de una etapa a otra en la vida de las sociedades. Existe una especie de pre-requisito para que los avances cualitativos tengan visos de irreversibilidad y cuando hacemos esta reflexión no estamos pensando en un etapismo vulgar.

Limitaciones, carencias y desafíos

Más allá de que se esté impulsando la formación de un importante número de comunas, algunas de ellas con éxito, tal proceso tiene una serie de trabas y problemas que es preciso y posible resolver para marchar con éxito en su implementación y consolidación en el Estado Comunal y del socialismo en Venezuela. Los más significativos de esos problemas son:

- El Movimiento V República nunca tomó en serio la tarea de construir los consejos comunales, no solo por haber nacido y, en buena medida, estar concebido como un aparato electoral —esfera en que se desempeñó con mucha eficiencia, por cierto—, sino porque nunca tuvo entre sus preocupaciones establecer una correcta línea de trabajo social. De esta forma, la construcción de los consejos comunales se desarrolló como una política de Estado, organizada y dirigida por instituciones del Estado, a la cual, a decir verdad, el partido aportó muy poco.

- Debemos ser realistas. La situación de los consejos comunales no es la idónea para ser el soporte del Estado Comunal. Si tomásemos como ejemplo el Distrito Capital, donde de acuerdo al despliegue territorial y otras consideraciones debieron constituirse alrededor de 2 500 de dichos consejos, al momento cuando esto se escribe, solo se encuentran debidamente formados 857 y en proceso 156. Si a ello le sumamos que la oposición política (en especial Acción Democrática y Primero Justicia) se trazó una clara línea de penetración de estas estructuras y que al habérseles conferido funciones administrativas, se formaron muchos consejos comunales con el único propósito de administrar los recursos que el Estado transferiría a la comunidad, podemos concluir que resta todavía un fuerte trabajo de revisión y reeducación para arribar a poblar el mapa de la capital de verdaderos consejos comunales.

- Sigue siendo la propiedad privada de los medios de producción —a pesar del esfuerzo del Estado de fomentar la economía social—, la predominante en nuestra sociedad. Por eso la batalla por el fomento de la conciencia social es en extremo difícil; tengamos en cuenta, tal como señala Antonio Aponte en *Un Grano de Maíz*, el 23 de febrero de 2006, que: «Para una Revolución Socialista es vital sustituir la conciencia egoísta, propia del capitalismo, por la Conciencia Social propia del Socialismo. Para eso es necesario que la forma HEGEMÓNICA de propiedad sea la Propiedad Social de los medios de producción».

- Al haberse destinado buena parte de la transferencia de recursos (democratización de los recursos) al fomento de la pequeña propiedad privada, y a la propiedad privada cooperativizada, tal vez sin proponérnoslo se ha operado un proceso de crecimiento de la pequeña burguesía —de por sí numerosa en nuestra sociedad—, con la consiguiente presencia de sus valores culturales: el consumismo, el individualismo, el egoísmo y otros.

- También se han venido formando nuevos grupos económicos en el país, algunos de ellos a la sombra misma del proceso bolivariano. La presencia de estos factores en el aparato estatal es un obstáculo real para el avance de la revolución social, y ello debe ser objeto de un atento estudio.

- El haber arribado al gobierno por vía pacífica, mantenido el Estado de derecho y apego a la Constitución ha sido una limitante para salir del viejo aparato estatal burocrático. Estamos ante la necesidad inaplazable de construir una institucionalidad para la transformación social. Debemos convencernos de que no podremos construir el socialismo sobre la vieja institucionalidad.

- La penosa situación del movimiento obrero le impide objetivamente asumir algún papel de relevancia en la lucha para que la cultura del trabajo supere la cultura de la sociedad rentista.

- El problema del peso de lo mediático en la política y la cultura del mundo del siglo XXI, y la realidad incontrastable de poseer nuestro adversario histórico una poderosísima maquinaria mediática dentro y fuera del país, conlleva grandes dificultades para que arribemos a la hegemonía cultural. Por contrario, los grandes esfuerzos que se hacen chocan con el peso de la tradición y con un bombardeo transculturizador que compromete la conciencia de amplios sectores. La batalla por la conquista de la conciencia es la lucha más tenaz que tiene la revolución por delante.

La Revolución Bolivariana accedió al gobierno sin la existencia de un partido revolucionario *strictu sensu* presente en el escenario político venezolano. Ella ha transitado un importantísimo camino de reformas profundas y cambios que apuntan en sentido revolucionario a la construcción de una sociedad superior. Ahora bien, cuando las circunstancias históricas empujan a la edificación del socialismo, surge como una necesidad inaplazable la formación de un instrumento capaz de liderar una tarea de tal magnitud. En ese contexto, el 15 de diciembre de 2006, Hugo Chávez, luego del mayor de nuestros triunfos electorales, consideró llegado el momento de formar un gran Partido Socialista Unificado de Venezuela en el que convergieran todas las mujeres y los hombres que suscriben el proceso. No obstante, si hoy hiciésemos un balance, podríamos afirmar que el PSUV —al igual que el Movimiento V República— no es cosa distinta a un gigantesco aparato electoral y de movilización política. Aún hoy, no ha logrado contribuir significativamente a potenciar la voluntad colectiva para el cambio, poco ha incidido en la elaboración de las tesis políticas que deben guiar el proceso y tampoco ha asumido activamente la tarea de educación política de toda la población, a fin de que demos con éxito el salto a la sociedad poscapitalista.

Al haberse conformado básicamente desde el aparato estatal, el partido no se ha visto forzado a desarrollar una línea de trabajo social que le permita nutrirse del pueblo trabajador, extraer sus cuadros del seno mismo de la pobrecía urgida del cambio histórico y prepararse para todas las tareas que implica una revolución socialista. La pervivencia del reformismo, el oportunismo, el grupalismo, el burocratismo, el amiguismo y el nepotismo, sumado al electoralismo, configuran un cuadro peligroso para su desenvolvimiento futuro. La existencia, además, de concepciones que en el fondo no visualizan la importancia del partido político revolucionario, y que, en su defecto se puede conformar otro tipo de aparatos es, tal vez, la traba más seria para su desarrollo. *Dar la batalla en el campo de las ideas, también al interior del partido, es una tarea de primer orden para los revolucionarios.*

Asumimos la decisión de señalar esta serie de limitaciones, carencias y desafíos con las cuales tropieza hoy el rumbo al socialismo en Venezuela, porque estamos convencidos de que sin crítica no hay pensamiento revolucionario y solo desnudando la realidad tal cual es, podremos encontrar los correctivos para avanzar.

Una correcta caracterización

Debemos entonces admitir que un estudio atento, desprejuiciado, una radiografía de la estructura económico-social del país en la actualidad, nos llevaría a concluir que la implantación del Estado Comunal es aún un proceso en ciernes, de largo aliento, y que, por ahora, estamos en presencia de un sistema múltiple de propiedad, cuya caracterización más próxima sería de tránsito al socialismo,[19] y donde, además, el proceso de cambios será sometido en el futuro inmediato, a tal vez, las pruebas más decisivas a que se haya enfrentado hasta el presente, ello en gran medida determinado, tanto por la incidencia de las grandes contradicciones generadas por la crisis mundial del capitalismo, como por problemas inherentes a su propio desarrollo.

El proceso venezolano y la revolución continental

El otro tema que cruza transversalmente la histórica discusión entre reforma o revolución tiene que ver con: ¿es posible o no la revolución en un solo país? Al respecto debemos señalar que, sin ningún género de dudas, la Revolución Bolivariana rescató la pertinencia de la revolución en América Latina. Fue y sigue siendo el reencontrarse con la esperanza para los oprimidos y ofendidos de este continente.

Ahora bien, ese despertar de la conciencia latinoamericana enfrentaría su primer desafío al chocar con una propuesta que, desde la mal llamada Cumbre de las Américas (Miami, 1994), venía impulsando la potencia hegemónica en la región. Conocida como Área de Libre Comercio de las Américas (ALCA), era el plan mediante el cual los Estados Unidos, desde su arrogancia imperialista, aspiraban convertir el hemisferio, a más tardar para el año 2005, en una gigantesca área de «libre comercio» con lo cual asegurarían, para ellos, un mercado de alrededor de 500 millones de personas. Suponiendo de antemano que nuestros países, al igual que en el pasado reciente, se sujetarían a sus designios. Pero una serie de resistencias se fueron manifestando ante un acuerdo que significaba relaciones comerciales desiguales e injustas.

Pronto surgiría el ALBA desde una perspectiva radicalmente distinta, iniciativa que, en un brevísimo lapso de tiempo —menos de cinco años—, tiene una serie de realizaciones que han contribuido a acercar sensiblemente aquel viejo sueño del Libertador de que se uniesen las voluntades de este lado del mundo para buscar caminos propios en la escena universal.

Se trata de propuestas prácticas, posibles de alcanzar, que no implican transformaciones en la estructura económico-social del continente, pero que están llamadas a reducir una inmensa deuda social producida por el sistema de explotación y saqueo que nos ha dominado, y cuyos efectos padece la mayoría de nuestra población. En síntesis, el ALBA es,

> una propuesta para construir consensos para repensar los acuerdos de integración en función de alcanzar un desarrollo endógeno nacional y regional que erradique la pobreza, corrija las desigualdades sociales y asegure una creciente calidad de vida para los pueblos. La propuesta del ALBA se suma al despertar de la conciencia que se expresa en la emergencia de un nuevo liderazgo político, económico, social y militar en América Latina y El Caribe.[20]

Pero, América Latina sigue siendo un área en disputa. Los Estados Unidos no renunciarán tan fácilmente, máxime en estos momentos de tantas dificultades para ellos, a seguir manteniendo su hegemonía sobre la región y en gran medida sigue siendo la mejor posibilidad para que el imperialismo del Norte se reacomode. Esa es una de las tareas de Barack Obama. Pero, a la vez, América Latina está en la mira de los otros polos de desarrollo del capitalismo. Esto lo determina, no solo el tamaño de su mercado interno, considerado en su conjunto, sino el hecho importantísimo de ser uno de los principales reservorios de energía, agua y biodiversidad, todos tenidos como elementos estratégicos en las actuales condiciones del planeta. Por ello, las iniciativas que en ese sentido adelanta la Unión Europea, cuestión que hemos caracterizado en otras oportunidades en la forma siguiente:

> Los Tratados de Asociación Estratégica entre Europa y América Latina son parte de una política recolonizadora que hoy exhibe sus primeros pasos y frente a los cuales pareciera anduviésemos un tanto desprevenidos. Cabría acá una primera pregunta: ¿en qué se diferencian los Tratados de Libre Comercio que nos han querido imponer los estadounidenses con los llamados Tratados de Asociación Estratégica con la Europa?[21]

De tal forma, la lucha por la unidad de América Latina está cruzada por varias dificultades y contradicciones y aquí queremos introducir otro problema: ¿podrá desarrollarse, en las actuales circunstancias del capitalismo mundial, una lucha por la unión de nuestros pueblos separada de la lucha por el socialismo? O dicho de otro modo, ¿hasta dónde los esfuerzos unitarios no se verán entorpecidos por los distintos modelos de desarrollo que asuman estas sociedades? Esta no es una discusión subalterna, mucho menos si tomamos en cuenta la ola de cambios políticos que se han producido en este continente durante los últimos 10 años. Las rutas son distintas, al lado de regímenes tremendamente reaccionarios (como los de Colombia y Perú) se produce una serie de cambios políticos progresistas: unos se encaminan por la reforma y otros por la revolución. Esto se encuentra dialécticamente relacionado con el grado de desarrollo de la lucha social y la conciencia social en cada uno de nuestros países donde, por cierto, debemos advertir que los triunfos electorales no necesariamente corresponden con un mayor grado de desarrollo de los movimientos sociales, de la lucha social, de la conciencia social. Brasil es un ejemplo claro de ello: el movimiento obrero, el Movimiento Sin Tierra sufrieron un frenazo ante la expectativa reformista.

Otros problemas, no menos importantes, estarían referidos a que no habrá unidad verdadera de América del Sur con el Plan Colombia atravesado en el corazón de los Andes, ni con el paulatino poblamiento de bases militares imperialistas de que somos víctimas.[22]

En América Latina, pues, al lado de las tareas de unidad continental, están planteadas para los revolucionarios tareas de carácter socialista y su ejecución no debe recaer solo sobre los Estados donde se gestan procesos populares. Son tareas fundamentalmente para los partidos y movimientos revolucionarios en lucha. *La pertinencia de la creación de un movimiento continental bolivariano se hace evidente.*

Crisis y propuesta poscapitalista

Hoy todos coincidimos en que estamos ante una crisis profunda de la economía mundial (reformistas, revolucionarios e incluso la vocería de las clases dominantes); pero, obviamente, donde no hay acuerdo es en la caracterización de la crisis, en la lectura que se hace de la naturaleza de la crisis. Burgueses y reformistas se aprestan a buscar soluciones para salvar el sistema de explotación capitalista; por eso vimos entre otras (os) a Michelle Bachelet clamando por más dinero para el Fondo Monetario Internacional. No entienden o no quieren entender que se trata de una crisis estructural del sistema capitalista y que desde América Latina hay condiciones para buscar alternativas que se aparten de la lógica perversa del capital.

Frente a una crisis de la magnitud de la actual poco podrá hacer Barack Obama, quien por simpático que parezca, está alineado con quienes han provocado el desastre. Un total de 5 millones y tantos nuevos desempleados solo en los Estados Unidos, de 4,6 millones en España, de un millón en Colombia, son ejemplos de la catástrofe social generada por un sistema que ha agotado su capacidad de expansión.

Para nosotros de lo que se trata hoy, no es de salvar el capitalismo. Los grandes problemas de la humanidad en el presente no se resolverán bajo la óptica de los acuerdos tomados por el Grupo de los 20 en Londres, el jueves 2 de abril de 2008, porque como bien señala Itsván Mészáros,

> los intentos recientes de contrarrestar los síntomas de la crisis que se intensifican mediante la nacionalización cínicamente camuflada de las magnitudes astronómicas de la bancarrota capitalista, gracias a recursos del estado aún por inventar, no hacen más que realzar las determinaciones causales antagónicas hondamente arraigadas de la destructividad

del sistema del capital. Porque lo que está fundamentalmente en juego hoy no es simplemente una crisis financiera masiva, sino la potencial autodestrucción de la humanidad en esta coyuntura del desarrollo histórico, tanto militarmente como mediante la destrucción de la naturaleza en marcha.

A pesar de la manipulación concertada de las tasas de interés y las recientes Cumbres inoperantes de los países capitalistas dominantes, nada perdurable se ha logrado «sirviendo gigantescas porciones de dinero» en el agujero sin fondo del mercado financiero global «desplomado».[23]

En estas circunstancias, en Venezuela, el presidente Chávez señaló, en forma categórica, en el discurso donde anunciaba las medidas anticrisis (21 de marzo de 2009): «aquí llegó una Revolución y nosotros nos empezamos a desenganchar del tren de la muerte que es el capitalismo mundial», y, poco antes, frente a miles de compatriotas congregados frente al Balcón del Pueblo, momentos después de conocerse los resultados del referendo aprobatorio para la Enmienda Constitucional (15 de febrero de 2009), había apuntado en ese mismo sentido: «solo por el camino de la Revolución tendremos Patria y tendremos victoria para siempre, revolución socialista, democracia revolucionaria, democracia socialista, socialismo democrático». No debe caber duda, entonces, de que el discurso del comandante Chávez, a diferencia de propuestas reformistas, plantea sin ningún género de ambigüedades que vayamos a la *revolución socialista*. Ahora bien, ¿en qué punto nos encontramos para transitar ese camino? La sociedad venezolana, a diferencia de otras sociedades donde se han vivido experiencias socialistas, posee una gran masa de riqueza propiedad del Estado que bien puede socializar y, apoyándose en ella, crear la base material para la construcción del modelo poscapitalista. El problema sigue siendo que la acumulación de esa riqueza ha sido producto del modelo rentista y ella trae aparejada una herencia cultural que conspira contra el socialismo; surge entonces, como una condición *sine qua non* la necesidad de desarrollar una economía productiva socializada.

Para ello se necesita, además, superar lo que en líneas anteriores hemos denominado limitaciones, carencias y desafíos. Por lo demás, a pesar de que el Gobierno Revolucionario adoptó a tiempo una serie de medidas que nos permiten que la crisis no tenga los efectos devastadores de otros países y, particularmente, que su peso no recaiga sobre el pueblo trabajador que no la ha generado, debemos entender que la crisis no tiene un origen en causas endógenas de la sociedad venezolana, pero que sus efectos también nos golpearán severamente. La reducción drástica del ingreso petrolero así lo determina. Históricamente, crisis como ésta han dejado abiertas posibilidades de avance a las revoluciones sociales; pero también el sistema de dominación ha mostrado hasta la saciedad su capacidad de recomponerse, o lo que es aún peor, cuando no se han resuelto en sentido revolucionario, han sobrevenido tremendas contraofensivas reaccionarias. El surgimiento del fascismo en Europa fue un ejemplo claro de ello. De ahí la sabiduría con que los movimientos revolucionarios deben manejarse en situaciones como las que hoy vivimos.

Así las cosas, debemos tener presente que, seguramente, también entre nosotros, surgirán posiciones que acariciarán la idea de que es preferible pactar con la burguesía en medio de una crisis de la magnitud de la actual y, siendo ésta una oportunidad excepcional para poner sobre el debate la propuesta poscapitalista, con certeza, la histórica polémica reforma o revolución se hará de nuevo presente en las circunstancias de hoy. La historia no se detiene.

Notas

1. Han querido mis amigos Germán Rodas y Roberto Regalado que yo participe con unas notas, pensadas a partir de la experiencia venezolana, en una obra cuyo tema es el desenvolvimiento de la ancestral polémica del movimiento popular entre los cambios desarrollados bajo el signo de la reforma y, en contrapartida, los cambios de naturaleza revolucionaria, y sobre su expresión en las políticas hoy en puja en Nuestra América. Tras aceptar el reto, en este ensayo sometemos a debate algunas ideas en construcción.

2. Este tema ha sido trabajado por Alí Rodríguez Araque y Alberto Müller Rojas. Véase a Alí Rodríguez Araque: *Servir al pueblo (el desafío socialista)*, segunda edición, Plan de Publicaciones no. 5, Ediciones MIBAM, CONIBA, CVG e INGEOMIN, Caracas, 2007. Véase también a Alí Rodríguez Araque: *El proceso de privatización petrolera*, s/f y s/d; y a Alí Rodríguez Araque y Alberto Müller Rojas: *El socialismo venezolano y el partido que lo impulsará. Ideas para el diálogo y el debate*, Partido Socialista Unido de Venezuela, Ediciones Barrio Alerta, Caracas, 2008.

3. No existe un estudio serio de la estructura morfológica de las clases sociales en Venezuela en tiempos de la Revolución Bolivariana. Con anterioridad a este período histórico, se habían producido trabajos relevantes sobre el tema, entre los que figuran: *La formación de las clases sociales en Venezuela*, de Salvador de la Plaza (1964);

Las clases sociales y el Estado en Venezuela, de Sergio Aranda (1972); y *La aristocracia del dinero en Venezuela actual* (1945-1985), de Federico Brito Figueroa. También hay elementos para el estudio de este tema en la revista *Fuego* no. 4 y no. 5 (revista teórica del Partido de la Revolución Venezolana). Los estudios más antiguos sobre esta problemática son los de Carlos Irazábal, *Venezuela esclava y feudal* y *hacia la democracia.*

Conocer la actual estructura de clases de la sociedad venezolana es cuestión de primer orden para quienes tenemos planteada la profundización de la revolución en curso. ¿Qué cambios se han producido en dicha estructura en estos diez años de proceso bolivariano? Solo despejando este problema podríamos dar respuesta a eso que la sociología política llama «el sujeto histórico para el cambio». En efecto, hasta el presente, como es bien conocido, la Revolución Bolivariana descansa sobre la alianza cívico-militar, pero, ¿podrá realizar el tránsito al socialismo sin una caracterización de la naturaleza de las transformaciones que se han operado en el aparato productivo del país y de los consiguientes cambios en la estructura social? Pensamos que no, que nos arriesgamos a avanzar a ciegas, si nuestro partido no inicia una investigación a fondo destinada a superar las carencias que en materia de conocimiento tenemos en estos temas.

4. A esta descripción somera de las características del proletariado y las capas medias criollas habría que añadir que la misma deformación del capitalismo venezolano incrementó en los 40 años transcurridos entre 1958 y 1998 —democracia representativa (burguesa)— un lumpen proletariado, el cual pasó a ser un sector social numeroso, ubicado principalmente alrededor de las grandes ciudades. El proceso bolivariano libra una seria lucha contra la exclusión social con el propósito de modificar esta situación. A la vez, durante aquellos mismos 40 años, se fue formando una relativamente numerosa lumpen-burguesía, cuya acumulación originaria podríamos calificar, parafraseando a Federico Brito Figueroa, como acumulación delictiva de capitales. Ha surgido esta fracción burguesa de varias vertientes, entre las que sobresalen el narcotráfico y el saqueo de las finanzas públicas.

5. Las tres raíces que representan los fundamentos ideológicos de la Revolución Bolivariana son: 1) la raíz robinsoniana, que rescata elementos del pensamiento de Simón Rodríguez, maestro de Simón Bolívar, quien concibió una propuesta societal para las nuevas repúblicas de Indoamérica; 2) la raíz bolivariana, que toma el núcleo central de las ideas del Libertador (Independencia, Soberanía, Redención Social y Unidad Continental); 3) la raíz zamorana, símbolo de las luchas del campesinado venezolano en tiempos de Ezequiel Zamora, cuyo lema fue: ¡Tierras y hombres libres!

6. El comandante Hugo Chávez, líder del proceso bolivariano ha dicho que una revolución tiene que ser algo muy práctico, que uno de los errores en los que cayeron muchos intentos revolucionarios, en los siglos que han pasado, es que se quedaron muchas veces en lo teórico, es decir, que había en ellos mucha elaboración teórica pero poca práctica. Añade que se requiere un gran esfuerzo dialéctico de teoría y praxis, y que es la praxis definitivamente la que hace o no hace una revolución, que es la praxis transformadora la que cambia una realidad, la que torna una situación en otra. Dando por cierta esta afirmación, habría que precisar que, en el caso venezolano, más bien la izquierda realizó poca elaboración teórica basada en el estudio de nuestra realidad, y que además en nuestro pueblo ha existido un cierto desprecio

histórico por la teoría y poco interés por el estudio y la investigación científica para apoyar las decisiones políticas, lo cual ha devenido una especie de culto al pragmatismo, al espontaneismo y a la improvisación. Esta característica ha sido común a los partidos políticos del siglo XIX —tal como lo describe Gil Fortoul en su tesis doctoral— y a los del siglo XX. Su superación sigue siendo una necesidad en el siglo XXI.

7.   Veamos como describe Roberto Regalado el camino de la reforma social progresista: «La reforma social progresista en política es una estrategia que procura la transformación de uno u otro aspecto del orden social imperante, o de ese orden en su totalidad, sin destruir o revolucionar sus fundamentos, ni atentar contra las relaciones de poder existentes. En el caso del movimiento obrero y socialista, el reformismo se expresa como negación de la lucha de clases y la revolución social, a favor de la colaboración entre las clases en aras de convertir el capitalismo en una sociedad de bienestar y justicia social.» Roberto Regalado: *Historia del debate ¿Reforma o Revolución?*, Ocean Sur, México D. F., 2009., p. 9.

8.   Rosa Luxemburgo: "Introducción" a «¿Reforma social o Revolución?», *Obras Escogidas*, t. 1, Editorial Pluma, Bogotá, 1976, pp. 102-103.

9.   Se designa con el nombre de IV República al período de la historia política venezolana que abarca desde el fin de la Gran Colombia —iniciativa grannacional creada por el Libertador Simón Bolívar— hasta 1998, año en que Hugo Chávez fue electo presidente de Venezuela, y que constituye el punto de partida del actual proceso político que se desarrolla en ese país.

10.   El Decreto 1 011, que establece la supervisión integral de todos los planteles educacionales venezolanos (públicos y privados), desató la protesta de los dueños de centros de enseñanza privados, muchos de ellos de carácter religioso, que durante los últimos tiempos de la Vieja República habían desplazado en gran medida la educación pública.

11.   De todas las leyes habilitantes, fue la Ley de Tierras una de las que más provocó la reacción oposicionista de la oligarquía terrateniente, ya que ella suponía la necesidad de mantener productivas aquellas extensiones superiores a 5 000 hectáreas de terreno, a riesgo de ser intervenidas por el Estado en caso de permanecer incultas. También la Ley de Pesca y Recursos Acuíferos fue un duro golpe para los sectores burgueses.

12.   La contundente victoria del presidente Chávez en las elecciones de diciembre de 2006, mediante la cual la Revolución Bolivariana garantizaba su continuidad, por la vía electoral, durante seis años (2007-2013), supuso plantearse dos retos: 1) reformar la Constitución de 1999, para desbrozarla del articulado que la ata al senil carro del capitalismo; y 2) construir el instrumento político que vertebrase la construcción del modelo poscapitalista. Esa reforma constitucional fue derrotada y, hasta el momento de escribir este ensayo, no conocemos que exista documento alguno que dé cuenta de las causas de esa derrota, que haga un análisis autocrítico de por qué, de 7 millones de votos obtenidos en diciembre de 2006, descendimos en cerca de 3 millones, caída que condujo a la pérdida de ese referéndum. Para muchos, fue la primera derrota electoral sufrida por el proceso bolivariano; olvidan, por ejemplo, que ya habíamos sido derrotados cuando intentamos desplazar al sindicalismo amarillo mediante un referéndum anterior. Por otra parte, ese resultado expresó

el descuido, de una parte de la burocracia estatal, en la aplicación de las políticas sociales de la Revolución, hecho que redundó en la desmovilización de una buena porción del pueblo trabajador. Pretender que se debe priorizar solo el ofrecimiento de más prebendas y beneficios para la pequeña burguesía, es parte del pensamiento reformista que se recrea y mimetiza al interior del proceso.

13. Hugo Chávez: *Informe Anual*, 11 de enero de 2008.

14. «Las misiones educativas Robinson I y Robinson II, la Misión Ribas, y las misiones Che Guevara y Vuelvan Caras Jóvenes, graduaron hasta diciembre de 2008, a 3 430 999 personas de diferentes edades. La Misión Robinson I ha graduado a más de 1,6 millones de mujeres y hombres, los cuales lograron aprender a leer y escribir. Con ello, a finales del año 2005, la UNESCO reconoció los esfuerzos del gobierno de Venezuela para erradicar el analfabetismo. En las misiones educativas, actualmente están estudiando 1 433 807 personas. En 1998, había 668 109 alumnos/as matriculados en educación superior. Desde la llegada del Gobierno Bolivariano, esta cifra se incrementó, para el año 2007, a 2 135 146 alumnos/as». Hugo Chávez: *Memoria y Cuenta 2008*.

15. Las misiones de salud arrojan los siguientes resultados: «106 000 vidas ha salvado Barrio Adentro, acorde con la visión humanista de la salud en Venezuela. Se han realizado más de 328 millones de consultas en los módulos de atención primaria y centros especializados. En 1999 se registró una tasa de mortalidad infantil de 19 por cada mil nacidos vivos, la cual se redujo en 2007 a 13,7 por cada mil nacidos vivos. Esta reducción es el resultado de la profundización de la lactancia materna, el abastecimiento alimentario y en general de la disminución de la pobreza. Todo ello reforzado por la Misión Barrio Adentro. El número de personas atendidas con terapias antirretroviral en el país ascendió de 1 059 en 1999 a 25 657 en 2008. Hasta este último año, se había creado un total de 11 200 Comités de Salud. El incremento de las consultas de la Misión Barrio Adentro I, ha sido constante desde su creación y puesta en marcha. Para el año 2003, hubo 9,1millones de consultas, para el mes de diciembre de 2008, las consultas acumuladas han llegado a 328,4 millones [...] El número de casos de emergencia atendidos en los Centros de Diagnóstico Integral (CDI), asciende para septiembre de 2008, a 23 270 171. Las actividades desarrolladas en los CDI, ha permitido salvar 587 024 vidas, realizar 209 017 655 exámenes especializados, y atender 10 978 979 casos por vía de consulta externa. En las Salas de Rehabilitación Integral (SRI), se han realizado 4 988 759 consultas, aplicándose más de 197 millones de tratamientos, incorporando medicina natural y tradicional en 8 983 723 de casos. En 23 Centros de Alta Tecnología (CAT), se han realizado 9 965 487 exámenes de alta complejidad médica. Tipos de Centros Construidos: Consultorios Populares: 6 462, Centros de Diagnóstico Integral (CDI): 464, Salas de Rehabilitación Integral (SRI): 542, Centros de Alta Tecnología (CAT) 23. Para un total de 7491 centros». Hugo Chávez: Ibidem.

16. Con anterioridad Venezuela conoció de dos planes ferroviarios. El primero en el siglo XIX, con Guzmán Blanco, que alcanzó a desarrollar un tramo que unía los Andes al lago de Maracaibo y otro que comunicaba a Caracas al Puerto de la Guaira. Ese plan se paralizaría con la salida de Guzmán del poder, luego vendría la omnipresente cultura del automóvil impuesta por el imperialismo norteamericano. El otro plan ferroviario, el del siglo XX lo concibió Pérez Jiménez y dejó concluido

el tramo Puerto Cabello-Barquisimeto. Se trunca este plan al caer la dictadura militar.

17. Hugo Chávez: tesis presentada para consideración del Taller de Formación el 7 de diciembre de 2008.

18. En el trabajo «La Revolución Bolivariana: una creación heroica» que presentamos ante el Foro Social de Quebec (agosto de 2007) habíamos señalado que: «tal vez la cercanía de los acontecimientos no le ha permitido a los estudiosos, hasta la fecha, establecer una periodización de la Revolución Bolivariana». Hoy, la situación es diferente; el propio comandante Chávez ha propuesto dividir el proceso político actual en tres etapas, a saber: 1) la que se inicia con el estallido social (27/2/1989) y rebelión militar (4/2/1992) hasta el 2 de febrero de 1999, cuando asume el gobierno bolivariano; 2) desde ese momento hasta ahora; y 3) la que se inicia en diciembre de 2008, etapa de las comunas y el Estado Comunal. Esta periodización no discrimina momentos distintos en la etapa de nuestro gobierno; sin embargo, nos atrevemos a decir que hubo un momento de revolución política y otro posterior al golpe de Estado, cuando se inicia la revolución propiamente. Con otras palabras, está claro que se pueden ubicar dos momentos distintos en lo que ha transcurrido de proceso: 1) momento de la Constituyente; 2) momento del inicio de los cambios estructurales.

19. Sobre la complejidad de la transición, Antonio Aponte señala: «Si no comprendemos que la fase de transición al Socialismo, es una etapa que reclama utilizar bien todo el acervo del pensamiento revolucionario para producir la teoría de la transición y que esta fase de la transición es más difícil que la fase de toma del poder, si no recordamos una vez más que una Revolución tendrá la fuerza y la calidad de las ideas que la sustentan, si no recordamos todo esto y actuamos en consecuencia, estamos destinados a ser pasto de la derrota » Antonio Aponte: *Un Grano de Maíz*, Caracas, 27 de marzo de 2007.

20. Tomado de (www.alternativabolivariana.org).

21. Amílcar Figueroa: «La expansión del imperialismo europeo apunta también hacia América Latina», *Política Exterior y Soberanía* no. 8, Año III, pp.73-74.

22. Véase a Luís Antonio Bigott: *Estrategia de los EEUU para América Latina* (documentos de Santa Fe y Plan Colombia).

23. István Mészáros: *Crisis en desarrollo y la pertinencia de Marx*, Oficina de Comunicación y Relaciones Institucionales, División de Publicaciones, Caracas, 2008, p. 18.

Revolución, no reforma: alternativa a regímenes regresivos

Jaime Caycedo*

La discusión sobre reformas en lugar de revolución caracterizó los debates de la II Internacional. Ese debate fue y seguirá siendo válido en el contexto general de las luchas populares por el socialismo.

Las contrarreformas de la globalización modificaron el capitalismo contemporáneo mundializado. El neocapitalismo ultraliberal y sus formas ideológicas neoconservadoras crearon las condiciones para un tipo de reformismo enfocado a fortalecer hasta grados salvajes la explotación capitalista y el predominio del capital. Ha sido y es un reformismo contra los trabajadores. Su contenido apunta en sentido contrario a los cambios que inspiraban el reformismo socialdemócrata. El neocapitalismo ha intentado crear un modelo de sociedad utópica, dominada por las desigualdades que imponen el mercado y el monopolio del capital transnacional sobre las condiciones materiales de la producción. Como no puede dejar de contar con la clase trabajadora, ha interpuesto nuevos modos de enajenación entre los productores directos y los medios de producción, y entre aquellos y el producto de su trabajo. Este modelo social ha sido estimulado y financiado por los organismos multilaterales de crédito, a cuya cabeza se encuentra el Banco Mundial. Algunos de sus principales propósitos han quedado plasmados en los Objetivos del Milenio, en un arranque por darle rostro o apariencia social a las transformaciones provocadas desde el progreso científico técnico y el poderío tecno-militar, en especial el estadounidense.

---

* Secretario General del Partido Comunista Colombiano (PCC), miembro del Comité Ejecutivo del Polo Democrático Alternativo (PDA) y profesor de la Universidad Nacional de Colombia.

El propósito de este reformismo es hundir toda posibilidad de revolución. La guerra, las invasiones militares y el sostenimiento de conflictos contrainsurgentes han sido algunas de las modalidades de acción. Busca hacer aceptable la pobreza, camuflarla, hacerla duradera mediante políticas públicas focalizadas en sectores depauperados a los que se ofrecen limosnas. Un ambiente social dominado por el terror, el miedo, la desconfianza a los cambios, la discriminación ideológico-política y la supresión de las alternativas socialistas, hacen parte de su metodología.

En el plano de la consciencia este capitalismo ha ido perdiendo sus nexos con los valores e ideas humanistas que inspiraron el mundo moderno. El enfoque neoliberal logró introducir la noción de desigualdad como un dato natural y, en cierta manera, necesario de la organización social. La existencia de capas sociales excluidas del mercado y de las condiciones de una vida digna, los trabajadores en desempleo o subempleo —como productores sobrantes permanentes—, la conversión de todos los medios de satisfacer las necesidades humanas y hasta la vida misma en mercancía, inducen nuevas formas de enajenación. El mundo de las cosas se implanta como estructura dominante en la organización social e impone con una «naturalidad» escalofriante las peores discriminaciones.

El escenario social así creado tiende a modelar seres humanos desprovistos de sensibilidad y espíritu solidario. El egoísmo, el pragmatismo, se instalan como modelos de conducta predominantes. El Estado existe para reforzar este sistema, para agregar nuevas formas de privilegios, para enriquecer a los más ricos en muchas ocasiones a costa de empobrecer a los pobres. Este mundo es la concreción real del llamado fin de la historia, del que se dijo era la culminación de todo un proceso de civilización sin alternativas, sin opciones de cambio. Se supone que es una sociedad donde está ausente todo sentido de solidaridad, de fraternidad, de igualdad, donde la libertad existe para unos pocos, donde las brechas sociales se ahondan. Se encuentra en las antípodas de la idea de la sociedad comunista.

Surge la pregunta: ¿cómo puede ser posible desmontar esta sociedad y el tipo de Estado que existe en ella? ¿Puede la idea reformista acoplarse a los ritmos, las limitaciones, las enajenaciones que este desarrollo social ha creado? Por lo menos, no es perceptible esta posibilidad de un desarrollo paulatino, espontáneamente evolutivo, que conduzca al comunismo, vía una transición socialista. Puede ser, no obstante, que, como ocurre actualmente en varios países de América Latina, la fuerza de algunos cambios sociopolíticos logre darle otro sentido a las reformas e irlas constituyendo en baluartes de un proceso de evoluciones distinto, enfocado a las transformaciones revolucionarias.

Sugerimos como hipótesis la validez de la dicotomía «reforma o revolución», planteada hace más de un siglo por Rosa Luxemburgo, con la característica de que la contrarrevolución neoliberal, presentada por sus ideólogos como un gran cambio avanzado deja, en medio de su crisis, un espacio en el que juegan alternativas de gobiernos con propuestas reformadoras y, al mismo tiempo, grandes acciones de masas reclaman profundas reformas sociales en conjunción con la creación de nuevas formas de democracia y de poder popular que pueden abrir vías diversas y creadoras de transición a la sociedad comunista.

Examinaremos someramente el capitalismo mundializado y su crisis actual. El caso colombiano bajo el gobierno de Uribe. Enseguida veremos en las experiencias de procesos democráticos en América Latina, y los esfuerzos por superar las variantes democrático nacionalistas y dar paso al socialismo.

Una pregunta pertinente

¿Cómo se explica la existencia de un régimen como el de Álvaro Uribe, que conjuga los elementos de una fuerte adhesión a la política más retrógrada del Pentágono, a saber, la «guerra infinita antiterrorista» y la «guerra preventiva», con la mayor complicidad con la producción y exportación de narcóticos, sus agentes y sus formaciones paramilitares, con la más desenfrenada alianza estratégica con los intereses del gran capital transnacional, y con una política interior de represión autoritaria, de descalificación de la oposición y de reducción de las contradicciones sociales al referente de una guerra civil no reconocida como tal?

A modo de notación explicativa, nos permitimos adelantar algunos elementos de reflexión. Intentamos alejarnos de los lugares comunes que se han puesto en el debate crítico sobre la situación de Colombia. Ante todo, observamos que muchos de los intentos explicativos eluden una discusión a partir de aspectos estructurales, cuya presencia y papel activo son, sin embargo, evidentes. Varios de estos aspectos hacen relación a factores objetivos. El factor subjetivo, desde la dominación, desempeña, sin duda, un papel fuerte y conductor.

Me explico. La crisis de estructura, que se manifiesta en la agudización de la lucha de clases, la deformación del desarrollo económico por la extrema dependencia del imperialismo y la pervivencia de un modo de acumulación que integra la coacción extraeconómica violenta con formas extremas de expoliación de los productores directos, en el marco de un formato democrático-republicano, se muestra como un entrecruzamiento de procesos de crisis que coexisten, interactúan y se retroalimentan unos con otros. Tales procesos críticos estructurales le marcan una fisonomía propia a la situación particular de Colombia.

El primero es económico y social, con la inmensa deuda social acumulada y represada por la imposición autoritaria y relativamente tardía en el país de las políticas neoliberales del Banco Mundial. Al mismo tiempo que crecen el desempleo, la tercerización y la precarización del trabajo y del salario, en el nuevo contexto de la crisis mundial, el régimen recurre al mismo modelo, con todas sus consecuencias en el crecimiento de las desigualdades.

El segundo es la guerra civil, encubierta en un formato de guerra contrainsurgente y de acción antinarcóticos, estimulada, perpetuada y atizada por el Plan Colombia y sus diversas formas de aplicación. El intervencionismo externo es el verdadero contenido de la alianza estratégica político-militar con los Estados Unidos. Es dicha alianza la que ha hecho posible la institucionalización de la guerra civil como política permanente del Estado.

El tercer proceso crítico estructural es la crisis misma del Estado, común a fenómenos semejantes en América Latina y otras latitudes, pero caracterizada en la situación colombiana por el copamiento paramilitar del Estado, como una inserción fascista de gobernanza que combina el ejercicio de la guerra y su relación con la represión, de una parte, con la conducción de los aparatos partidistas en el reparto y usufructo del botín burocrático, de otra. La alianza del cuadro político emergente que lidera este copamiento con los aparatos político-militares paramilitares, en estrecho nexo con las fuerzas armadas estatales tomó la forma de una modalidad del «golpe de

Estado», en cuanto fue el resultado de un plan (pacto de Santa Fe de Ralito, 2001), de una medida de fuerza, representada por la coacción paramilitar sobre los electores y el fraude electoral manifiesto. Desde este enfoque la «popularidad» de Uribe en las encuestas es un fenómeno sobreviniente, no una premisa de su ascensión al poder.

Capitalismo criminal y *paraestado*

En la consideración que adelantamos, son muy sugestivas las reflexiones de Jairo Estrada y otros en torno al *capitalismo criminal*[1] y su relación con el denominado *paraestado*[2] que analizan Palacio y otros. Para Estrada, lo que se observa en las últimas décadas en Colombia «es una profunda reorganización del proceso de acumulación capitalista»,[3] mediante la producción de una nueva espacialidad que conlleva formas de acumulación por desposesión[4] y un nuevo trato violento a los trabajadores. «El *paraestado* —señala Palacio—, ha propiciado una profunda transformación (violenta) de las relaciones de propiedad y ha incidido sobre la redefinición de las relaciones entre el capital y el trabajo, también recurriendo al ejercicio de la violencia».[5]

Si el paraestado no es reductible al Estado paramilitar, si encuentra su explicación en el complejo de dificultades de la contrainsurgencia, y si representa una forma (ilegal y mafiosa) de extensión del Estado, una excrecencia flexible del régimen, desde la legalidad formal hacia un campo clandestino de ejercicio extra legal de su papel de clase, podría conjeturarse que no se trata de una invención exclusivamente mafiosa, sino de un desarrollo incontrolado del modelo de Estado contrainsurgente concebido originalmente por los teóricos estadounidenses dentro de las estrategias de contención anticomunista. El modelo histórico colombiano, originalmente fruto de la *paz bipartidista* de finales de los años cincuenta, pudo así evolucionar hacia una forma actualizada (anticomunista, antinarcóticos, antiterrorista), insertada en la transnacionalización neoliberal, que intenta en su versión actual *traducir* su guerra civil en términos de guerra continental intervencionista como modo de contención de los cambios progresistas en América Latina y el Caribe.

Lo nuevo aportado por esta última versión es el poderoso aparato ideológico erigido en torno de la contrainsurgencia y su capacidad de conjugar los métodos del terror con la promesa de una paz entendida como predominio de la seguridad y expectativa de la victoria militar del Estado; prosperidad económica, como apertura sin condiciones a la inversión extranjera; y cohesión social, como asistencialismo focalizado en franjas masivas de votantes pobres. Este proyecto, en el nuevo contexto latinoamericano, exige permanencia y concentración autoritaria del poder. Siete años de ejercicio muestran que está lejos de haber alcanzado sus propósitos.

El prospecto de las contrarreformas para el largo plazo

Los dos gobiernos de Álvaro Uribe Vélez (2002-2006 y 2006-2010) han planteado un proyecto político que se aleja del rumbo latinoamericano predominante en la hora actual. En efecto, en el continente han tomado forma procesos democráticos de construcción y consolidación de gobiernos con orientación de izquierda, crecientes luchas sociales con incidencia en las nuevas formas de gobierno, procesos de unidad de las fuerzas populares que plantean nuevas opciones de poder. En general, estas experiencias variadas provenían de los momentos críticos del modelo neoliberal y de desmarcaciones frente al Consenso de Washington que, en algunos casos, lograron emprender alternativas en instancias locales durante el auge de la ortodoxia neoliberal, para luego ofrecer alternativas sociales en el ámbito nacional. La separación de Colombia del rumbo latinoamericano, ha puesto de bulto el predominio de un espíritu de *contrarreforma* que conserva y acentúa los niveles social y económico de desigualdad, que se proyecta en una política autoritaria que intenta contener la crisis con improvisadas medidas de apoyo a los más ricos, con privilegios y exenciones, con protección e impunidad a sus favorecidos más corruptos, y con el desconocimiento de los derechos de los trabajadores.

En sentido estricto, el neoliberalismo no puede ser reformista. No intenta hacer un tránsito al socialismo, sino demostrar que el socialismo y su concepción igualitarista son imposibles, «antinaturales», siendo la desigualdad lo «natural». Más vale, el neoliberalismo en cuanto modificaciones sociales e institucionales es contrarreformista, y bien puede ser asociado, en ciertos casos, a una contrarrevolución, en el sentido de provocar cambios políticos que desmontan políticas sociales, que destruyen derechos adquiridos en la lucha por los trabajadores, que retornan (o pretenden hacerlo) a una sociedad anterior a las conquistas sociales democráticas. El autoritarismo se utiliza para crear una forma de Estado que delega poderes en los aparatos ideológicos que rigen la economía según las reglas del mercado, con lo que se despoja a la sociedad, a los trabajadores y al pueblo en general de su capacidad de incidir en el control social.

Una contrarrevolución no es, necesariamente, resultado de un «golpe de Estado» de corte tradicional. El procedimiento traduce más vale un copamiento del Estado desde adentro por los aparatos ideológicos del militarismo-fascismo y del complejo financiero-transnacional asociado al narcocapitalismo y el capitalismo criminal. Podría quizás examinarse como una forma de contrarrevolución «pasiva», parafraseando a contrario la figura gramsciana de «revolución pasiva». En este caso, las medidas de contrarreforma en lo laboral y en la propiedad privada, las modalidades de represión, persecución, amedrentamiento y amenaza, los actos de autoridad, asociados a la lucha de clases, se acompañan de cambios en las instituciones y en la imposición al Estado de un proyecto que pretende, preventivamente, la destrucción de la revolución *in ovo*.

En Colombia, no es la primera vez que un proceso semejante intenta el aplastamiento de todo vestigio de resistencia y de lucha revolucionaria. Los casos analizables históricamente han denotado momentos, no de auge de la lucha del pueblo, sino de repliegue y dispersión de las fuerzas populares: 1902, tras la derrota insurgente en la guerra civil; 1948, tras el asesinato de Gaitán y la violenta represión ulterior; 2002, con la crisis del proceso de paz y la llegada al gobierno de Uribe.

El dilema reforma o revolución solo puede ser enfocado desde un punto de vista «clásico», es decir, en la idea de un tránsito al socialismo sin revolución. Con otras palabras, sin un cambio sustantivo de clases en el poder, sin la construcción de un nuevo poder social y político, sin un contenido transformador de las reformas necesarias. Sin duda, éste no ha sido, en absoluto, el problema en el caso de los gobiernos de Uribe. Aquí el planteamiento debe responder a las preguntas: ¿Cómo un régimen de espíritu contrarreformista y contrarrevolucionario pudo asentarse en el país? ¿Cuáles han sido sus medidas con efectos más agresivos? ¿Desde que enfoques plantearse el tema reforma o revolución en el marco de un cambio y una transición democráticos?

El gobierno de Uribe preparó su primera reelección sobre la base del documento llamado *2019, Visión Colombia II Centenario*, en alusión a la efemérides recordatoria del bicentenario de la independencia nacional y a la vez en previsión de un plan de largo plazo de doble propósito que busca: fijar los derroteros concebidos de su proyecto de Estado comunitario y darle un marco programático a sus pretensiones reeleccionistas.

La propuesta Colombia 2019 se constituye en una herramienta que establece claras relaciones entre el proyecto político de la seguridad democrática y la defensa del neoliberalismo económico, al tiempo que intenta dar sustento a una idea de segunda independencia de la nación, entendida como el real sentido de la derrota de la insurgencia, en el marco de la celebración del bicentenario de la independencia; por último, ofrece un enfoque de política social que se compagina con el cumplimiento de los Objetivos del Milenio, del Banco Mundial y de metas del milenio para Colombia que se reconocen como un *acuerdo de mínimos*. Al tratarse de un documento significativo, que guía las políticas sociales hasta el año 2019, ensayamos un análisis del mismo, con juicio crítico sobre el carácter estático de la política económica en el que se fundamenta y, al mismo tiempo, sobre los elementos de contrarreforma política que propone. Lo resumen sus puntos de partida:

> Dos principios, considerados como ideales éticos: consolidar un modelo político profundamente democrático, sustentado en los principios de libertad, tolerancia, y fraternidad; [...] afianzar un modelo socioeconómico sin exclusiones, basado en la igualdad de oportunidades y con un Estado garante de la equidad social.[6]

Modelo socioeconómico 2019: neoliberalismo estático

La propuesta *2019, Visión Colombia II Centenario*, dada a conocer en 2005, parte de caracterizar al país, geográfica y sociopolíticamente, colocando tres lugares como los que determinan una propuesta de desarrollo nacional: en primer lugar, un mundo en transformación, donde el país está a la par con la expansión económica mundial, con un crecimiento económico sin precedentes; seguido de un territorio privilegiado a partir de su posición geográfica y variedad de producciones; y, por último, una población en transición, donde hay un cambio demográfico hacia un país de ciudades con una población de mayor edad en promedio. Estos tres lugares, que determinarían a la nación colombiana, son los que propician la construcción de cuatro objetivos sociales para la consecución de la Colombia 2019.

El *primero de estos objetivos* aparentemente tiene un posicionamiento en la consolidación del bienestar social. Se denomina «Economía que garantice un mayor nivel de bienestar». «Este objetivo se desarrolla a través de ocho estrategias, a saber:

a) consolidar una estrategia de crecimiento;

b) afianzar la consistencia macroeconómica;

c) desarrollar un modelo empresarial competitivo;

d) aprovechar las potencialidades del campo;

e) aprovechar los recursos marítimos;

f) generar una infraestructura adecuada para el desarrollo;

g) asegurar una estrategia de desarrollo sostenible; y,

h) fundamentar el crecimiento en el desarrollo científico y tecnológico».[7]

En este último punto se propone sustentar una producción competitiva, a través de la explotación de los recursos naturales y la construcción de infraestructuras eficientes para un modelo económico de exportación, donde a la vez hay un cambio de las materias primas exportables.

El *segundo objetivo* del plan se inscribe en el marco de la política social para 2019, aceptando algunas correcciones aconsejadas por la crisis del Consenso de Washington, ya que no es posible que el mercado realice funciones que le competen al Estado y que podrían afectar la estabilidad que supuestamente representa el «libre mercado». Este objetivo se denomina «Una sociedad más igualitaria y solidaria». Así, «... Colombia en el 2019 deberá haber logrado una drástica reducción de la pobreza y un avance decisivo en términos de equidad, entendida ésta fundamentalmente como igualdad de oportunidades. Se parte del principio de que para lograr este objetivo el Estado debe actuar: el mercado no solo no opera en muchas áreas, sino que en otras donde lo hace tiene fallas, [...] Este objetivo se desarrolla con tres estrategias:

a) cerrar las brechas sociales y regionales;

b) construir ciudades amables;

c) forjar una cultura para la convivencia».[8]

Un conjunto de acciones se encaminan a alcanzar estas metas. En el caso del primero y el segundo se busca un aumento de la eficiencia del gasto social y la mejora en su focalización. Para el último se prevé la creación de un sistema de información que permita la evaluación de las políticas culturales.

El contenido de estos dos objetivos plasmaría la visión económica del proyecto, pero no significa un cambio con la política económica de los dos gobiernos de Uribe desde 2002.

> La agenda económica del presidente Uribe estuvo centrada en dos ejes fundamentales: una macropolítica de la multilateralización de las relaciones comerciales con otros países y bloques comerciales; y una micropolítica interna relacionada con la aplicación de medidas de ajuste y estabilización económica emanadas de la suscripción de acuerdos financieros condicionados con entidades multilaterales de crédito.[9]

Esto implica la apertura a la inversión internacional junto a la austeridad fiscal para el gasto público, entre el que se encuentran las políticas sociales. En estas circunstancias:

> El plan 2019 se basa en las mismas prioridades que han dominado los planes de desarrollo de los últimos veinte años y, en buena medida, se sintetizan en el Consenso de Washington. Entre ellas se destacan la

austeridad fiscal y monetaria, el motor de crecimiento del comercio y las políticas sociales de corte asistencialista.[10]

El plan *2019, Visión Colombia II Centenario* o Plan 2019, se constituye como la agenda para la definición de políticas publicas en el año 2005, momento en el que se hacia necesario un balance del gobierno 2002-2006 para dar lugar a la reelección presidencial. De igual forma en este momento se da la discusión en torno a las metas y objetivos del milenio.

Como lo señala un informe sobre estas metas y objetivos,

> ...la Declaración del Milenio firmada por Colombia en el año 2000 junto con los demás países miembros de las Naciones Unidas, y sus ocho objetivos de desarrollo, representan hoy una luz de esperanza para la mitad de la humanidad, a la cual no han llegado sino las migajas del desarrollo.[11]

Los *acuerdos de mínimos*, que constituyen el formato esencial de las metas y objetivos, parten de una concepción estática y segmentada de la pobreza, en cuyo caso la focalización de las franjas de población se convierte en la clave de la asignación de subsidios, el seguimiento y el comprometimiento del voto, como parte de la política social. Para este punto el plan 2019 no tuvo en cuenta ni previó el estallido de la crisis económica, lo que ha significado hasta el momento un fiasco en las metas preliminares.

Es la razón por la que afirmamos que las políticas sociales del gobierno se enmarcan en la inequidad social y la falta de compromiso por el bienestar. La política social minimalista se focaliza en la población más pobre. La metodología no puede ser más elocuente:

> En términos Socioeconómicos y de Bienestar este gobierno se caracterizó por la aplicación de inversiones focalizadas —temporales— que respondían a políticas coyunturales de asistencia sectorial. Los indicadores de calidad de vida, concentración del ingreso, de ocupación laboral de la población sufrieron grandes retrocesos, evidenciando la necesidad de implementar medidas de choque —que se ven traducidas en una expansión presupuestal sin precedentes— para aminorar el impacto generado por la ortodoxia aplicada a nivel económico.[12]

Dentro de la política económica se ha logrado la separación de crecimiento y equidad social:

> Se concreta así el reinado indiscutido del pensamiento único y su correlato: la política única. La razón de esto es fácil de discernir: el triunfo final y definitivo de los mercados impone un único tipo de política, que no es otra que aquella que transcurre por los estrechos senderos de la disciplina fiscal, la lucha contra la inflación, la independencia del Banco Central y la por siempre inacabada labor de Sísifo que consiste en atraer la confianza de los inversionistas.[13]

El Plan 2019 resume un conjunto de postulados de agenda neoliberal. Para el economista Eduardo Sarmiento una secuencia de tres momentos ilustra la concatenación previsible de los componentes del modelo,

> primero, la austeridad fiscal y monetaria conduce a la estabilidad de precios y la estabilidad cambiaria, y suministra un marco propicio para el pleno empleo. Segundo, el motor de comercio internacional, de acuerdo con la teoría de ventaja comparativa, induce a una especialización en actividades de alta ventaja comparativa que garantizan un progreso rápido y crecimiento económico. Tercero, la eficiencia y la equidad son separables; las soluciones de mercado y los estímulos al crecimiento no inciden mayormente en la distribución del ingreso y, sí lo hacen, se pueden compensar con políticas asistencialistas.[14]

Este último momento explica la forma en que hasta 2007 hay crecimiento de la economía y aumento de la pobreza, el desempleo y la desigualdad social. En los años sucesivos nada hace prever alteraciones en el proceso.

Modelo político: la contrarreforma

En el análisis propuesto, la política del gobierno de Álvaro Uribe intenta balancear la inequidad económica y social, por medio de la contrarreforma política. Un enfoque del análisis categoriza los instrumentos políticos del gobierno de Uribe como neopopulistas, por el manejo de la opinión pública y la utilización de la llamada «democracia directa» de los «consejos comunitarios».[15] Pero, de igual forma, la ejecución de dichos instrumentos ha implicado un ataque legal e ilegal a las formas de organización social que le hacen oposición. El régimen de Uribe condensa los rezagos de una cultura política tradicional caudillista y autoritaria, «confrontando incluso el intento de modernización y apertura política que significó la constitución de 1991»[16] y, además,

> integra de nuevo en un proyecto de democracia restringida y un modelo de desarrollo económico excluyente a las nuevas élites regionales del país, algunas ligadas directa o indirectamente con el narcotráfico, generando con ello una singular y paradójica cultura política súbdito-parroquial [...], de carácter autoritaria en lo político, conservadora en lo social y neoliberal en lo económico, permitiendo que converjan por medio de esta amalgama sectores de élites particularmente rurales, de raíz paramilitar y narcotraficante, con las élites urbanas históricamente relevantes.[17]

A propósito de esto, el *tercer objetivo* del plan *Visión Colombia II Centenario* se ha denominado «Una sociedad de ciudadanos libres y responsables». Según eso, en 2019 Colombia habrá logrado y afianzado la paz y tendrá indicadores de violencia comparables a los de los países desarrollados. Cuatro estrategias concurren en esa perspectiva:

a) lograr un país en paz;

b) profundizar el modelo democrático;

c) garantizar una justicia eficiente;

d) forjar una cultura ciudadana.

La primera busca neutralizar el terrorismo, provocar la desmovilización y reincorporación de los alzados en armas a partir del fortalecimiento institucional del Estado. La segunda se logra con programas de eficiencia sobre el voto y mediante la consolidación de un multipartidismo moderado. La tercera implica la eliminación de las barreras a la justicia. Y la última exige, como medio, acciones pedagógicas.[18] La lectura de estas estrategias precisa el sentido y el tono de las modificaciones institucionales requeridas. La contrarreforma, como estrategia suprema, implica entrar a modificar y controlar los aparatos ideológicos de Estado de la reinserción, electoral, del sistema de partidos, de la justicia y de la educación. Hay un hálito corporativo y dirigista desde el poder en el contenido y el carácter de la contrarreforma. Al mismo tiempo, se hace evidente un ambiente de derrota, de asimilación y absorción, institucional y pedagógica, de los sujetos disidentes. No existe una noción de «víctimas», ni una idea de verdad, justicia, reparación y garantía de no repetición. Es un borrón y cuenta nueva.

La denominación de regímenes neopopulistas se empieza a observar en los años noventa del siglo pasado para categorizar los regímenes neoliberales que practicaban políticas de asistencia social con altos índices de popularidad. Esta designación nominal debe ser sometida al examen de la crítica, como señala Carlos Vilas: «... carece de sentido llamar neopopulistas a regímenes o liderazgos políticos neoliberales que tratan de destruir sistemáticamente todo aquello que fue conseguido por las luchas populares y bajo regímenes nacional-populares».[19] Estamos ante ejercicios de poder que representan una separación plena de los populismos históricos. Para Cristina De la Torre,

> el neopopulismo adopta un modelo económico que, a diferencia del populismo redistributivo clásico, desindustrializa y concentra el ingreso cada día más. En el populismo clásico —fenómeno de largo aliento—, el Estado promueve el desarrollo e integra las masas a la política. Arraiga en países que se modernizan por la vía de la industrialización bajo la batuta de un líder carismático que olvida la función mediadora de instituciones y partidos, y traba relación directa con el pueblo. Aunque el populismo es policlasista, moviliza a las masas sobre un eje de confrontación pueblo-oligarquía. Con un discurso emocional, redentorista y maniqueo, la fascinación por el líder compensa las carencias de una ideología difusa y frágil.[20]

El *cuarto* y último objetivo del plan 2019 se consagra a la reforma del Estado, con énfasis en la necesidad de reformas institucionales. Se titula, «Un Estado eficiente al servicio de los ciudadanos». Tal Estado, en 2019 deberá asimilar las transformaciones del escenario internacional, en el que se ha acentuado la interdependencia entre los países y han aparecido nuevos bloques y actores sociales y políticos. El mundo de hoy se articula crecientemente entorno a la consolidación de la democracia, la observancia de los derechos humanos y el combate contra las drogas y el terrorismo.[21]

Alcanzar este objetivo significa:

a) consolidar un Estado eficiente y transparente;

b) fortalecer la descentralización y adecuar el ordenamiento territorial;

c) diseñar una política exterior de acorde a un mundo en transformación;

d) avanzar hacia una sociedad informada.[22]

Este objetivo implica una intervención, cuando sea indispensable, del Estado sobre el mercado como empresario e igualmente obliga a fortalecer la gestión social sobre la política pública. La segunda meta requiere la consolidación hacia el 2019 de una ley orgánica de ordenamiento territorial. Para la tercera meta se promueve una alianza con Europa y Asia. La última implica que los recursos electrónicos serán más eficientes y su utilización llegará a ser más amplia por la sociedad.

En cuanto a las reformas institucionales, el gobierno desde 2002 no ha emprendido reformas sustanciales que constituyan un cambio frente a la corrupción. El gobierno opera con una serie de escándalos que han llevado a desconfiar de las instituciones, sin que la responsabilidad política toque al Jefe del Estado. En este sentido las instituciones del gobierno han llevado al límite la razón de Estado como principio rector de su política, imposibilitando el control sobre el ejecutivo.

Como lo expresan Mejía, León y Reyes,

el gobierno de Uribe se muestra desde sus orígenes como abanderado de la lucha contra la corrupción y la politiquería, a pesar de los altos márgenes de corrupción institucional que se han conocido en los últimos años: la relación de funcionarios del gobierno con el narcotráfico, el crimen organizado, y modalidades de estafa organizada; de igual forma se ha reflejado que las instituciones del gobierno se encargan de reproducir los intereses de las élites que apoyaron este segundo mandato: purga en el Ejercito, y el DAS; cuestión que llevaría a indagar los niveles en los que el Estado Comunitario, se consolida como política de Estado, ya que las instituciones son completamente funcionales.[23]

Dentro de ese concepto represivo, autoritario, con márgenes de popularidad significativos, incubados en una matriz de conformismo, de miedo a las transformaciones que afecten la sacrosanta propiedad privada y el sacrosanto mercado, de mitología macartista establecida como pensamiento oficial, adoptado por los medios masivos, es donde se consolida un proyecto contrapuesto a un cambio profundo, orientado a la revolución democrática y el socialismo.

En lo que respecta al plan 2019, prevalecen los mismos intereses asociados a los dos periodos de gobierno de Uribe, en una continuidad de un cuarto de siglo de reformas neoliberales. La política económica colombiana aúna la agenda del Consenso de Washington en crisis en materia macroeconómica, con el asistencialismo social que postula lo que se ha denominado el «post consenso» ante la crisis que se le antepone al capitalismo neoliberal. De igual forma se reúne lo más tradicional de lo que significa un proyecto antimodermo como el comunitarismo, la legalidad de un régimen corrupto y mafioso, junto a la legitimidad de una democracia que establece sin cesar golpes de opinión.

La crisis y las experiencias populares

Si nos atenemos a los análisis más recientes sobre la crisis, desde el punto de vista marxista, debemos reconocer que se constituye en un objeto de reflexión no solo apasionante sino extremadamente complejo. Si se trata del desajuste estructural crítico de un patrón civilizatorio que resulta insostenible económica, política, ecológica y humanitariamente, la integralidad de la crisis nos avoca a salidas de fondo.

En la perspectiva que reafirma el sentido de lo que significa la revolución, más allá del reformismo, se amerita una reflexión sobre el papel de las reformas en los contextos de cambios políticos en curso o previsibles. No se trata de radicalizar los programas de los partidos y procesos de convergencia con opción de poder como un asunto artificial, al margen de las nuevas realidades sobrevinientes. Se trata de entender: a) desde qué honduras corresponde rescatar los mecanismos, instituciones y recursos que permitan solucionar y superar la herencia de una deuda social, acrecida en toda la fase de predominio del neoliberalismo y la acumulación por desposesión impuestos a los pueblos; y, b) de qué manera se escalonan y cómo se establece el vínculo orgánico entre la acumulación de fuerzas, la unidad de los antiguos y nuevos contingentes que se incorporan a la lucha política, la ampliación de la base social, el contenido revolucionario socialista del poder y su expresión en términos del programa de reformas.

Como lo ha señalado Atilio Borón, las salidas que puso en obra el capitalismo en los años treinta del siglo XX como salidas a la crisis, del tipo del proteccionismo nacionalista o del orden de los conflictos bélicos mundiales distan de ser aplicables mecánicamente en las condiciones de hoy.[24] Las guerras sociales de la globalización, localizadas en territorios de redefinición socio-espacial o espacios estratégicos geoeconómicos y geopolíticos; los regímenes autoritarios o semifascistas; los conflictos bélicos regionales; pueden representar salidas momentáneas, pero más que ser parte de la solución resultan ser expresiones de la crisis misma.

Es pertinente la exigencia para las fuerzas progresistas y democráticas avanzadas de pensar y reflexionar sobre las experiencias de la lucha y del poder popular. Después de Cuba y de su resonante itinerario de resistencia y de construcción victoriosa, Venezuela traza un derrotero en la búsqueda de un camino al socialismo. En ese camino prosperan todavía las contradicciones sistémicas, que no pueden ser superadas simplemente con medidas y decretos expeditivos. El país tampoco está blindado contra los efectos de la crisis global y se trata de impedir que éstos recaigan en los hombros del pueblo. El papel esencial de la clase trabajadora se pone de relieve en el crecimiento de la conflictividad laboral, frente a la patronal capitalista que pervive, pero también la gerencia pública que actúa con igual mentalidad. El papel central de los trabajadores reclama nuevas instituciones de intervención y control social, tales como los consejos socialistas de trabajadores y trabajadoras, en todas las empresas, desde las nacionalizadas hasta las privadas y mixtas. En el marco de la crisis, nuevas reformas de contenido social están en debate que tocan los consejos comunales, la ley orgánica de la educación, del trabajo, de los procesos electorales, de la propiedad social, de las comunas. Es claro el entendimiento de que reformas de este tipo son fundamentales, aún en el contexto de la crisis y en la perspectiva de su superación avanzada. La conciencia de participación directa y creciente en los debates de sociedad que involucran las condiciones de trabajo y vida, así como de las reformas que profundizan el ejercicio directo de los derechos, las libertades y garantías, hacen parte del pensamiento y la acción colectivos que avivan el proceso revolucionario, su progreso y sus nuevos horizontes.

Todo lo anterior puede llegar a quedar rezagado si flaquea la conducción revolucionaria. En un proceso de transición, signado por cambios radicales y acelerados, la unidad de las fuerzas dirigentes revolucionarias resulta fundamental. En este sentido, el Partido Comunista de Venezuela (PCV) reiteró, públicamente, su postura de que la disolución de un partido para que sus dirigentes y militantes se afilien a otro, en este caso al Partido Socialista Unido de Venezuela (PSUV), tiene que ser un acto voluntario y libre, jamás impuesto; que el Estado venezolano no puede discriminar a quienes no acepten hacer parte del PSUV; y, la necesidad de restablecer el mecanismo de dirección política unitaria de todas las fuerzas políticas participantes en la Revolución Bolivariana, como una reclamación vital para el proceso en su presente y su devenir.[25] Lo dicho cobra sentido cuando se mira en una perspectiva histórica.

Valter Pomar, secretario de Relaciones Internacionales del Partido de los Trabajadores (PT) de Brasil, reivindica la experiencia de la Unidad Popular (UP) chilena y del gobierno presidido por Salvador Allende, en un momento en que se multiplican en el continente las experiencias electorales exitosas de gobiernos progresistas. La UP chilena ganó el gobierno con un proyecto explícito de construcción del socialismo por una vía pacífica, mediante la lucha electoral. En el momento del derrocamiento del gobierno popular chileno, la causa de su derrota se atribuyó a la idea de que solo la lucha armada garantizaba el triunfo y la continuidad de los procesos revolucionarios exitosos. Al respecto, dice Pomar:

Las experiencias fallidas tipo UP o intentos insurreccionales no demuestran la imposibilidad de una u otra vía (caminos estratégicos). Solo permiten tomar nota de que, actuando bajo determinadas condiciones históricas y operando en ellas determinadas escogencias, la izquierda fue derrotada.[26]

Lo que Pomar denomina la ecuación estratégica del gobierno de la UP, como punto de apoyo en la lucha por el socialismo, incluye los siguientes interrogantes:

a) cómo constituir un poder popular;

b) cómo ampliar el espacio de la propiedad social;

c) cómo tratar a las capas medias; y,

d) cómo tratar a las fuerzas armadas.

El hecho nuevo que se agrega hoy: «es que entre 1998 y 2008 se ha conformado en América Latina una correlación de fuerzas que permite limitar la injerencia externa».[27] Por lo que propone una «ecuación estratégica común de la izquierda latinoamericana: ser gobierno como parte de la lucha para ser poder».[28]

Estas importantes reflexiones nos llevan a pensar en las circunstancias del Polo Democrático Alternativo (PDA), en Colombia, como alternativa de la izquierda en la lisa por la presidencia del país, en mayo de 2010. A mediados de los años ochenta, la Unión Patriótica acumuló una importante experiencia en los gobiernos locales en municipios de regiones agroexportadoras, agroindustriales y campesinas. Ese acumulado, rico en vivencias y logros de escala, fue arrasado por el desborde de la guerra sucia y el exterminio de los actores sociopolíticos directos. En la actualidad, el Polo lidera la alcaldía de Bogotá, D.C., por segunda vez consecutiva.

Sin embargo, la relación reforma o revolución en el ejercicio del gobierno local aparece como si se tratara de un tema fuera de contexto. No es necesario redundar en las tremendas limitaciones del régimen nacional y de la superposición del Estado sobre el gobierno de la ciudad. La pregunta simple es: ¿son posibles reformas avanzadas, no simplemente paliativas, en las condiciones de un gobierno local, en una ciudad de cerca de ocho millones de habitantes, en su inmensa mayoría de origen popular?

Anticipo una respuesta: sí, en dependencia de los enfoques, la visión, la definición, el compromiso real y los propósitos de los dirigentes de la izquierda gobernante. Un defecto evidente de los alcaldes ha sido su tendencia conciliadora frente al *gobierno permanente*, representado por los referentes dominantes de clase que rigen la ciudad desde los aparatos ideológicos de Estado privados y la burocracia profesional. Los unos y la otra son instrumentos del gran capital financiero, inmobiliario, especulativo y parasitario que controla el poder urbano y el monopolio latifundista de la periferia agroexportadora y agroindustrial de la Sabana. Los megaproyectos urbanos, vinculados a las operaciones estratégicas contempladas en el Plan de Ordenamiento Territorial (POT), son las herramientas de la apropiación privada de los recursos y el suelo, de la explotación de los trabajadores (as) de la construcción, la minería, el transporte, el comercio y los servicios básicos. Las privatizaciones de las entidades públicas han sido y siguen siendo parte de las estrategias de gobierno.

El *gobierno temporal*, denominación que cubre la experiencia del Polo hasta el presente y que alude a la diferenciación estratégica que puso en boga el Informe Santa Fe II, en los años ochenta, aparece como paralizado y chato, sin iniciativas que cuestionen la dominación.

La ecuación estratégica propuesta por Pomar es válida aquí, con las limitaciones derivadas de las circunstancias concretas. Pero también el planteamiento de rodear de sentido el acceso al gobierno como parte de la lucha por el poder, cuya premisa principal es contribuir a formar «un poder popular» que sea fuerza impulsora del cambio transformador y a la vez soporte, defensa y continuidad del gobierno popular. Hacer del poder popular la expresión de una nueva composición del gobierno permanente, provocar el desplazamiento de esta función de la oligarquía al pueblo organizado y consciente, es una tarea revolucionaria. Poder popular fundado en la movilización de masas, la defensa de los derechos del pueblo, capaz de dominar el paro cívico y la insurrección cívica frente a la injusticia y la desigualdad, son desarrollos que han visto surgir referentes en América Latina.

En el caso de un gobierno nacional, se trata de remontar el enorme retroceso social, político e histórico provocado por neoliberalismo, el régimen de la seguridad democrática y el prolongado conflicto contrainsurgente. La deuda social acumulada tiene que empezar a ser saldada. Grandes y pequeñas reformas se pondrán a la órden del día. Se trata de revertir la privatización de la salud y la educación, al igual que los servicios públicos domiciliarios. El concepto de propiedad pública tiene que ser desligado de su deformación neoliberal. De hecho, muchas entidades «públicas» hoy solo lo son como un cascarón externo privatizado por dentro, en sus funciones, sus métodos, sus proyectos, su legislación y manejo jurídico.

Un paquete de reformas de carácter estructural tendría que ver, en el caso colombiano, ante todo con la reforma agraria integral, que modifique las formas de propiedad privada actuales, que se oriente a la soberanía alimentaria, que fomente el retorno al campo con incentivos, crédito en condiciones favorables, apoyo técnico, de distribución y mercadeo. La reforma laboral, que restituya las garantías en la contratación colectiva, la estabilidad, el salario digno, la seguridad social, el subsidio a los desempleados. La reforma ambiental, que proteja y racionalice la explotación, el uso de los recursos naturales, los recursos energéticos y el espacio de la órbita geoestacionaria ecuatorial; la preservación del agua, del aire, de la flora y la fauna.

Un paquete de reformas políticas que democraticen el derecho a la intervención popular y que incluya una reforma de las fuerzas armadas, con el derecho del personal a sindicalizarse, a opinar y a expresarse, con la prohibición explícita del paramilitarismo y de toda práctica que haga posible la violación de los derechos humanos.

Podría decirse que las reformas necesarias, en las condiciones de la crisis y de la lucha contra el neoliberalismo desnudan el fondo de las contradicciones capitalistas y ponen en movimiento la iniciativa popular para reformas cada vez más avanzadas y socialistas. Pero no debemos engañarnos. Sin el conocimiento minucioso, científico, de las realidades sociales la empresa revolucionaria puede anclada en medio de la tormenta. El legado de Rosa Luxemburgo es un continuo aliciente para estudiar, investigar y elaborar pensamiento propio.

Notas

1. Oscar Mejía, Ivonne León, Pablo Reyes: «Cultura Política Mafiosa y Estado Comunitario», Jairo Estrada (editor), *Capitalismo Criminal, ensayos críticos*, Universidad Nacional de Colombia, Departamento de Ciencia Política, Bogotá, 2008.

2. Germán Palacio (compilador): *La irrupción del paraestado. Ensayos sobre la crisis colombiana*, ILSA, CEREC, Bogotá, 1989.

3. Jairo Estrada: op. cit., p. 67.

4. Véase a David Harvey: *El nuevo imperialismo*, Ediciones AKAL, Madrid, 2004.

5. Germán Palacio: op. cit., p. 75.

6. *2019, Visión Colombia II Centenario*, Editorial Planeta, cuarta edición, Bogotá, 2006, p. 7.

7. Ibidem: p. 13.

8. Ibidem: p. 19.

9. Rubén Vergara: «Macro política económica del gobierno Uribe», Grupo de Investigación Cultura Política, Instituciones y Globalización, «Cultura Política en Tiempos de Uribe», *Cuadernos de Ciencia Política* no. 4, Universidad Nacional de Colombia, Departamento de Ciencia Política, Bogotá, 2006, p. 70.

10. Eduardo Sarmiento: «El Plan 2019 frente al paradigma de crecimiento con equidad», Seminario «Otra economía posible, como factor de Desarrollo Social», Medellín, Colombia, 2006, p. 17.

11. Informe *Colombia Objetivos de Desarrollo del Milenio. Hacia una Colombia Equitativa e incluyente*, Departamento Nacional de Planeación (DNP), y Sistema de las Naciones Unidas en Colombia, 2006, p. 12.

12. Rubén Alfonso Vergara: «Macro política económica del gobierno Uribe», Grupo de Investigación Cultura Política, Instituciones y Globalización, «Cultura Política en Tiempos de Uribe», *Cuadernos de Ciencia Política* no. 4, Universidad Nacional de Colombia, Departamento de Ciencia Política, Bogotá, 2006, p. 71.

13. Atilio Borón: «La izquierda en Latinoamérica a comienzos del siglo XXI: promesas y desafíos», César Rodríguez Garavito y Patrick Barrett (coordinadores): *La nueva izquierda en América Latina*, Grupo Editorial Norma, Bogotá, 2005, p. 407.

14. Eduardo Sarmiento: «El Plan 2019 frente al paradigma de crecimiento con equidad», op. cit., p. 16.

15. Los consejos comunitarios son audiencias públicas semanales que realiza el gobierno, las más de las veces con la presencia personal del Presidente.

16. Grupo de Investigación Cultura Política, Instituciones y Globalización: «Cultura Política en Tiempos de Uribe», *Cuadernos de Ciencia Política* no.4, Universidad Nacional de Colombia, Departamento de Ciencia Política, Bogotá, 2006, p. 6.

17. Ibidem.

18. *2019, Visión Colombia II Centenario*, op. cit., p. 20.

19. Carlos Vilas: «¿Populismos reciclados o neoliberalismo a secas? El mito del "neopopulismo" latinoamericano», 2004 (www.scielo.br/scielo)

20. Cristina de la Torre: *Álvaro Uribe, o el neopopulismo en Colombia*, La Carreta Editores, Medellín, 2005 p. 116.

21. *2019, Visión Colombia II Centenario*, op. cit., p. 22.

22. Idem.

23. Oscar Mejía, Ivonne León, Pablo Reyes: op. cit., p. 89.

24. Atilio Borón: *De la guerra infinita a la crisis infinita*, ponencia presentada al XI Encuentro Internacional de Economistas sobre Globalización y Problemas del Desarrollo, La Habana, 2 al 6 de marzo de 2009.

25. Partido Comunista de Venezuela: Declaración Política de aprobada por el pleno del Comité Central celebrado en Caracas el 2 y 3 de junio de 2009.

26. Valter Pomar: *Experiencia de la relación partido-gobierno y estrategias de gobernabilidad*, ponencia presentada en el seminario homónimo realizado en Sao Paulo el 3 de junio de 2009.

27. Idem.

28. Idem.

¿Reforma o revolución en América Latina? El proceso boliviano

Hugo Moldiz*

El debate reforma o revolución, a más de 110 años en que la polaca-alemana Rosa Luxemburgo escribiera un aporte teórico con el mismo título, adquiere una importancia trascendental, quizás mayor a lo imaginado por muchos, en una nueva etapa del proceso emancipatorio de la humanidad. La diferencia radica, sin embargo, en que ese debate supera los límites de la teoría para adquirir una connotación histórica. La respuesta se hace necesaria y urgente pues las posibilidades de la revolución, pero también de la contrarrevolución, tienen como escenario a Nuestra América.

Las condiciones del debate al filo de la primera década del siglo XXI ciertamente son distintas a las registradas en los últimos años del siglo XIX, aunque, no hay duda, reedita una polémica cuyo desenlace teórico-práctico dependerá del curso que vaya adquiriendo el actual proceso político, rico por sus orígenes y su presente, «nuestroamericano» en general y boliviano en particular. Por lo demás, no hay dudas de que la demarcación de posiciones entre el reformismo revisionista y la política revolucionaria es necesaria y urgente para no perder la condición de posibilidad emancipadora.

Quizás es pertinente, sin embargo, diferenciar entre la complementariedad entre revolución y reforma en cuanto la segunda se subalterniza a la primera y no gira en torno a objetivos distantes de la necesidad de superar el sistema vigente, y el antagonismo entre revolución y reformismo, acertadamente advertidos por Luxemburgo y Lenin. Veamos lo que pensaban cada uno de ellos en el tema que nos concentra.

*   Hugo Moldiz, abogado y comunicador social boliviano. Magíster en Relaciones Internacionales y miembro del consejo editorial de la revista *Contexto Latinoamericano*.

En su artículo «Marxismo y reformismo», Lenin no deja lugar a la duda cuando afirma que:

> A diferencia de los anarquistas, los marxistas admiten la lucha por las reformas, es decir por mejoras de la situación de los trabajadores que no lesionan el poder, dejándolo como estaba en manos de la clase dominante. Pero, a la vez, los marxistas combaten con la mayor energía a los reformistas, los cuales circunscriben directa e indirectamente los anhelos y la actividad de la clase obrera a las reformas.[1]

Por si quedara dudas del combate que todo revolucionario debe librar contra el reformismo, como corriente destinada a defender el sistema capitalista, el conductor de la primera revolución triunfante en el mundo sostiene que «el reformismo, incluso cuando es totalmente sincero, se transforma de hecho en un instrumento de la burguesía».[2]

Pero le corresponde a Rosa Luxemburgo precisar, con mayor detalle, la relación complementaria entre revolución y reforma, y la relación contradictoria entre revolución y reformismo. En una crítica mordaz al revisionismo de Eduard Bernstein, la marxista polaco-alemana expresa que «existe un vínculo indisoluble entre reforma y revolución: la lucha por las reformas es el *medio*, mientras que la lucha por la revolución social es el *fin*».[3]

En cuanto a la sustancial diferencia entre revolución y reformismo, es la propia pensadora y luchadora la que, de manera muy inteligente, sostiene lo siguiente:

> Quien se pronuncia por el camino reformista en lugar de y en oposición a la conquista del poder político y a la revolución social, no elige, en realidad, un camino más tranquilo, seguro y lento hacia el mismo objetivo, sino un objetivo diferente: en lugar de la implantación de una nueva sociedad, prefiere unas modificaciones insustanciales de la antigua [...] no busca la realización del socialismo, sino la reforma del capitalismo.[4]

De lo señalado por Lenin y Luxemburgo hay varios aspectos plenamente vigentes. Un primer aspecto conducente a diferenciar entre revolución y reformismo es que, en la primera, se produce el desplazamiento de una clase por otra en el control político del Estado,[5] mientras en la segunda se busca implementar políticas sociales sin plantearse la sustitución de una clase dominante por otra. Esta característica es perfectamente válida, tanto para los procesos que no se proponen la eliminación de todas las formas de explotación, como para aquellas cuyo objetivo estratégico es la superación, en el tiempo, de cualquier tipo de enajenación. Esto, en buenas cuentas, implica no colocar en la misma perspectiva a los movimientos que se proponen la superación del capitalismo y a los que se plantean una reforma social progresista dentro del sistema, aunque en coyunturas específicas ambas perspectivas estratégicamente antagónicas se encuentren en un determinado lugar. Es probable, incluso, identificar algunas coincidencias, al menos en sus formas aparentes, entre revolucionarios y reformistas, en su oposición a un problema mayor.

Un segundo aspecto a tener en cuenta es que el reformismo no se propone la conquista del poder político del Estado, ni mucho menos una revolución social, y orienta todo su esfuerzo al convencimiento de mejorar la situación de los trabajadores sin modificar las relaciones de producción capitalistas y el poder que las protege. En cambio, estar frente a una revolución implica el reconocimiento de la necesidad de tomar el poder político del Estado y, por su conducto, impulsar, en tiempos que dependen de realidades concretas, la socialización de los medios de producción.

A más de un siglo del escrito de Rosa Luxemburgo, y a más de nueve décadas de que Lenin escribiera *El Estado y Revolución*, una intervención de Ernesto Che Guevara, titulada *Independencia política y soberanía económica*,[6] da cuenta de la condición fundamental que se tiene para alcanzar una soberanía nacional sobre los recursos naturales y su aprovechamiento en beneficio de la inmensa mayoría de la población. En ese texto, el Che sostiene, con la certidumbre de sus palabras, que «el poder revolucionario o la soberanía política es el instrumento para la conquista económica y para hacer realidad en toda su extensión la soberanía nacional».[7]

Lo que está sucediendo ahora en Nuestra América es una prueba de lo señalado hasta ahora. Por un lado, está planteada la posibilidad de la revolución, que en las condiciones del siglo XXI implica la adopción de una diversidad de reformas, para vencer los grandes peligros provocados por el capitalismo para la humanidad y la naturaleza. Pero, por otro lado, está también sobre el tapete de discusión y de realización efectiva el camino de un retorno vergonzoso del reformismo. Si a fines del siglo XIX y en la primera mitad del siglo XX el reformismo implicaba una rendición a los designios del capitalismo, en el siglo XXI su imposibilidad de trascenderlo es una condena a una muerte segura. Es decir, la convocatoria a elegir entre socialismo o barbarie, planteada por Luxemburgo al recuperar el problema advertido por Engels en el *Anti-Dhüring*, es ahora mucho más que un problema teórico o filosófico y se convierte en algo de vida o muerte.

Sin embargo, esta condición de posibilidad emancipadora en el continente puede llamar a equívocos. Revolución y reformismo han tenido más de una convergencia en los últimos años en su oposición a la estrategia y la política del imperialismo para el mundo y, particularmente, para el continente, lo cual ha construido en el imaginario colectivo la percepción y quizás la seguridad de que se está ante uno de los momentos de mayor rebeldía y de posibilidades de avance victorioso frente a la imposición del capital trasnacional. De hecho, los duros reveses recibidos por los Estados Unidos en los últimos meses, tanto en la V Cumbre de las Américas, en Trinidad Tobago, como en la Asamblea General de la OEA, en San Pedro Sula, han sido interpretados como el resultado de la presencia predominante de un sentimiento transformador en la mayor parte de los pueblos del continente y que explica la presencia de gobiernos de corte revolucionario en países como Bolivia, Venezuela y Ecuador, aunque algunos, con todavía insuficientes elementos, incluyen en la lista a Nicaragua.

El punto de partida de esa lectura es que en América Latina hay un momento de situación revolucionaria general y que se expresa, parafraseando a Samir Amín, en una suerte de «avances revolucionarios» en los países que llevan la delantera en su lucha por demostrar que «otro mundo es posible» al margen del capitalismo salvaje, como ha sido definido el sistema opresor por movimientos sociales e intelectuales comprometidos. Está claro que la existencia de procesos de cambio en varios países debe ser asumida como una suerte de territorios conquistados en un campo de batalla que, por los efectos de la globalización, es de carácter continental y planetario.

Es curioso. La historia, como sucesión, unas veces continuas y otras discontinuas, de coyunturas, es más caprichosa que los buenos o malos augurios, pero también una suerte de palanca de retorno. Nunca como ahora la posibilidad de que la lucha adquiera un alcance continental goza de condiciones favorables. Es un retorno de Tupac Katari, Bartolina Sissa, Simón Bolívar, José Martí y el Che, por solo citar a los líderes de las rebeliones indígenas, a los próceres de la independencia y a los propugnadores de conquistar la plena y definitiva independencia.

Una mirada a lo que está pasando en Nuestra América conduce, sin exageración, a evidenciar la existencia de condiciones objetivas y subjetivas para el salto revolucionario. En términos generales, se aprecia que la llamada globalización neoliberal, que no es otra cosa que la ampliación del ciclo de rotación transnacional del capital,[8] modifica las condiciones de producción y reproducción del sistema, pero, al mismo tiempo, amenaza su propia existencia. Como tendencia universal, el capitalismo destruye sus dos fuentes de riqueza: la fuerza de trabajo, cuya desvalorización llegó a niveles francamente impensables en más de tres décadas de «desregulación» y no intervención estatal; y la naturaleza, cuya ambición de someterla a la voracidad imperial amenaza con el agotamiento de los recursos naturales, la destrucción del planeta y la mayor alteración de la relación del hombre y la naturaleza.[9]

Pero, la revolución solo es posible si hay una subjetividad colectiva dispuesta a alterar la marcha de la historia y orientarla en una perspectiva distinta a la de las clases dominantes. La posibilidad de transformación de la condición de las clases subalternas en clases dirigentes, primero, y en clases dominantes, después, solo tiene tierra abonada y fértil en la medida en que la energía social se convierta en un poder subjetivo objetivado. Con sus especificidades, ese es el caso de Bolivia, Venezuela y Ecuador. Esos tres países llevan la delantera en la «llama constituyente»; y no es una exageración asegurar que hay una articulación compleja entre los gobiernos, constituidos en procesos democráticos liberales, pero surgidos desde escenarios por fuera del Estado, y los vigorosos movimientos sociales de esos países.

Salvo en los Estados Unidos, Canadá, Perú, Colombia y México, en el resto de los países del continente se observa a gobiernos inclinados a aplicar un conjunto de reformas progresistas que tienen por objetivo atender las necesidades de las clases subalternas, pero sin modificar su condición de tales. Quizá, la tendencia predominante en esos países, entre los cuales se destacan Brasil y Argentina, sea cambiar la estructura del capitalismo, que no es lo mismo que acabar con el capitalismo.

Una segunda característica distintiva entre revolución y reformismo es que, en la primera, se conquista, como diría el Che, la independencia política, y luego, a partir de ella, la soberanía económica. La independencia política hay que leerla en sus dimensiones externa e interna. Es una ruptura con los agentes y factores de dominación externa y, obviamente, con los agentes y dispositivos de dominación interna, aunque en las condiciones del siglo XXI, es poco probable encontrar, en términos de clase hegemónica, a una burguesía con rasgos más nacionales que imperiales. De ahí que toda ruptura dentro de las formaciones sociales nacionales específicas implique una ruptura y alteración, en el continente y el mundo, con ese imperialismo que algunos teóricos se niegan a aceptar, lo que genera un ambiente de confusión al momento de librar batallas decisivas de una lucha de clases que es mucho más aguda que en el siglo pasado.

De igual manera, la soberanía económica no solo pasa por la recuperación estatal de los recursos naturales, entregados al capital transnacional en la época del neoliberalismo, sino por una modificación, aunque sea en el largo plazo, de las relaciones de producción. De nada sirve, está claro, la nacionalización de recursos y empresas por la vía de la indemnización, que es la forma predominantemente empleada por los gobiernos de Bolivia, Venezuela y Ecuador, si dentro de sus formaciones sociales no se registra un cambio en la forma de producción y reproducción de la vida. Quedarse en su primera dimensión puede asegurar mayores ingresos para un capitalismo de Estado que a la postre, si no modifica las relaciones de producción y poder internas, solo traerá beneficio a las clases dominantes.

La revolución es hija de la cultura, decía Fidel Castro, al hacer referencia a las especificidades que caracterizan los procesos de transformación. Al ser una acción creadora, es que se está haciendo énfasis, parafraseando a Carlos Marx, en las condiciones del siglo XXI, que la revolución social no puede sacar su poesía del pasado, sino solamente del porvenir.[10]

Pero es Fidel Castro el encargado de proporcionar un concepto de revolución que trasciende el falso dilema de si violencia o toma pacífica del poder, para ingresar a la esencia de la que habla Rosa Luxemburgo.

El 1ro. de mayo de 2001, ante el heroico pueblo cubano, el líder «nuestro-americano» sostenía:

> Revolución es sentido del momento histórico; es cambiar todo lo que debe ser cambiado; es igualdad y libertad plenas; es ser tratado y tratar a los demás como seres humanos; es emanciparnos por nosotros mismos y con nuestros propios esfuerzos; es desafiar poderosas fuerzas dominantes dentro y fuera del ámbito social y nacional; es defender valores en los que se cree al precio de cualquier sacrificio; es modestia, desinterés, altruismo, solidaridad y heroísmo; es luchar con audacia, inteligencia y realismo; es no mentir jamás ni violar principios éticos; es convicción profunda de que no existe fuerza en el mundo capaz de aplastar la fuerza de la verdad y las ideas. Revolución es unidad, es independencia, es luchar por nuestros sueños de justicia para Cuba y para el mundo, que es la base de nuestro patriotismo, nuestro socialismo y nuestro internacionalismo.[11]

Crisis del capitalismo, crisis de hegemonía

Varios son los factores que, en su conjunto, configuran un cuadro favorable al avance y la consolidación del proceso emancipatorio en Nuestra América del siglo XXI.

La crisis del capitalismo se presenta como el primero. Al cumplirse cerca de cinco siglos de hegemonía del capital, es posible apreciar un alto grado de descomposición de un sistema que en la palabra y la voz de varios intelectuales se presentaba, en la última década del siglo XX, al derrumbarse el llamado socialismo real, como el único sobreviviente en las arenas calientes del campo universal.

La realidad se ha encargado de negar los gritos de algarabía de la *burguesía imperial*, como de manera precisa define el intelectual argentino Atilio Borón a ese sector hegemónico de las clases dominantes del capitalismo real. La aparición de una burbuja financiera ha provocado desde hace cerca de dos años una de las crisis más profundas de los Estados Unidos, que, como aseguran muchos analistas, es apenas una de las expresiones de la crisis estructural del sistema capitalista mundial.

La crisis del capitalismo podría sintetizarse en el agotamiento de la forma de producir, en el agotamiento de la forma de distribuir y en el agotamiento de la forma de vivir. Estamos, por tanto, a pesar de la liberalización de las fuerzas productivas con las que se resolvió una crisis cíclica del capital que liquidó la posibilidad de una revolución en las décadas de 1960 y 1970, en un momento histórico en que parece inevitable el choque entre las relaciones de producción y las fuerzas productivas, pero sobre todo entre la vida y la posibilidad de la muerte.

El proceso de expansión del capitalismo por medios tecnológicos e informáticos nunca vistos en la historia mundial, que confirman que el capitalismo, para reproducirse, debe renovarse de forma permanente, aunque esa renovación permanente provoque el surgimiento y desarrollo del sujeto histórico que habrá de acabar con su existencia.

El Consenso de Washington, que en la década de 1990 era el catecismo con el cual las clases dominantes construían imaginarios colectivos en las clases subalternas, ha dado paso, ni veinte años después, al llamado Consenso de Londres, en marzo de 2009, cuando los países miembros del G-20 se reunieron para conjurar las causas y los efectos de una crisis mundial que amenaza con arrastrar al capital, si hay sujeto social que se le enfrente en una fase terminal de su existencia. En Londres, como era previsible, se tomaron medidas que atacan más las manifestaciones que las causas.

Agobiados por una crisis del capitalismo mundial, solo equiparable a la Gran Depresión de los años treinta, aunque con manifestaciones distintas, los países del G-20 han dado luz al Consenso de Londres que, según afirma el primer ministro británico, Gordon Brown, es la sustitución del Consenso de Washington. El anuncio, lejos de convocar a la tranquilidad, abre una serie de interrogantes sobre sus posibilidades reales de evitar una mayor crisis del capitalismo, y se anticipa, por el contrario, no solo un mayor desastre sino la preservación de todas las medidas que afectaron a los países pobres.

Desde una perspectiva histórica, ambos consensos se quedarán registrados en la historia de la humanidad de las tres últimas décadas. El primero, en el siglo XX, como la síntesis material y simbólica de una globalización neoliberal que anuló el papel del Estado en la economía, profundizó la brecha entre los países ricos y pobres, allanó el camino a la privatización de las empresas estatales en condiciones desfavorables para los Estados, transnacionalizó las economías, y liberalizó los mercados financieros y el comercio. El segundo, como un desesperado esfuerzo de oxigenar el capitalismo y al poder transnacional.

El G-20 se reunió para sacar de la crisis al capitalismo y no para otra cosa; pero las medidas que se adoptaron, que definen los límites de la propia fuerza del capital, se aplicarán en un terreno minado que las posiciones conservadoras no se atrevieron a modificar, aún en el marco de sus propios intereses. La decisión de inyectar 5 billones de dólares a la economía mundial, que muchos consideran insuficiente para los grandes y graves problemas que se tienen, no da señales de ser una respuesta de largo plazo para la propia salvación del capitalismo. ¿Una prueba? El estímulo fiscal impulsado por el presidente Obama en los Estados Unidos es de un monto similar, y hasta ahora no se ha podido evitar que cerca de 10 000 personas se queden sin viviendas a la semana y que el desempleo formal tenga tendencia a un aumento vertiginoso.

El punto de partida con el que el binomio Washington-Londres se impuso a los otros países del G-20 —incluido al eje franco-alemán, que antes de la reunión se mostraba en una posición distinta—, fue la decisión de duplicar los recursos del Fondo Monetario Internacional (FMI), que hace alrededor de un mes calificó la crisis de «suave». Como era previsible, eso es una señal de que el costo de este intento lo deberán también pagar, una vez más, los países pobres.

Estudiosos de la economía, en nada sospechosos de formar parte de las corrientes anticapitalistas, han advertido durante más de año y medio —que es más o menos el tiempo durante el cual la crisis no ha dejado de desarrollarse en una tendencia ascendente— sobre la necesidad, no solo de buscar soluciones a los problemas financieros, sino también de adoptar medidas para estimular la economía real. Nada de eso ha ocurrido. El G-20 no ha tomado ninguna decisión para cambiar el modo de producir y distribuir la riqueza, ni mucho menos en el ámbito del intercambio comercial. Por lo demás, no hay perspectivas de diseñar una nueva arquitectura monetaria, lo cual deja al dólar en el centro de la economía mundial, aunque cada vez esa moneda tenga menos respaldo material. Al mismo tiempo, el proteccionismo se mantiene invariable y su tendencia es a incrementarse, con lo que es previsible una profundización de los problemas dentro de la Organización Mundial del Comercio (OMC) por los subsidios que los Estados Unidos y Europa dan a sus productores agrícolas. Los pobres, que son cada vez más numerosos en los países desarrollados, tendrán que irse acostumbrando a dormir en y a comer en carpas, como está sucediendo en los Estados Unidos.

Ni hablar de los países pobres. Las resoluciones del G-20 no los han tomado en cuenta. Por el contrario, mientras el imperialismo ha logrado, de la mano del presidente Obama, comprometer a los miembros de la Organización del Tratado del Atlántico Norte (OTAN) en la aventura militar que su predecesor comenzó en Afganistán, lo que requerirá miles de millones de dólares, el FMI se muestra más que obsoleto para darle respuesta a la situación de los países del Sur. Las soluciones se perfilan en otra dirección y desde otros paradigmas civilizatorios. Las respuestas anticrisis de carácter social y humano, como también es obvio, deberán salir de las entrañas del capitalismo pero para transformarlo en una dirección no capitalista, según han coincidido en afirmar, en las últimas semanas, varios presidentes latinoamericanos.

Entretanto, lo único que hay que esperar es que esas similitudes, por su impacto mundial, entre el Consenso de Washington y el Consenso de Londres, no estén acompañadas por una similitud, en consecuencias, entre la Conferencia Económica Mundial de 1933 y la reunión del G-20 del jueves 2 de abril de 2009. La primera adoptó medidas que no pudieron parar la depresión que dio lugar a la Segunda Guerra Mundial. De esta última, a la distancia, algo huele a pólvora.

Bolivia: la Revolución Democrática y Cultural

Un giro radical en la política boliviana se dio el 18 de diciembre de 2005. Evo Morales, el dirigente de los productores de la hoja de coca de la central zona del Chapare, ganó las elecciones generales con una votación jamás vista en la historia democrática: obtuvo 54% de los votos y acabó, de esa manera, con la tradición de elegir el presidente de la república en el Congreso Nacional.[12] En la noche de ese domingo, el líder indígena era electo jefe de Estado de uno de los países más pobres, pero al mismo tiempo, uno de los más rebeldes de América Latina. Casi un mes después, el 22 de enero de 2006, Bolivia iniciaba uno de los procesos más profundos de toda su historia, caracterizado por una protagónica participación indígena.

Sería un error, sin embargo, identificar esa victoria electoral como una revolución. No es el porcentaje de votos obtenido por Morales lo que explica el proceso revolucionario que se vive en un país en el que capitalismo y colonialismo han sido hermanos gemelos. Una lectura de ese tipo sería reduccionista y lejos de ayudar a entender uno de los procesos emancipatorios más profundos, contribuiría a la confusión.

El triunfo político de los movimientos sociales y el Movimiento al Socialismo (MAS) hay que ubicarlo dentro de la cuarta crisis de Estado más profunda que vive Bolivia desde su fundación.[13] Esta crisis orgánica, como también la llamaba Gramsci,[14] se remonta a 1998, un año después de que en lo interno el ex general Hugo Banzer asumiera la presidencia de la República y, en lo externo, se desatara una crisis financiera en el sudeste asiático, que impactó en el continente nuestroamericano, aunque de forma muy leve en la economía boliviana.

Los rasgos más sobresalientes de la crisis estatal, entendida como una crisis de la hegemonía ideológica de las clases dominantes, la cual alteró la relación Estado/sociedad, se traducía en la descomposición del sistema de partidos, la pérdida de credibilidad del sistema político, la falta de convocatoria de las organizaciones del viejo sindicalismo revolucionario de matriz proletaria y de las organizaciones empresariales, la emergencia de los nuevos movimientos sociales con alto grado de protagonismo del sindicalismo campesino y de los comités cívicos de orientación corporativa y fascista.[15]

Las expresiones más altas de la crisis de Estado se dieron en abril y septiembre de 2000, febrero y octubre de 2003, y mayo y junio de 2005. En ese período la irrupción de los movimientos sociales, particularmente de raíz indígena, se dio por fuera de los centros institucionalizados del poder estatal, aunque al mismo tiempo ese desborde no se propuso superar y destruir la democracia representativa que en dos décadas de neoliberalismo fue controlada por una coalición multipartidista de ideología burguesa y, como señala el investigador Luis Tapia, de características monoclasistas.[16]

En ese período, hay que subrayar, la «democracia de la calle», de profundas raíces comunitarias y formas no liberales de hacer política, arrinconó a la clase dominante, a sus partidos y a su aparato estatal. La iniciativa estaba en los movimientos sociales. El protagonismo de la democracia de la calle explica el inicio de un proceso constituyente que todavía no ha acabado de consolidar, en términos relativos, por cierto, las nuevas relaciones de poder.

Por esta razón, hay que establecer las características que inducen a afirmar que en Bolivia hay en marcha una revolución, pero que al mismo tiempo existe el peligro de que se reduzca a un camino de reformas, que modifiquen el capitalismo en vez de sustituirlo.

Una revolución no clásica

A diferencia de lo que pensaban los clásicos, la Revolución Boliviana se ha producido y se está desarrollado, con resultados todavía imprevisibles en el largo plazo, por la combinación, complementaria en algunos casos y contradictoria en otros, de mecanismos de la democracia directa y representativa. No es la democracia directa, propia de las organizaciones sociales viejas y de los nuevos movimientos sociales en su capacidad de autoorganización y autorepresentación, la que barre con la democracia representativa y su Estado capitalista para conquistar el poder político y empezar, en términos más rápidos que los actuales, la construcción de su propia institucionalidad estatal.

La Revolución Boliviana, al igual que la venezolana y ecuatoriana, se está haciendo sin que en la toma del poder político del Estado se haya producido mediante una acción violenta. Sin embargo, eso ha permitido, sin ser revisionistas, tener una visión más amplia de lo que se debe considerar una revolución sin confundir el *medio* con el *objetivo*. Esto implica que el *medio* o la *vía* para tomar el poder y construir el propio[17] puede ser la lucha armada o un triunfo electoral, y que el objetivo estratégico es la transformación de carácter estructural.

En realidad, esa democracia indígena-popular, de raíces comunitarias, adquirida de la tradición obrera, es la que recurre, en la medida de la aparición de un instrumento mediador, a los mecanismos de la democracia representativa para darse la posibilidad de conquistar el poder. Produce, por tanto, una autonomía relativa del Estado con respecto a las clases dominantes y sienta las bases de un período político de transición, que puede ser hacia la superación del capitalismo, o hacia la reconstitución del capitalismo sobre nuevas bases, mediante una ampliación de las élites. Es decir, la crisis estatal, cuya evolución se encuentra en un momento distinto al de sus orígenes, sigue ante la opción de inaugurar un *momento fundacional* para las clases subalternas elevadas a la categoría de clases dirigentes, primero, y nuevo bloque en el poder, después, o de establecer un *momento refundacional* al servicio de las clases del viejo bloque de poder.

Las masas, por hacer referencia a los sujetos provenientes de distintas matrices civilizatorias, construyeron por fuera del Estado —en las ciudades y en las comunidades indígenas y campesinas—, las condiciones de una victoria electoral que abre, al mismo tiempo, un conjunto de posibilidades de «avance revolucionario» y de riesgos de generar una nueva burocracia política que administre el capitalismo.[18] La resolución de esta contradicción, casi inevitable por las características, tanto de la coyuntura internacional, como de la nacional, con una orientación que trascienda el sistema imperante, requiere de algo más que una convocatoria del presidente Morales a la construcción del socialismo comunitario. Necesita la redefinición estratégica de un proceso progresivo de cohesión interna, un abandono de cualquier tentación de quedarse en las relaciones de producción capitalistas con el argumento de estar en un momento demasiado prematuro para la materialización de otro proyecto, y la construcción de una estructura superior al MAS y a la Coordinadora Nacional para el Cambio (CONALCAM).

Pero, volvamos nuevamente a la inversión del papel de dirección de la sociedad que se produjo entre el viejo bloque en el poder y el insurgente bloque nacional-indígena-popular. Los primeros, perdiendo la capacidad de influir por medio de su deteriorado sistema de creencias; los segundos, conquistando posiciones mediante una acertada estrategia de movimientos. Los primeros, imposibilitados de continuar organizando la sociedad, la economía y la política sobre la base de la visión neoliberal. Los segundos, convencidos de lo que ya no quieren (neoliberalismo, exclusión e injusticia), pero todavía sin tener mucha precisión de cuál es la forma política de lo que quieren.

La victoria del insurgente e incipiente bloque nacional-indígena-popular se produce en ruptura con la visión y principio de división[19] que las clases dominantes produjeron y reprodujeron durante toda la historia republicana. La política era para los profesionales, o para los sectores sociales mestizos; a la clase obrera, y a los indígenas les estaba vetada cualquier posibilidad de incursionar en la política con ciertos niveles de autonomía. Las clases subalternas, a las que la democracia representativa redujo a la mera condición de electores, impulsaron, con su resistencia y lucha, un proceso de democratización por fuera del Estado y contra el Estado. No es que se propusieran no conquistar el poder o cambiar el mundo sin tomar el poder.[20] Su incursión en territorio ajeno, vetado y minado, no se dio para generar condiciones favorables de inclusión dentro de las estructuras estatales vigentes, sino para avanzar, aunque de manera contradictoria, hacia la toma del poder político del Estado y, a partir de ahí, construir un nuevo poder, cualitativamente distinto. De hecho, la motivación para construir el Instrumento Político —síntesis de las forma partido (propia de la modernidad) y de la forma comunidad (propia de las civilizaciones no modernas)—, se orientó hacia la conquista y construcción revolucionaria del nuevo poder.

No hay duda que las clases subalternas, principalmente de origen indígena, se convirtieron en clases dirigentes incluso antes de que el MAS —el partido mediante el cual se procesó la crisis estatal— recibiera su apoyo político en las elecciones de diciembre de 2005. Con otras palabras, el poder social construido, en más de 180 años de «larga resistencia», con victorias y derrotas, y en 20 años de «corta resistencia», es la fuente de poder fundamental de la Revolución Boliviana y de la instalación del gobierno de Evo Morales. Y si las clases subalternas se erigieron a la categoría de clases dirigentes, incluso antes de tomar el poder político del Estado, es porque las clases dominantes pasaron, en el período 2000-2005, de su condición de dominantes-dirigentes a su condición de solo-dominantes, lo cual explica, entre otras cosas, la dura represión a la cual recurrieron, sin éxito, para evitar el ascenso indígena-popular. Es la primacía de la sociedad política en el período 2000-2005 lo que explica el papel de dirección[21] que empezaban a tener las clases subalternas.

La iniciativa estuvo, en ese período, en las clases subalternas actuando en su condición de dirección política y moral del conjunto de la sociedad. No eran ellas las únicas que se convocaban, sino que convocaban y organizaban a las clases medias, incluidas fracciones de la burguesía, descontentas con el gobierno del presidente Gonzalo Sánchez de Lozada, a quien respaldaron en su primer mandato cuando hizo pasar el neoliberalismo de su primer momento (desvalorización de la fuerza de trabajo por la vía de la libre contratación, bajos salarios, cierre de empresas estatales mineras deficitarias, despido de más de 30 000 trabajadores, contratos en condiciones desfavorables para Bolivia en el rubro de los hidrocarburos, cierre de los bancos estatales y establecimiento de una política monetaria favorable al empresariado, por citar a los más importantes) a un segundo momento (transnacionalización de las empresas estratégicas, promulgación de una ley de tierras para consolidar al derecho propietario de la burguesía agroindustrial y latifundista). Eran esas clases subalternas que producían política fuera de los espacios institucionales de poder para dejar paralizado al viejo bloque en el poder.

La posibilidad de la revolución estaba dada por la captura, el 22 de enero de 2006, del poder político del Estado. De ahí en adelante, todo dependía, como hasta ahora, de la capacidad de ir en paralelo destruyendo los cimientos del Estado y construyendo los cimientos del nuevo Estado.

Veamos lo que el líder de la primera revolución socialista de Nuestra América, el Comandante en Jefe Fidel Castro Ruz, expresaba en 1961, al celebrar el segundo aniversario de la revolución, tres meses antes de proclamar el carácter socialista de ese proceso:

> La Revolución era, pues, una necesidad, y la Revolución se está haciendo, y la Revolución ¡se hará! Y ¿qué es una revolución? ¿Es, acaso, un proceso pacífico y tranquilo? ¿Es acaso, un camino de rosas? La revolución es, de todos los acontecimientos históricos, el más complejo y el más convulso. Es una ley infalible de todas las revoluciones, y la historia lo enseña; ninguna revolución verdadera dejó de ser, jamás un proceso extraordinariamente convulso, o, de lo contrario, no es revolución. Cuando hasta los cimientos de una sociedad se conmueven, y solo la revolución es capaz de conmover los cimientos y las columnas sobre las cuales se erige un orden social, como solo una revolución es capaz de conmoverla, y si esos cimientos no se conmueven, la revolución no tendría lugar, porque una revolución es algo así como destruir un viejo edificio para construir un edificio nuevo, y el nuevo edificio no se construye sobre los cimientos del

edificio viejo. Por esos, un proceso revolucionario tiene que destruir para poder construir.[22]

Desplazamiento de la clase

Otro de los rasgos para definir una revolución es la sustitución de una clase por otra en el control y ejercicio del poder político del Estado. No es posible concebir una revolución, aún en sus inicios, que se traduzca en una autonomía relativa del Estado, sin que el nuevo bloque de poder, integrado por las clases subalternas, actuando como clases dirigentes, desplacen del ejercicio del poder estatal al viejo bloque de poder.

Esta característica central de una revolución ha sido abordada con mucha profundidad por los fundadores de la concepción materialista de la historia (Marx y Engels) y enriquecida por los aportes, teórico-prácticos, de Lenin, Rosa Luxemburgo y Gramsci, además de la rica y extraordinaria experiencia de otras revoluciones como la cubana.

Las clases subalternas pueden llegar a la categoría de clases dirigentes, en tanto construcción de cierto tipo de dirección cultural y moral en la sociedad civil, pero si no desplazan en algún momento a la clase dominante del poder político estatal, lo cual implica constituirse en portadora del nuevo poder, es altamente probable un proceso de desgaste acelerado y de reversión de la condición de posibilidad de la transformación revolucionaria de la sociedad. Es más, si no se elevan a la categoría de clase dominante, su derrota es cuestión de tiempo.

En una lectura crítica, por tanto objetiva, de la coyuntura política de la Rusia de 1917, previa a la conquista del poder por parte del proletariado, Lenin sostiene que toda revolución, si es una verdadera revolución, implica una desplazamiento de clases. La terminante conclusión del máximo dirigente de la primera revolución socialista es una ratificación de los aportes de Marx y Engels, quienes extrajeron valiosas lecciones de la Comuna de Paris.

Ahora bien, el desplazamiento de una clase por otra, de un bloque de clases por otro, no es suficiente como para asegurar que se estará frente a la posibilidad de la transformación revolucionaria y, más aún, de la superación de todas las formas de enajenación. Es decir, la posibilidad de la emancipación no está dada por la sola sustitución de unos por otros, ya que puede perfectamente quedarse en una suerte de revolución pasiva.[23]

Pero, me permito un rápido y necesario retorno al tema del desplazamiento de clases en la realidad boliviana. La victoria política de Evo Morales en diciembre de 2005 ha implicado el desalojo del poder político del Estado del bloque burgués-colonial-imperial, cuyos partidos, líderes políticos y empresariales, cívicos y militares condujeron el Estado, capitalista y colonial, desde la fundación de la república, y la instalación, por contraparte, del emergente bloque nacional-indígena-popular en un estado que todavía no es el suyo.

El viejo bloque de poder —integrado por las fracciones burguesas: comercial, minera, industrial, financiera y agroindustrial, además de latifundistas—, ha sido desplazado del control político del Estado y, a partir de ahí, se le ha reducido el espacio para reproducir sus formas de vida y sus formas de explotación, aunque todavía se está demasiado lejos de ubicarse a las puertas de una sociedad no capitalista. Su lugar ha sido ocupado por un nuevo bloque en el poder, predominantemente indígena, que no ha llegado a constituir aún un nuevo bloque histórico en el poder.

Autonomía relativa del Estado

Una lectura pausada, seria y detenida de los clásicos del marxismo permite constatar que «la toma del poder político del Estado» no implica, mecánicamente, la desaparición del viejo Estado y la construcción de un nuevo Estado que exprese los intereses del nuevo bloque en el poder. Es más, lo que se produce con ese desplazamiento de unas clases por otras es en realidad una autonomía relativa de ese Estado, que es el resultado del carácter inconciliable de las contradicciones de clase, y una fuerza «situada por encima de la sociedad y que se divorcia más y más de la sociedad».[24]

La toma del poder político del Estado no implica, necesariamente, la seguridad de la transformación, pues puede perfectamente suceder que los nuevos ocupantes de ese Estado, que no es el suyo, terminen devorados por la lógica de producción y reproducción de las clases dominantes. El Estado es de clase y está construido a imagen y semejanza de quienes en una sociedad clasista se erigen, sin serlo, como representantes de toda la sociedad, que es la forma aparente en la que se produce la explotación del ser humano y de la propia naturaleza. Es la forma en la cual se encubre los intereses de un pequeño grupo de privilegiados. Es decir que la destrucción del Estado capitalista y la construcción de un Estado no capitalista es la condición, por doble partida, *sine qua non* para que la revolución no se coma a sí misma.

El Estado capitalista no se extingue sino que es destruido por el proletariado, afirma Lenin en el *Estado y la Revolución*. Lo que se extingue, por tanto, es el Estado socialista, según afirma Marx. Dos aspectos merecen subrayarse de esa afirmación. Primero, el Estado —con independencia de si es o no capitalista—, no es un árbitro situado por encima de las clases sociales; el Estado expresa, representa y defiende los intereses de una clase o bloque de clases en contraposición de los intereses de otro grupo de clases. Segundo, hay una relación dialéctica entre destrucción y construcción. Por eso, Fidel Castro afirma que un proceso revolucionario tiene que destruir para poder construir. Ambas cosas: el carácter de clase de todo Estado y la necesidad de construir los cimientos de un nuevo Estado —que cada vez debe ser reducido a sus funciones administrativas—, constituyen los fundamentos de una revolución no capitalista que muchos olvidan con frecuencia.

Ahora bien, hay momentos, como decía Gramsci, en que lo viejo no termina de morir y lo nuevo no termina de nacer. Eso conduce, en determinados momentos de la coyuntura, a una autonomía relativa del Estado respecto a sus clases dominantes o incluso respecto a las clases que pugnan por el poder político del Estado. Hay períodos, aunque por excepción, en que «las clases en lucha están tan equilibradas que el poder del Estado, como mediador aparente, adquiere cierta independencia momentánea respecto a una y otra».[25]

En el caso de la especificidad boliviana, la revolución, como proceso y no como evento, ha determinado una coyuntura de autonomía relativa del Estado, cuya evolución será decisiva, por la acción que desarrollen las clases en pugna para inclinar la balanza a favor de la construcción de un nuevo Estado o para la preservación del Estado vigente. Es más, a diferencia de la experiencia que aportó elementos a la reflexión teórica desde Marx hasta Gramsci, el Estado en Bolivia —como unidad política y organizadora de la jerarquía social, como concentrador de la toma de decisiones—, se ha tornado más compleja aún más producto de la incorporación de la figura de la autonomía en la nueva Constitución.

Un primer elemento central que explica la autonomía relativa del Estado en Bolivia, y que hace que el movimiento real sea entre la transición y la restauración, es que la toma del poder político del Estado no fue producto de la violencia y que las clases dominantes, profundamente vinculadas a la burguesía imperial, no se hayan ido del país, como sucedió en la Rusia de Lenin o en la Revolución Cubana. En Bolivia, Venezuela y Ecuador, precisamente partiendo de las lecciones aportadas por la historia, las clases dominantes se quedaron. Están persuadidas de no ceder espacios y de no renunciar a la reversión de los procesos transformadores en curso.

En el plano nacional, la autonomía relativa del Estado está determinada porque lo ocupa el nuevo bloque en el poder, porque la titularidad del gobierno central está en manos de Evo Morales y el MAS. Desde ahí se han impulsado medidas nacionalizadoras y una política social, llena de reformas, para impactar lo más pronto posible en las clases y sectores sociales más afectados y excluidos por el capitalismo.

El liderazgo nacional de Morales es indiscutible. A pesar de la agresiva campaña mediática en su contra, al triunfo electoral de diciembre de 2005, obtenido con 54% de los votos, se han sumado sus victorias en las elecciones de asambleístas constitucionales de julio de 2006, en el referéndum revocatorio del 10 de agosto de 2008 (en el que cosechó 64% de la votación) y en el referéndum constitucional del 25 de enero de 2009 (en el cual se impuso con 62%). También se anticipa su reelección el 6 de diciembre de 2009.

Donde sí se anticipa una intensa pugna es en las elecciones departamentales. De los nueve departamentos del país, cinco (La Paz, Oruro, Potosí. Cochabamba y Pando) están en manos de las fuerzas oficialistas, mientras los otros cuatro (Santa Cruz, Beni, Tarija y Chuquisaca), que forman la llamada Media Luna, se encuentran controlados por la oposición. La mayor parte de los recursos hidrocarburíferos y de la tierra para redistribuir se encuentra en los territorios controlados por la oposición. Eso implica que el Estado tiene una autonomía relativa respecto al viejo bloque en el poder a escala nacional, pero la disputa con el bloque imperial-burgués-colonial es muy álgida en un número importante de gobiernos subnacionales, cuyo control de territorios ricos en recursos naturales neutraliza la querella por el excedente.

Por eso, «una de las características de la lucha de clases hoy es la disputa por la dirección del Estado, no en el sentido de quien gobierna, sino de la dirección en la que se mueven las estructuras del poder político»[26] en Bolivia. Y esta lucha por la dirección es no solo por conquistar la hegemonía de una manera de reproducir la vida (o la muerte en el caso del capitalismo), sino de definir una forma de producir, la vida o la muerte, dependiendo de si la pugna la gana el proyecto de «socialismo comunitario» o el capitalismo. Con los primeros, se consolidará el control de los recursos naturales y su gestión en términos de beneficiar a toda la sociedad, particularmente a los más necesitados en el período de transición, y de alcanzar un equilibrio entre el hombre y la naturaleza. Con los segundos, el capital transnacional, que en definitiva es el que organiza y mueve a las clases dominantes, volverá a restablecer el saqueo de los recursos naturales, ahondará la separación del hombre respecto de los medios de producción y profundizará una manera de relacionarse con la naturaleza, cuyo desenlace es la muerte.

Pero si la autonomía departamental, ya consagrada por la Constitución Política del Estado, es la trinchera desde la cual el desplazado viejo poder busca revertir el proceso de cambio, la incorporación de las autonomías regionales y territoriales indígenas, sobre todo de estas últimas, forman parte de la intención del gobierno central de cercar, por así decirlo, a la burguesía boliviana y de ahondar la autonomía relativa del Estado respecto a la clase dominante transnacional. Las autonomías territoriales indígenas gozan de reconocimiento constitucional en sus funciones legislativas y administrativas concentradas en una sola unidad política. Es, salvando diferencias, esa comuna a la que Marx calificó de semi-estado.

La intensa lucha de clases, expresada en una lucha por el control territorial, ha puesto límite a la política de las reformas del presidente Evo Morales en los departamentos de la Media Luna. La ultraderecha, apoyada en un poderoso aparato social y financiero, se ha encargado de poner en evidencia la resistencia violenta a la condición de posibilidad transformadora. La toma violenta de instituciones públicas en septiembre pasado, la organización de bandas paramilitares, la contratación de asesores mercenarios con experiencia en la desmembrada Yugoslavia y los planes de separatismo y magnicidio, son demostraciones, más que contundentes, del rechazo a cualquier revolución o reforma radical.

En definitiva, la autonomía relativa del Estado está siendo producida, tanto por el gobierno, como por las clases dominantes, y su inclinación, en una u otra dirección, dependerá de la correlación de fuerzas en los próximos meses y del resultado de las elecciones generales de diciembre de 2009. Pero, sobre todo dependerá del espacio y de la posibilidad que tenga el bloque nacional-indígena-popular para construir su Estado y su propia institucionalidad, así como de edificar el nuevo bloque histórico.

Perspectivas

Los gobiernos revolucionarios de Nuestra América, impulsados por determinaciones externas e internas, se han visto forzados a tomar medidas de muy rápido impacto. Estas políticas, que tienen el carácter de reformas, se han traducido, por ejemplo, en la puesta en marcha de misiones educativas y de salud, además de ciertas formas de salario social orientado a una redistribución de la riqueza o del excedente reapropiado mediante la nacionalización de los recursos naturales y de las empresas entregadas al capital transnacional durante las décadas en que el neoliberalismo imperaba en el país.

Bolivia, por tanto, como parte de los gobiernos que expresan esos «avances revolucionarios», ha tomado esas medidas que, si bien no han cambiado radicalmente el comportamiento de la economía, que si bien sigue siendo «de mercado», sí han permitido que los sectores más excluidos por el capitalismo accedan a ciertos beneficios que en otras condiciones difícilmente se hubiesen puesto a su alcance. Por eso, antes de determinar el curso del proceso de cambio en este país situado en el corazón de Sudamérica, es importante hacer una evaluación del carácter y el contenido de las reformas llevadas a cabo por el gobierno del presidente Evo Morales.

En el frente político, como se señaló anteriormente, el gobierno ha logrado independencia frente a los factores externos de poder. A pesar de la sistemática injerencia y presencia de los Estados Unidos en los asuntos internos de Bolivia, lo cual obviamente implica la producción y reproducción de una cultura de sometimiento específica, el bloque nacional-indígena-popular ha logrado, junto al presidente Morales, recuperar un significativo espacio político.

El Estado boliviano, como nunca había ocurrido en el pasado, mantuvo a raya al gobierno estadounidense en todos los terrenos. La embajada del país más poderoso del mundo ha dejado de ser una fuente de consulta para la designación de autoridades de Estado o para la adopción de medidas políticas, económicas, sociales y culturales. La tensión con la Casa Blanca no hay que circunscribirla al ámbito de la conspiración. En realidad, lo más importante, es que al tomar las clases subalternas el poder político del Estado y elevarse a la condición de clases dirigentes, lo que se ha cortado son los hilos mediante los cuales la burguesía imperial garantizaba que Bolivia, como otros países del mundo, formara parte del ciclo transnacional de rotación del capital.

La relación entre el régimen de propiedad de la burguesía y el poder político en el ámbito local, que no ha sido otra cosa que una expresión de la presencia del imperialismo, se ha modificado sustancialmente a partir de la reorientación de la democracia en Bolivia y de la política exterior frente a los Estados Unidos.

Ha contribuido a ese cuadro general una modificación en la relación Estado/sociedad desde el punto de vista de los partidos políticos. Las organizaciones políticas de la derecha ocupan hoy un lugar secundario con respecto a otras organizaciones, de carácter corporativo, que están mejor situadas en el escenario de lucha de clases. El viejo bloque de poder no dispone de partidos fuertes y vigorosos como para disputar a Evo Morales el control político del Estado, lo que ha conducido a sus fracciones más duras a la puesta en marcha de un plan de conspiración, que ya fue derrotado por la movilización social en septiembre de 2008, y luego desactivado, en su nuevo intento, ocurrido en abril de 2009.

Bolivia cuenta con una nueva Constitución Política del Estado, cuyos ejes aportan luces para medir el grado de relación entre revolución y reformas, pero también el desencuentro entre la primera y la segunda, lo que podría reducirse a su simple condición de reformismo. Veamos en detalle.

El primer eje de la Constitución es el reconocimiento del carácter plurinacional de la formación social boliviana y, por tanto, del Estado de clase que se pretende construir. Con eso se deja atrás la naturaleza monocultural y monocivilizatoria de la estatalidad boliviana asentada a partir de la fundación de la república (1825) y se reconoce la existencia de 34 naciones originarias y sus respectivas lenguas, formas de organización política, social, jurídica y económica.

Lo plurinacional recorre, de forma transversal, todo el texto constitucional e impone el desafío de elaborar leyes específicas que proyecten ese reconocimiento en condiciones de igualación de derechos. La pertenencia a una nación indígena era en el pasado inmediato una fuente de exclusión del Estado y la sociedad, así como un factor en la constitución de las clases sociales.

Como consecuencia de esta primera definición y «visión de país», la nueva Constitución incorpora un concepto de democracia mucho más amplio que la anterior, al reconocer formas liberales y comunitarias en la elección de las autoridades y en el ejercicio y participación del poder. Con otras palabras, sin negar una de las expresiones de la democracia representativa, el sistema de elecciones y partidos políticos que corresponden a civilización moderna, se establecen otros mecanismos de democracia directa, como los referéndums y las iniciativas ciudadanas, y se reconoce el derecho de los pueblos indígenas a elegir sus autoridades, mediante usos y costumbres no partidarios, en ciertos niveles compatibles con las autonomías, lo cual implica el reconocimiento a su autodeterminación en el contexto de la unidad plurinacional y estatal. Esto no quiere decir que las naciones indígenas originarias se conviertan en Estado-nación, que lo que las clases dominantes dicen con el propósito de deslegitimar el nuevo diseño de estructura estatal.

Sin embargo, como advierte Luis Tapia, el hecho que el MAS haya procesado la crisis estatal por la vía de la democracia representativa, es un indicador del proceso de subalternización en el que todavía se encuentran las formas no liberales de democracia y que, como se ha señalado antes, han representado los lugares de producción de la política de las clases subalternas.[27]

El segundo eje establece una «economía plural», al reconocer la existencia y la necesidad de una articulación entre la economía estatal, comunitaria y privada. Las clases dominantes insisten en que el Estado solo debe jugar un papel regulador de la economía y discrepan de la propuesta oficial de crear empresas estatales o de recuperar las que fueron privatizadas, además de cuestionar la creación de unidades productivas de propiedad social que superen la enajenación del trabajo. La propiedad privada es reconocida y goza de protección del Estado en la medida en que cumpla una función económico-social. Esto último, entre otras razones, condujo al presidente estadounidense Barack Obama a excluir definitivamente a Bolivia de las preferencias arancelarias, contenidas en el ATPDEA. El gobierno de Bolivia ha denunciado una clara injerencia de los Estados Unidos en sus asuntos internos.

La economía plural es la recuperación del papel del Estado en la economía en términos de marchar hacia una distribución justa .de los recursos que no profundice la brecha entre ricos y pobres, sino todo lo contrario, y la oficialización y/o recuperación de formas de producción no capitalistas. Eso sí, a contramarcha de la concepción liberal y capitalista, la Constitución hace una redefinición epistemológica al señalar que «la economía plural se basa en los principios de complementariedad, reciprocidad, solidaridad, redistribución, igualdad, sustentabilidad, equilibrio, justicia y transparencia».[28] Es una economía para el *vivir bien*.[29] Por lo demás, el fundamento de la «economía plural» está en que los recursos naturales, renovables y no renovables, son de propiedad del pueblo, como sujeto colectivo plurinacional, y que son administrados por el Estado, con lo que se prohíbe su transferencia al capital transnacional.

El tercer eje, que provoca los principales enfrentamientos entre el gobierno y la oposición, es la descentralización política mediante las autonomías, no solo departamentales —como exigían las clases dominantes—, sino también regionales, municipales (que ya existen) y territoriales indígenas. Las autonomías establecidas en la Constitución apuntan a una descentralización no jerarquizada y con igual rango constitucional que garantiza que «la lucha contra el centro no solo equivale a desconcentrarse del Estado central sino también a desconcentrarse de otros centros».[30]

El cuarto eje, también motivo de grandes controversias, es el reconocimiento de la pluralidad jurídica por la vía de incluir en la Constitución la «justicia comunitaria» —de aplicación a veces tergiversada en las comunidades rurales— y la elección de los magistrados del Poder Judicial por la vía del sufragio popular. La aplicación de este eje va a representar un serio problema para el gobierno ya que el Poder Judicial es otro de los espacios en los cuales se produce una autonomía relativa del Estado.

De hecho, el Poder Judicial se encuentra mayoritariamente controlado por la derecha y las iniciativas del gobierno para procesar a los autores intelectuales y materiales de actos de conspiración han fracasado, lo cual conduce a la necesidad de que el Ejecutivo encuentre la manera de incorporar reformas con sentido revolucionario en la administración de justicia.

El quinto es el reconocimiento y la garantía de igualdad de oportunidades para todos los pueblos (como sujetos colectivos) y los ciudadanos (derechos individuales), y se le da rango constitucional a una serie de conquistas sociales que el gobierno de Morales puso en marcha en estos dos años: el Seguro Universal de Salud, el Bono Juancito Pinto y la Renta Dignidad.

El sexto, en la problemática de las tierras, la Constitución mantiene la competencia nacional en materia de distribución y, sobre esta base, el gobierno ha reiterado su decisión de revertir una lacerante realidad: de las 36 millones de hectáreas aptas para el cultivo y el pastoreo, 32 millones están en manos de unos pocos empresarios y latifundistas, mientras 4 millones están repartidas entre más de 2 millones de indígenas y campesinos, de lo cual se deriva que, al menos otros 2 millones de indígenas, carecen de tierra. De hecho, el 25 de enero de 2009, cuando se aprobó el texto constitucional, también se aprobó que el límite máximo de la propiedad agraria rural es de 5 000 hectáreas.

La oposición, controlada por la burguesía agroexportadora y los latifundistas, continúa planteando que la distribución de tierras debe ser una competencia de los gobiernos departamentales o, al menos, una competencia compartida. El objetivo es muy claro: mantener la distribución de la tierra en función de los intereses de las clases dominantes y el capital transnacional.

Lo que sí ha sido observado por analistas y movimientos sociales es el pacto entre el oficialismo y la oposición para que el límite máximo de la propiedad agraria no sea aplicado retroactivamente, lo cual implica una consolidación de enormes extensiones de tierra en pocas manos. El gobierno ha explicado a las organizaciones indígenas y campesinas que ese fue el costo que se tuvo que pagar para desentrampar la convocatoria a un referéndum constitucional, pero que el procedimiento de saneamiento, establecido en una ley de tierras, es suficiente para ingresar a un momento de redistribución. Es decir, la posibilidad de revertir o expropiar la tierra a los latifundistas está dada por la confianza en un mecanismo demostrativo del abandono de grandes hectáreas de tierra.

El octavo, no menos importante, es el expreso latinoamericanismo y la prohibición de que en Bolivia se instalen bases militares, lo cual es una clara señal a la política de los Estados Unidos hacia Nuestra América y una demostración contundente de la conquista de la independencia política.

Pero el eje de los ejes, al menos en términos de ruptura epistemológica y de cambio de paradigma, es la propuesta del *vivir bien*. Esta propuesta, contenida en la Constitución Política del Estado, parte de la idea de que los seres humanos no quieren vivir mejor sino bien. Por tanto, a contramarcha del capitalismo, el *vivir bien* o el *suma qamaña* es una modificación sustancial en el modo de reproducir la vida y, a partir de ese eje, transformar la forma de producir, intercambiar, participar en la política, ser representados y tener una relación de equilibrio con la naturaleza.

¿Y el tema del poder?

Que el tema fundamental de toda revolución es la cuestión del poder, es algo que no termina de ser precisado por los principales actores del proceso boliviano. La indefinición estratégica se la respira por todos los poros. En el gobierno, en el MAS y en los movimientos sociales, se perciben señales contradictorias que van desde el convencimiento de sustituir al bloque dominante, hasta solo proponer su ampliación con los que han estado excluidos durante casi dos siglos.

El vicepresidente Álvaro García Linera se encargó a inicios del gobierno de incorporar elementos de debate y polémica sobre la definición estratégica del gobierno. No se trata de sustituir a un bloque por otro, sino más bien de la puesta en marcha de una concepción estratégica que conduzca hasta su ampliación. Hace más de un año, al parecer partidario más del «capitalismo andino»[31] que de un proyecto socialista, el intelectual y político sostiene con claridad: «la lucha por el poder puede tener tres desenlaces clásicos: que el sector emergente desplace directamente, mediante cualquier medio posible, al bloque anterior; que este bloque de poder antiguo logre derrotar, contener, cooptar o aplastar al bloque emergente; o que entre ambos lados se logre redistribuir el poder».[32] Entonces estamos en que la «Revolución Democrática y Cultural», con un claro eje articulador indígena,[33] apunta a un desenlace «no clásico». No se trata de que el bloque histórico en el poder se construya sobre la base del desplazamiento de las clases dominantes, sino que más bien ellas asuman la ampliación por la vía de la descolonización.

Si la «redistribución del poder» es de largo aliento, está claro que la Revolución Democrática y Cultural de Evo Morales es una continuidad de la Revolución Nacional de 1952. Este enlace del «nacionalismo plebeyo» con la revolución inconclusa de la década de 1950 colocaría al proceso boliviano, hablando con rigor, más como cambio que como revolución, pero, como es obvio, con características distintas.

En primer lugar, el sujeto articulador ya no sería la pequeña burguesía mestizo-blancoide ni mucho menos la debilitada clase obrera. El sujeto articulador sería lo indígena, aunque con la preservación de sus contradicciones internas de clase. De esta manera se estaría frente a un «nacionalismo plebeyo» en el cual el indígena, excluido de anteriores procesos, llegaría a formar parte del intocado bloque en el poder.

En segundo lugar, el objetivo estratégico ya no sería la modernización de la economía en el sentido de negar la economía tradicional o de cooptarla al comportamiento de las fuerzas productivas capitalistas. Ya no se trata de elegir entre un modo de producción u otro, sino más bien de buscar su complementariedad. Así, la estructura económica boliviana tendría «un espacio para el desarrollo tanto del capitalismo como del poscapitalismo».[34]

Con respecto a la factibilidad de la salida pactada o de la continuidad del proceso revolucionario, hay dos posiciones al respecto. Una de carácter afirmativo por el pacto. La base de este razonamiento se encuentra en el retroceso que Bolivia ha experimentado con la aplicación del modelo neoliberal incluso dentro de un contexto capitalista. Esto implica reconocer la necesidad de apostar al desarrollo capitalista por la vía de una decidida participación del Estado, ya no solo como normador, sino como actor productivo. La idea, por lo demás, es que como Bolivia no ha cumplido su etapa de desarrollo significativo de las fuerzas productivas, le corresponde, por la vía articulación con la economía no capitalista, encarar la lucha por la igualdad, la libertad y la justicia. Esta línea de razonamiento tiene adeptos. El criterio, como es bueno insistir, parte de la premisa de que las banderas reformistas de la década de 1970, reflejadas por la corriente cepalina, constituyen en la actualidad una respuesta a la situación de atraso, miseria e injerencia del imperialismo. Es más, que representa una manera adecuada de estructurar una nueva «alianza de clases» en torno a una causa común y respecto de una amenaza común. La causa es la necesidad de un desarrollo nacional como respuesta a la globalización neoliberal.

La otra posición es de carácter negativo frente al pacto y de apuesta por la revolución. El punto de partida es que Bolivia ha vivido otras experiencias nacionalistas que no han llegado a buen puerto y que parecen obligar a transitar por un camino que, incluso sin negar coyunturalmente el capitalismo, no tanto como necesidad sino como realidad, apueste a un salto cualitativo en lo estratégico hacia una organización social, económica y política, así como a un nuevo Estado, no capitalista. Este razonamiento se apoya en la experiencia histórica. Bolivia es rica en intentos nacionalistas desde la década de 1930; para no ir más lejos, gobiernos como el de Busch y Toro, que nacionalizó el petróleo por vez primera, así como otros de carácter populista, como el de Gualberto Villarroel, terminaron en derrotas. Lo mismo sucedió a principios de la década de 1970 con Juan José Torres, el «general del pueblo», quien, al no superar su tendencia nacionalista y no actuar en correspondencia con las expectativas de la Asamblea del Pueblo de avanzar hacia el socialismo, fue derrocado el 21 de agosto de 1971 por la extrema derecha liderada por el general Hugo Banzer Suárez.

La propia Revolución Nacional de 1952, que implicó una superación de las relaciones de producción semifeudales y el establecimiento de una línea claramente capitalista en todos los órdenes —nacionalización de las minas, la universalización del voto y la reforma educativa—, capituló ante el imperialismo apenas cuatro años después, en 1956, con la aceptación a los Estados Unidos de poner en marcha el Plan Eder. Este tipo de derrotas de los intentos nacionalistas quizás encuentra su explicación en el rechazo que el imperialismo y las clases dominantes le tienen incluso a las más tímidas reformas realizadas dentro del propio capitalismo, y a la imposibilidad de impulsar y construir un proyecto nacionalista a más de dos siglos de que el capitalismo ingresara en su fase superior.

El argumento más importante de la hipótesis de que la Revolución Boliviana debe avanzar en una perspectiva no capitalista, lo que en buenas cuentas significa hacia una sociedad socialista, es que debe superar lo que en 1952 ya se conquistó: el establecimiento de las relaciones capitalistas de producción. Con otras palabras, a pesar de que la Revolución Nacional de 1952 no cumplió los objetivos que se había propuesto, como el de impulsar un capitalismo y una burguesía nacionales, le corresponde a la revolución en el siglo XXI construir un proyecto estatal no capitalista.

Que la crisis estatal ha entrado en su fase de resolución nadie tiene duda. El vicepresidente García Linera sostiene, en una reflexión teórica, que ha llegado el momento de la bifurcación,[35] de la resolución estratégica. O se impone una contrarrevolución exitosa o triunfa el bloque nacional-indígena-popular. En definitiva, esta crisis estatal, que en su resolución se ha prolongado 10 años, como ya se dijo, la segunda más larga en toda la historia después de la crisis posguerra del Chaco, está encaminándose hacia un desenlace que, a diferencia de toda la vida republicana, tiene la posibilidad de abrir un período político de transición entre un orden capitalista y otro orden civilizatorio no capitalista. Lo evidente es que, en medio de profundas tensiones, que han empujado a que UNASUR asuma un papel activo en apoyo al presidente Morales en septiembre de 2008, cuando un «golpe cívico-prefectural» pretendió activar un inédito proceso contrarrevolucionario,[36] el punto de separación se acerca y «a partir de este momento, tenemos un neoliberalismo reconstituido o tenemos un Estado nacional, indígena, popular, revolucionario».[37] Las elecciones de diciembre serán decisivas tanto en la relación de fuerzas dentro del gobierno como en la definición del curso que seguirá el proceso respecto del viejo bloque de poder.

La reflexión de García Linera, que parece haber superado en algo su tesis de la «distribución pactada del poder», abre otro tema de debate que tiene sus pros y contras, su validación en algunos casos y su negación en otros, a partir de la experiencia de los dos años y nueve meses de gestión, pero también desde de la experiencia histórica. Veamos textualmente:

> En la actualidad el gobierno está apostando a una tercera forma de punto de bifurcación que sería una especie de resolución democrática mediante la fórmula de iteración, es decir, de aproximación sucesiva. La propuesta

consiste en que se resuelva lo que es un momento de tensionamiento de fuerzas mediante varios actos democráticos. Es una de las posibilidades que se ha abierto y la que el gobierno va a intentar impulsar. La idea es que el punto de bifurcación no se resuelva ni mediante insurrección (la hipótesis de la guerra civil que siempre está latente), ni por la exhibición de las fuerzas y la derrota político moral del adversario, sino que se resuelva mediante la manifestación reiterada del soberano a partir de la reubicación de los poderes, de las fuerzas locales y regionales, y del uso de los excedentes.[38]

Entonces, la definición estratégica del gobierno en términos de la vía para resolver la crisis estatal y encarar exitosamente el punto de bifurcación está tomada. Es el camino de lo democrático y se descarta, al menos como partida, la violencia, por muy revolucionaria que sea. La apuesta no es mala en sí misma pues desde un principio el proceso se ha movido entre quedarse en el ámbito de lo simbólico —con cambios que no cambien nada—, el empleo de la fuerza, incluso militar —que para muchos es lo deseable para el imperialismo para justificar un derrocamiento violento de Evo Morales—, y la construcción de hegemonía en medio de grandes tensiones, como ha ocurrido hasta ahora. Avances y retrocesos, conflictos y resoluciones, a partir de lo que García Linera llama «construcción de hegemonía ascendente».[39]

La pregunta fundamental es, sin embargo, parafraseando a Lenin, ¿cuándo es mejor que el gato grite como ratón, pero muerda como león? La democracia y la revolución son como el baile. Se necesita que todos vayan por el mismo camino. No es un tema de deseo, sino de realidades concretas que determinan métodos de lucha concretos. Bolivia, Venezuela y Ecuador son los tres casos paradigmáticos de revoluciones a partir de la democracia y su respectiva ampliación.

Pero, nuevamente volvemos al punto de partida de la definición estratégica y al debate de revolución o reforma. La cuestión no es el método, sino el objetivo; no es la duración sino la esencia,[40] el tipo de orden estatal y societal que se quiere construir. Lo que está claro que «en toda revolución se triunfa o se muere (si es verdadera)».[41] Y hay varias formas de morir o triunfar. Si lo que se impone es la preservación de las relaciones de producción capitalistas, lo cual implica por supuesto el tema de la gran propiedad y un poder pactado, entonces la revolución boliviana estará condenada a morir. Por una razón sencilla: en 1952 ya se dio una revolución democrático-burguesa que superó a las trabas de una oligarquía que amasando fortuna por medios capitalistas al mismo tiempo mantenía criterios feudales de exclusión como el voto calificado y la restricción en la ampliación del capital hacia zonas y sectores atrasados.

Pero si se trasciende la crisis estatal por la vía de la revolución y se abre un período político de transición, la marcha hacia la superación de las relaciones sociales y de poder capitalistas será un triunfo colectivo. En este caso el uso del gobierno para la construcción revolucionaria del poder habrá valido el esfuerzo. El presidente Evo Morales ha convocado a la construcción del *socialismo comunitario*, cuyos contenidos todavía son difusos. Lo que sí esta claro es que ese socialismo, como advierte Atilio Boron,[42] tiene que tener una serie de valores, superar el economicismo, contar con un proyecto emancipatorio, no caer en el estatismo, construir un sujeto histórico, entre otros aspectos.

Sin embargo, en medio de esta indefinición estratégica que caracteriza al MAS y a los movimientos sociales, quizás el empleo que por vez primera Evo Morales hizo del término «socialismo comunitario»[43] en 2007 en la ONU y su reiteración una semana antes del referéndum revocatorio del 10 de agosto 2008, sea una primera gran definición estratégica del curso que seguirá el proceso de cambio en Bolivia y que, aunque no está construido todavía en términos teóricos, es algo que ciertamente provoca mayores molestias y enfados en el imperialismo estadounidense y las clases todavía dominantes en Bolivia, hoy desplazadas del ejercicio del gobierno y con cada vez menos protagonismo en la configuración de la nueva estructura de poder. La alusión que hizo Evo Morales a Tupac Katari y el Che el 22 de enero de 2006 no es una casualidad ni un acto de demagógia. El socialismo comunitario viene a ser una suerte de síntesis entre la concepción universal del marxismo y la concepción, no menos universal, del comunitarismo de los pueblos indígenas u originarios.

Ya sea para una salida capitalista con protagonismo indígena o para ir construyendo el «socialismo comunitario», hasta ahora no existe en el gobierno ni en el MAS una construcción teórica acabada. El gobierno está ante el gran desafío de terminar de construir lo nacional-indígena-popular mediante la incorporación de un discurso político y simbólico que aliente la adhesión a su proyecto a corrientes democráticas y progresistas de sectores urbanos, a los cuales, dicho sea de paso, no ha afectado con ninguna de sus medidas. Es más, amplias fracciones de clases medias se han beneficiado con el acceso a la medicina cubana y con la relativa tranquilidad recuperada en sus espacios de acción.

El gobierno, los movimientos sociales y el MAS tienen la palabra. La construcción y ampliación de su mayoría y el propósito de establecer un nuevo «sentido común» y de alcanzar, como diría Jean Paul Sartre, «el horizonte inevitable de nuestro tiempo», dependen de la capacidad que tengan, sin negar lo indígena como sujeto histórico del cambio, para estructurar un nuevo bloque histórico.

El gobierno está obligado a dar señales de que Bolivia cambia pese a todo, y que la revolución, como despliegue de fuerzas creadoras, constituye la garantía para avanzar, después de 183 años de más sombras que luces, hacia una sociedad en la cual se vayan superando todas las formas de enajenación del ser humano. En cambio, la derecha, sin cuya construcción y mente colonizadora frente al «otro» la situación sería distinta, no tiene otra opción que aferrarse y agarrarse con algo más que uñas a un pasado excluyente que solo los pequeños grupos privilegiados quieren mantener invariable en el tiempo.

Revolución acompañada de reformas radicales permanentes es lo que una amplia gama de movimientos sociales esperan que se profundice a partir del seguro segundo mandato del presidente Evo Morales. El líder indígena deberá, sin embargo, detener algunas tendencias reformistas que se reproducen en el seno de su gobierno y que toman como referencia, ignorando las realidades específicas, al Brasil de Lula. Por eso, adquiere un valor extraordinario las palabras de Marx: «las revoluciones proletarias [en el caso boliviano habrá que decir indígena-popular], como las del siglo XIX [habrá que decir siglo XXI], se critican constantemente a sí mismas, se interrumpen continuamente en su propia marcha, vuelven sobre lo que parecía terminado, para comenzar de nuevo, se burlan concienzuda y cruelmente de las indecisiones, de los lados flojos y de la mezquindad de sus primeros intentos...».[44]

La crisis estatal está en su recta final. De ella saldrá victorioso el bloque que más inteligencia, iniciativa y fuerza tenga. La tensión entre democracia y violencia se hará más visible, pero una de ellas se impondrá sobre la otra, de eso no hay duda. La capacidad del gobierno para defenderse está en juego, pero sobre todo para acortar favorablemente los tiempos y administrar sabiamente los ritmos. Si no lo hace, volviendo al punto de partida de este análisis, el estallido de la violencia a iniciativa del imperialismo y la derecha está a la vuelta de la esquina. Honduras es una prueba de ello. Por eso, quizás en esta cuarta crisis estatal, que es la segunda más larga de la historia republicana, no sea casual que el presidente Evo Morales esté empleando frecuentemente, a la conclusión de los actos de masa, la consigna Patria o Muerte, Venceremos.

Notas

1. Vladimir Ilich Lenin: «Marxismo o reformismo», *Obras Escogidas*, Editorial Progreso, Moscú, 1984, t. 24, p. 1. En ese artículo, escrito en 1913, Lenin abre una dura polémica con los liquidadores de Petersburgo, a quienes considera aliados de la burguesía al hacer creer a los trabajadores el beneficio estratégico de las medidas reformistas sin alterar las condiciones estructurales.

2. Ibidem: p. 1.

3. Rosa Luxemburgo: «Reforma o revolución», *Manifiesto. Tres textos clásicos para cambiar el mundo*, Ocean Sur, México D. F., 2006, p. 77.

4. Ibidem: p. 138.

5. El líder de la primera revolución socialista triunfante en el mundo, Lenin, en uno de sus trabajos escritos en 1917, sostenía que en toda revolución, para ser considerada verdadera, tiene que producirse el desplazamiento de una clase por otra. Vladimir Ilich Lenin: *Desplazamiento de clases*, Editorial Progreso, Moscú, 1985, p. 412.

6. Si bien el Che parte de un análisis de lo alcanzado por la Revolución Cubana a un año de su triunfo, incorpora criterios de un valor universal y recupera el principio leninista de que, Estado que pierde soberanía económica, pierde independencia política. Ernesto Che Guevara: «Soberanía política e independencia económica», *Che Guevara Presente*, Ocean Sur, México D. F., 2005, p. 106.

7. Idem.

8. Para un valioso aporte al debate de ideas sobre cómo el ciclo de rotación transnacional del capital, a su vez, genera un poder político transnacionalizado que deberá ser tomado en cuenta a la hora de la revolución o incluso de la reforma social progresista, véase a Roberto Regalado: *América Latina entre siglos: dominación, crisis, lucha social y alternativas políticas de la izquierda* (edición actualizada), Ocean Sur, México D. F., 2006, pp. 11-16.

9. Al analizar cómo, en las condiciones actuales, las telecomunicaciones y la informática le confieren al capitalismo una dimensión global, el sociólogo belga François Houtart recuerda que, hace más de siglo y medio, Marx afirmó que el capitalismo destruye las dos fuentes de su propia riqueza: la naturaleza y los seres humanos. Véase a François Houtart: «Los movimientos sociales y la construcción de un nuevo sujeto histórico», *Teoría Marxista hoy*, Clacso, Buenos Aires, 2006, p. 437.

10. Al analizar el papel de Bonaparte en la Revolución Francesa, Marx sostenía que: «La revolución social del siglo XIX no puede sacar su poesía del pasado, sino solamente del porvenir. No puede comenzar su propia tarea antes de despojarse de toda veneración supersticiosa por el pasado. Las anteriores revoluciones necesitaban remontarse a los recuerdos de la historia universal para aturdirse acerca de su propio contenido. La revolución del siglo XIX debe dejar que los muertos entierren a sus muertos, para obrar conciencia de su propio contenido. Allí, la frase desbordaba el contenido; aquí, el contenido desborda la frase». Carlos Marx: «El dieciocho de brumario de Luis Bonaparte», Carlos Marx y Federico Engels, *Obras Escogidas* en tres tomos, Editorial Progreso, Moscú, 1973, t. 1, pp. 410-411.

11. Fidel Castro Ruz: Discurso pronunciado el 1ro. de mayo de 2001, *Granma*, 2 de mayo de 2001, p. 4.

12. Víctor Paz Estenssoro (1985-1989), Jaime Paz Zamora (1989-1993), Gonzalo Sánchez de Lozada (1993-1997), Hugo Banzer Suárez-Jorge Quiroga (1997-2002) y Gonzalo Sánchez de Lozada (2002-2003) han sido presidentes de Bolivia tras recuperarse las libertades democráticas formales. Ninguno de ellos fue elegido directamente. Todos ellos acudieron a la llamada democracia pactada para asegurar su elección a la presidencia sin la participación del pueblo. Véase a Hugo Moldiz: *Bolivia en los tiempos de Evo. Claves para entender el proceso boliviano*, Ocean Sur D.F., México, 2008.

13. Una revisión de la historia boliviana permite establecer que son cuatro las crisis de Estado: la primera fue a fines del siglo XIX, con la denominada Guerra Federal; la segunda, en la posguerra del Chaco (que es la más larga pues duró entre 1932 y 1952); la tercera, con la caída del capitalismo de Estado (que es la más corta porque abarca de 1982 a 1985; y la cuarta la que provoca el agotamiento del neoliberalismo, que se inició en 1998 y está a punto de resolverse por la vía de la constitución de un nuevo bloque histórico. Véase, ibidem, pp. 11-30.

14. El teórico italiano sostenía que una crisis orgánica, como definía a la crisis de Estado, es una ruptura entre la estructura y la superestructura, y que consiste en que «muere lo viejo sin que pueda nacer lo nuevo». Hugues Portelli: *Gramsci y el bloque histórico*, Siglo XXI Editores, Bogotá, 1982, p. 121.

15. Para mayor información consultar a Hugo Moldiz: *Bolivia en los tiempos de Evo. Claves para entender el proceso boliviano*, op. cit.

16. El filósofo y politólogo boliviano, Luis Tapia, sostiene que esa nueva burguesía, creada en 1952, se encargó de desmontar el Estado nacionalista mediante gobiernos de coalición *multipartidario* pero *monoclasistas*, y que produjo un modelo excluyente en lo político y concentrador de riqueza en lo económico. Luis Tapia: *La coyuntura de la autonomía relativa del Estado*, Muela del Diablo Editores, La Paz, 2009, p. 110.

17. Para el autor el poder, al igual que el Estado, no constituyen una abstracción metafísica situada por encima de las clases sociales. El poder le es inherente a la clase, por lo que, en realidad, por «toma del poder» se debe entender la ocupación de los

centros institucionalizados (Poder Ejecutivo, Poder Legislativo y Poder Judicial), para construir una institucionalidad nueva que sea la expresión del nuevo poder.

18. Tapia advierte que una de las expresiones de la autonomía relativa del Estado es la constitución de una burocracia política que, sin ser directamente de origen burgués, por ejemplo, puede terminar administrando el Estado en beneficio de los intereses de la clase dominante. Luis Tapia: *La coyuntura de la autonomía relativa del Estado*, op. cit., pp. 112-113.

19. El sociólogo francés Pierre Bordieu sostiene que el principio de visión y división no son en absoluto gratuitos ya que son constitutivos de grupos y por consiguiente de fuerzas sociales. Cita como ejemplo que se ha establecido el principio de división entre los profesionales de la política y los bárbaros. Véase a Pierre Bordieu: *El campo político*, Plural Editores, La Paz, 2001.

20. El irlandés John Holloway, uno de los intelectuales que se inspiraron en el zapatismo, y que, al mismo tiempo, trataron de influir en ese movimiento que sorpresivamente irrumpió en la escena política mexicana y mundial el 1ro. de enero de 1994, sostiene, en una clara confusión entre el poder inherente a las clases o grupos sociales y el poder político del Estado, que los movimientos que piensan trascender el capitalismo deben proponerse «cambiar el mundo sin tomar el poder». Uno de sus principales críticos es el intelectual argentino Atilio Borón, quien considera que ese tipo de proposiciones provoca confusión en el movimiento revolucionario y, en los hechos, como sucede con Tony Negri en *Imperio*, pues favorece la reproducción de las clases dominantes.

21. El teórico italiano Antonio Gramsci hizo énfasis en el concepto de hegemonía, en particular, en cómo una clase puede y debe convertirse en clase dirigente antes de ser clase políticamente dominante. Buci-Glucksmann: *Gramsci y el Estado*, Siglo XXI Editores, Bogotá, 1975.

22. Fidel Castro Ruz: *El pensamiento de Fidel Castro. Selección temática*, Editora Política, La Habana, t. 1, v. 2, p. 443.

23. Por revolución pasiva Gramsci entendió, entre otros rasgos destacados, el impulso de cambios que lejos de transformar la sociedad y el Estado más bien abrían un proceso de reconstitución del sistema. Véase a Buci-Glucksmann: *Gramsci y el Estado*, op. cit., p. 389.

24. Véase a Vladimir Ilich Lenin: «El Estado y la revolución», *Obras Completas*, Editorial Progreso, Moscú, 1986, t. 33, p. 8.

25. Federico Engels: «El origen de la familia, la propiedad privada y el Estado», Carlos Marx y Federico Engels, *Obras Escogidas* en tres tomos, Editora Política, La Habana, 1963, t. 3, p. 181.

26. Tapia sostiene que se está ingresando a un momento decisivo para saber el curso que tomará la Revolución Boliviana. Véase a Luis Tapia: *La coyuntura de la autonomía relativa del Estado*, op. cit., p. 174.

27. Ibidem.

28. Nueva Constitución Política del Estado, artículo 307.

29. *El vivir bien* o el *suma qamaña* es el paradigma del nuevo orden societal y estatal al que aspira el bloque nacional-indígena-popular, lo que es una manera de hacer referencia al *socialismo comunitario* del cual habla el presidente Evo Morales.

30. Raúl Prada: «Análisis de la nueva Constitución Política del Estado», *Crítica y Emancipación* (I), Buenos Aires, 2008, p. 43.

31. Para el vicepresidente boliviano, un intelectual de gran prestigio que militó en el Ejército Guerrillero Tupac Katari (EGTK), el «capitalismo andino-amazónico» promueve la ruptura de las cadenas que aprisionan el potencial comunitario y expansivo de esas economías campesinas. Pablo Stefanoni y otros: *Conversaciones con Álvaro García Linera*, Ocean Sur, México D. F., 2008, p. 80.

32. José Natanson: «Hay múltiples modelos para la izquierda», *Pulso*, edición 399, La Paz, del 25 de mayo al 31 de mayo de 2007, La Paz, pp. 12-13.

33. «Apostamos a un proceso de redistribución pactada del poder con un nuevo núcleo articulador: el movimiento indígena.» Álvaro García Linera: *Pulso*, edición 399, La Paz, del 25 de mayo al 31 de mayo de 2007.

34. Ibidem.

35. Para el Vicepresidente de Bolivia, «El punto de bifurcación hace, que o bien haya una contrarrevolución exitosa y se regrese al viejo Estado en nuevas condiciones, o bien que se consolide el nuevo Estado, con conflictos todavía, pero en el contexto de su estabilización». Álvaro García Linera: «Empate catastrófico y punto de bifurcación», *Crítica y Emancipación* (I), Buenos Aires, 2008, p. 27.

36. En abril de 2009, los servicios de seguridad del Estado desactivaron una célula paramilitar en la ciudad de Santa Cruz. Las investigaciones conducen a que esa instancia irregular, integrada por bolivianos y extranjeros, se propuso la división del país.

37. Álvaro García Linera: «Empate catastrófico y punto de bifurcación», op. cit., p. 27.

38. Ibidem: p. 29.

39. Ibidem: p. 27.

40. En esa misma obra, la teórica alemana sostiene que «la reforma y la revolución no son, por tanto, distintos métodos del progreso histórico, que puedan optarse libremente en el mostrador de la historia, como cuando se eligen salchichas calientes o frías, sino que son *momentos* distintos en el desarrollo de la sociedad de clases, que se condicionan y complementan entre sí, y, a su vez, se excluyen mutuamente, como el Polo Norte y el Polo Sur, o la burguesía y el proletariado». Rosa Luxemburgo: «Reforma o revolución», op. cit., p. 137.

41. Ernesto Che Guevara: «Carta a Fidel Castro», *Contexto Latinoamericano* no. 5, México D. F., 2007, p. 108.

42. El intelectual argentino Atilio Borón proporciona algunos elementos de lo que se ha venido a denominar el socialismo del siglo XXI. Véase a Atilio Borón: *Socialismo del siglo XXI*, Ediciones Luxemburg, Buenos Aires, 2008.

43. El 2 de agosto de 2008, al inaugurar una universidad indígena en la occidental localidad rural de Warisata, el presidente Evo Morales anunció que después del referéndum revocatorio iba a profundizar el *socialismo comunitario*.

44. Véase a Carlos Marx: «El dieciocho de brumario de Luis Bonaparte», Carlos Marx y Federico Engels, *Obras Escogidas* en tres tomos, Editorial Progreso, Moscú, 1973, t. 1, pp. 411-412.

Que veinte años no es nada

Esteban Silva*

En julio de 1990, en medio del derrumbe del muro de Berlín y en momentos en que las privatizaciones y políticas de ajuste estructural neoliberal se expandían sin mayor contrapeso en América Latina y el Caribe, convocados por el Partido de los Trabajadores (PT), se reunían en São Paulo, Brasil, 48 partidos y movimientos de izquierda, comunistas, socialistas y progresistas de América Latina y el Caribe.

Aquel Foro tuvo una gran virtud; se constituyó en un espacio de confluencia internacional de fuerzas de izquierda en tiempos políticos extraordinariamente complejos y adversos. Parecía entonces que la hegemonía incontrarrestable del pensamiento único y el debilitamiento de los movimientos sociales y de la izquierda marcaría por largo tiempo nuestro continente.

Muchos se acomodaron ante el poder de la fuerza y del dinero. Otros confundieron la necesaria renovación del pensamiento y acción de transformación socialista perdiendo la esperanza y la convicción. Abandonaron la búsqueda crítica de la igualdad y la libertad como sentido primario de nuestras opciones. Otros, se quedaron paralizados en un ideologismo de manual, sectario, dogmatico y negador de la realidad, prefiriendo la marginalidad de las sectas y la «pureza de los puros».

---

*   Miembro de la Dirección Nacional de los Socialistas Allendistas, director ejecutivo de la Campaña Presidencial de Jorge Arrate (candidato de la coalición Juntos Podemos Mas-Frente Amplio) y director de Relaciones Internacionales del Instituto Latinoamericano de Altos Estudios Sociales (ILAES).

La discusión sobre la transformación anticapitalista y el socialismo, sobre la reforma *versus* la revolución, se encontraba ausente y no se podía advertir en el escenario de los pueblos una crítica de fondo al capitalismo.

Al finalizar el siglo XX, parecía que terminaba de manera oscura para la idea misma de la emancipación de los seres humanos, para la idea de que es posible construir una racionalidad distinta al mercantilismo, a la «explotación del hombre por el hombre» y la competencia en beneficio del más fuerte y poderoso.

El Foro de São Paulo, conmemora su nacimiento diecinueve años después en un contexto político e histórico muy diferente. Hoy, importantes países de América del Sur, Centroamérica y el Caribe se encuentran gobernados por coaliciones y partidos miembros del Foro. Aumenta la participación de la izquierda y las fuerzas progresistas en los gobiernos regionales y municipales, el poder legislativo y el poder nacional. Surgen nuevas fuerzas y movimientos sociales, particularmente indígenas, campesinos y urbanos, expresando nuevos espacios de protagonismo popular.

No obstante el peso en los grandes medios de comunicación de las ideas conservadoras que pregonaban el fin de la historia y de la gran influencia de las desastrosas políticas económicas implantadas de acuerdo al Consenso de Washington, presentadas como lo «correcto y posible», ellas comenzaron a ser crecientemente cuestionadas en múltiples ámbitos. Quienes esgrimían una particular concepción de la gobernabilidad para asegurar la reproducción de la economía política dominante, hoy se ven obligados a ceder e incorporar la necesidad de la cohesión social.

Poco a poco, la protesta social comienza a dejar de ser estigmatizada y criminalizada. Descolocados por el resurgimiento e influencia de las opciones de izquierda, desde los sectores conservadores surgen todo tipo de analistas que reparten certificados de buena conducta. Buscan contraponer ciertos gobiernos y posturas de izquierda y progresistas, calificadas como correctas, por ser «centristas, sistémicas, modernas y aceptables», con aquellas izquierdas y gobiernos «radicales, populistas, estatistas y bolivarianos». Aquel ideologizado reduccionismo refleja, sin embargo, un saludable síntoma: las fuerzas de izquierda y del cambio constituyen hoy un actor real, heterogéneo y dinámico en proceso de crecimiento y sobre todo de reconstitución.

Temas ausentes y conceptos estigmatizados tales como: socialismo, alternativas al neoliberalismo, democracia participativa, soberanía económica, fortalecimiento del rol del Estado, regulaciones, regalías mineras, reformas agrarias y tributarias, antimperialismo y multilateralismo, comercio justo y subsidios, derechos humanos y sociales, igualdad de género y derechos reproductivos, pueblos originarios, ecología y sustentabilidad ambiental, diversidades étnicas, sexuales y culturales, integración en infraestructura, energía y cultura, comenzaron a recobrar ciudadanía y protagonismo, volvieron a irrumpir en la agenda política, gubernamental, en los medios de comunicación, en las calles, en los sindicatos, en las organizaciones barriales y en las plazas públicas. Irrumpieron también en los salones del poder.

Estas ideas y el debate sobre ellas recuperan su vinculación con las preocupaciones reales y el imaginario de la ciudadanía y movimientos organizados de nuestra América.

A pesar de que «veinte años no es nada», no pocas cosas han cambiado en América Latina y el Caribe.

Junto con la irrupción de actores sociales y políticos de izquierda que han dinamizado el cambio, se ha producido el estancamiento, debilitamiento o desaparición de importantes fuerzas políticas «tradicionales» del movimiento obrero y socialista en América Latina. Otras se encuentran en proceso de mutación, a medio camino de ponerse al día respecto de las nuevas formas y propuestas de los movimientos y partidos de la izquierda del siglo XXI.

Estos cambios han implicado también un nuevo impulso para los procesos de integración como la Unión Sudamericana de Naciones (UNASUR) así como nuevas concepciones de integración progresistas como la Alianza Bolivariana para los Pueblos de Nuestra América (ALBA).

Allendismo, izquierda y socialismo del siglo XXI

Luego de 20 años de gobiernos democráticos liderados por la Concertación de Partidos por la Democracia, la correlación de Chile es todavía profundamente conservadora como resultado del modelo neoliberal e institucional vigente, del pensamiento único y de una democracia de baja intensidad.

La búsqueda de la recomposición de una Izquierda Unida con un poderoso componente socialista allendista, forma parte del ADN y de la cultura profunda instalada en la idiosincrasia de los trabajadores y el movimiento popular chileno, pues ella ha sido históricamente un factor de crecimiento y posibilidad de ofensiva popular.

La unidad de socialistas allendistas y comunistas junto a los cristianos de izquierda, y humanistas con los movimientos sociales, constituye una de las claves fundamentales para el crecimiento de una alternativa antineoliberal de transformación pendiente en la sociedad chilena.

La unidad de los Allendistas no solo suma, sino que multiplica. *Con ese objetivo, y para disputar la fuerza histórica, actual y futura del socialismo y del allendismo redomiciliándolo en una clara alianza estratégica* de izquierda, se ha ido constituido progresivamente en el país el Socialismo Allendista, conformado por cuadros socialistas de izquierda provenientes del Partido Socialista de Chile (PSCh) y otros que lo han abandonado en los últimos años, junto a cuadros provenientes de otras vertientes socialistas y revolucionarias.

Desde el seno del socialismo y con su reubicación en la izquierda y en proceso activo de unidad con las fuerzas de origen comunista, cristianas y laicas, buscamos resolver la disputa por el carácter y tipo de izquierda que hegemónicamente se expandirá en Chile. Por estas razones, para los Socialistas Allendistas enfrentar las posturas y concepciones socialdemócratas o socialistas liberales, se convierte también en una batalla estratégica, en una batalla de las ideas y por la hegemonía cultural, pues aquello determinará el avance y reinstalación de una izquierda allendista y por tanto antisistémica y revolucionaria en Chile.

En este contexto, se inscribe, por ejemplo, la crítica política e ideológica que los socialistas allendistas formularon a raíz de la «Cumbre Progresista» organizada por los partidarios de la llamada Tercera Vía y la presidenta Bachelet en marzo del 2009, en la ciudad de Viña del Mar, al señalar que la socialdemocracia europea y sus aliados de la Internacional Socialista (IS) en nuestra América se encuentran en «bancarrota» para enfrentar la actual crisis capitalista, los desafíos de la integración desde los intereses de los pueblos, así como la urgencia de profundizar la ofensiva y difusión del socialismo del siglo XXI.

El Allendismo asume entonces la tarea de hacer confluir y sumar hacia la izquierda parte importante de la cultura socialista y allendista popular, la misma que en las diversas elecciones ocurridas en los últimos 19 años ha respaldado a los candidatos del Partido Socialista, miembro de la coalición gobernante, partido que ha obtenido ininterrumpidamente un promedio electoral de 11% a 12% nacional y que ha sido capturado por una lógica cupular y burocrática, de orientación social liberal sobre la base de una alianza subordinada a la Democracia Cristiana y sectores tecnocráticos neo-liberales en la coalición de la Concertación, que hoy está en crisis terminal.

Se trata de reinstalar y resignificar así una fuerza socialista y allendista, heredera del Partido Socialista de Chile fundado por el joven Salvador Allende, y por quién fuera su primer líder, el comodoro Marmaduque Grove, militar revolucionario y fundador de la Fuerza Aérea de Chile. Grove, precursoramente, en 1932, al mando de una Junta Militar Revolucionaria constituyó la República Socialista de los 12 días.

En su Declaración de Principios, el Partido Socialista de Chile, fundado el 19 de abril de 1933, asumía «el marxismo como método de interpretación de la realidad» y señalaba que «la doctrina socialista es de carácter internacional y exige una acción solidaria y coordinada de los trabajadores del mundo». Ya en aquel entonces señala que el PS «propugnará la unidad económica y política de los pueblos latinoamericanos para llegar a la Federación de las Repúblicas Socialistas del continente», impulsando una «política antimperialista como afirmación principal de una voluntad revolucionaria».

En síntesis, los cuatro ejes ordenadores del Socialismo Allendista son:

1. Primero, una candidatura presidencial unitaria de la izquierda para reinstalar una fuerza allendista con el impulso y la difusión de un programa alternativo de gobierno y la formación de un Frente Amplio de la izquierda más allá de las elecciones de diciembre del 2009.

2. Segundo, acumular fuerzas para perforar la exclusión social y política de la izquierda en el parlamento y en la sociedad, generada por la actual Constitución neoliberal y consagrada también por el actual sistema electoral binominal.

3. Tercero, instalar y socializar masivamente en la sociedad chilena la necesidad de una nueva Constitución, producto de una gran movilización popular y mediante una Asamblea Constituyente. Una nueva Constitución para modificar la correlación de fuerzas y abrir un cauce para la transformación reformista y revolucionaria que devuelva Chile la completa soberanía sobre nuestros recursos estratégicos y que ponga fin a la consagración de la propiedad privada como el derecho fundamental y a la actual concepción del Estado subsidiario que le impide ser un agente económico soberano, redistribuidor y regulador, para retomar el legado de Salvador Allende y así abrir un gran cauce popular y revolucionario de futuro, para construir en Chile el socialismo del siglo XXI. Como bien lo señalara el presidente Allende al cumplirse en 1971 un año de su gobierno, que no hay revolución sin transformación de la estructura social y que el fundamento de la revolución es la férrea unidad de los revolucionarios, de las masas populares.

4. Cuarto, la reconstitución del tejido social y del protagonismo popular mediante nuevas formas de organización y movilización social para enfrentar el conflicto social y de clases en la perspectiva de la construcción de nuevas hegemonías e imaginarios culturales.

Luego de 20 años de posdictadura, quizás lo que resume de mejor manera los nuevos desafíos para la reconstitución de una izquierda allendista en el Chile del bicentenario, lo resume la declaración de un significativo grupo de dirigentes y militantes socialistas al abandonar en julio del 2009 el PS para conformar una nueva fuerza del socialista y allendista:

El socialismo chileno se encuentra dividido, hoy solo anunciamos la formalización de esa realidad al materializar nuestra desafiliación como un acto colectivo.

Renunciamos al PS-Escalona, cuya actual directiva lo ha llevado a la peor crisis de su historia, producto de una conducción autoritaria, conservadora y excluyente.

Hoy el socialismo se expresa en dos proyectos y alianzas políticas distintas: UNA DE CENTRO Y LA OTRA DE IZQUIERDA. Uno liberal, otro socialista. Uno funcionario, otro militante.

Renunciamos al PS-Escalona para recuperar y proyectar en nuestra sociedad la tradición y fuerza histórica de izquierda del socialismo chileno: somos una fuerza anticapitalista y antimperialista, no socialdemócrata; somos latinoamericanistas. Somos una fuerza que busca la unidad de los trabajadores y de la izquierda, sin exclusiones para construir una alternativa de transformación y de futuro en Chile.

Reafirmamos nuestra decisión y llamado a construir una gran fuerza socialista allendista amplia y plural, heredera también del Partido Socialista de Chile fundado en 1933 por Grove y Allende, claramente domiciliada en alianza con las fuerzas de izquierda sociales y políticas articuladas hoy en el Juntos Podemos Más y en la actual confluencia de amplios sectores socialistas y de izquierda en torno a la campaña presidencial de Jorge Arrate, para avanzar en la construcción de un Frente Amplio de la izquierda y del progresismo más allá de diciembre próximo.

Lo hacemos para expresar nuestro compromiso de fortalecer y hacer crecer nacionalmente la candidatura de Jorge Arrate y su programa de Gobierno alternativo. Presentaremos candidaturas parlamentarias para respaldar la alternativa representada por Arrate, contribuyendo así a la campaña, a la lucha contra la exclusión y al desarrollo nacional de una fuerza socialista amplia, revolucionaria, moderna y plural que reivindica el legado de Salvador Allende y la vigencia del socialismo en el siglo XXI en Chile y en América Latina.

El Socialismo Allendista y la nueva fuerza que aspiramos a conformar centrarán su acción en la lucha por una Asamblea Constituyente para generar una nueva constitución para el inicio de un profundo y necesario cambio en nuestro país.

Convocamos a los socialistas, a los trabajadores, a los jóvenes, a los hombres y mujeres allendistas, a los rebeldes y luchadores sociales a construir una gran fuerza socialista para hacer de Chile un país soberano con justicia e igualdad.

Una coyuntura liberadora… ¿y después?

*Nils Castro**

Como bien sabemos, en el último decenio varios países latinoamericanos han experimentado uno u otro grado y forma de desplazamiento político a la izquierda. Esto ha ocupado a muchos analistas y hoy disponemos de una importante cantidad de explicaciones que, pese a la diversidad de métodos y posiciones, coinciden en sus principales señalamientos sobre los orígenes de ese fenómeno.

Sin embargo, aún tenemos pocas previsiones concretas sobre cuánto más esta tendencia se podrá extender y profundizar o, en caso de revertirse, lo que pudiera sobrevenir en su remplazo. Cuestión que, a su vez, reabre en nueva perspectiva un tema clásico: el de la dialéctica entre reforma y revolución o, más precisamente, el de si se dan o cuándo pueden darse, las condiciones para planteársela en términos reales.

En general se sabe cómo, tras el brutal ciclo de las dictaduras, el reflujo de las rebeliones guerrilleras y la reinstauración de las democracias civiles, sobrevino la ofensiva neoconservadora y la consiguiente imposición de los reajustes «estructurales» resumidos en el llamado Consenso de Washington. Acontecimientos que por otra parte, en el ámbito externo, coincidieron con la crisis y el colapso de la URSS y del autotitulado *campo socialista*, y los efectos que eso temporalmente le infligió a las certidumbres, el prestigio y la convocatoria de las izquierdas latinoamericanas.

---

* Politólogo, diplomático y dirigente del Partido Revolucionario Democrático (PRD), de Panamá.

Lo viejo ha muerto, pero…

En ese contexto, nuestros pueblos —azotados por las consecuencias de la deuda externa, los efectos de la hiperinflación, la escasez de alternativas ideológicas viables y el temor al regreso de los militares— no obtuvieron las democracias que hubieran deseado, sino apenas las que se les concedieron mediante las respectivas transiciones pactadas entre los generales, los partidos tradicionales, las políticas estadounidenses de la época y las autoridades financieras internacionales, una modalidad de democracia restringida que, si bien no satisfizo muchas de las expectativas populares, al menos restableció cuotas de derechos civiles, libertades públicas y esperanzas electorales.

Esa democracia, generalmente concebida para regular la rotación entre administraciones oligárquicas formalmente electas, y restringir la participación de opciones contestatarias, fue naturalmente débil ante la ofensiva neoconservadora y las tesis neoliberales que esta implantó. Destinada a administrar políticamente el servicio de la deuda externa y aplicar las reformas recetadas por el Consenso de Washington —y a controlar sus previsibles efectos sociopolíticos— hoy la llamamos *democracia neoliberal* por el contenido de la gestión económica que le tocó implementar.

Por supuesto, las formas, modalidades, grados y calendarios con los cuales esto se concretó en las distintas latitudes latinoamericanas fueron tan diversos como los respectivos casos y procesos nacionales. Por lo mismo, también han sido distintos los correspondientes efectos y secuelas.

No obstante, ya se pueden constatar dos apreciaciones: la primera, que sin tener que vérselas con adversarios de mayor consideración, la ofensiva neoconservadora tuvo hondas y extendidas consecuencias ideológicas, no solo entre las clases dominantes sino también entre las capas medias y la intelectualidad política, empresarial y académica. Frente a los vacíos y obsolescencias ideológicas dejadas por la «caída del muro», las tesis del Consenso de Washington penetraron como lugares comunes en el razonamiento de las dirigencias latinoamericanas, incluso entre las de algunas izquierdas a las que «jaló» hacia el centrismo político.

En Europa Occidental, por ejemplo, gran parte de la socialdemocracia buscó conciliar su herencia socialista con las tesis neoliberales, lo que no resultó en «actualizarse» sino en extraviar su propia identidad y programa políticos. Los grandes partidos socialistas europeos que por esa vía se deslizaron hacia el centro no solo perdieron su razón de ser sino también a millones de electores decepcionados, obsequiándole así una nueva oportunidad a las derechas. Sus imitadores latinoamericanos no corrieron mejor suerte.

La segunda, que tras una inicial estabilización macroeconómica, las políticas neoliberales pasaron a generar feroces consecuencias sociales. Aquí no es indispensable volver a describirlas, puesto que hay abundante literatura sobre el tema.

Pero sí conviene recordar que esas consecuencias sociales afectaron negativamente la estructura y cohesión de la clase trabajadora, y enflaqueció sus organizaciones, dado que muchos de sus miembros tuvieron que dispersarse para sobrevivir en la informalidad o la emigración. Asimismo, proletarizó, cambió el perfil ocupacional y redujo la autonomía de distintas fracciones de las capas medias. Al propio tiempo, millones de fugitivos de la crisis rural siguieron migrando a las ciudades, pero ya no para engrosar la clase obrera sino los cinturones de miseria urbana. Eso aglomeró un nuevo actor social que Frei Betto denomina el «pobretariado».

Con el tiempo, la prolongación de las frustraciones y disgustos provocados por los desgarradores efectos de esas políticas acumularía una creciente masa de malestares e inconformidad sociales, combinados con una flagrante carencia de propuestas y organizaciones políticas capaces de ofrecerles objetivos y canalización. A la postre, esa masa sin cabeza conductora empezaría a insurreccionar ciudades —Caracas, el Alto, Quito, Buenos Aires— y defenestrar gobiernos sin disponer todavía de otra alternativa que instituir en su lugar.

Si se me permite una digresión agregaré, por si no bastara la constatación académica de que la doctrina neoliberal es una elucubración ideológica plagada de errores teóricos, que las consecuencias sociales de su aplicación —especialmente las aplicaciones indiscriminadas, mecánicas y masivas auspiciadas por los organismos financieros internacionales— demostraron que conlleva prácticas inhumanas, al final de cuentas peligrosas para la estabilidad social y la gobernabilidad que interesan a sus mismos promotores. Particularmente, cuando el «achicamiento» neoliberal del Estado lo priva de los poderes requeridos para subsanar problemas sociales, prever y corregir efectos malsanos, y ejercer la conducción de sus propias poblaciones.

Es decir, en breve la práctica de los postulados del Consenso de Washington no solo evidenció su fracaso con la escasez de éxitos en la arena económica, sino también con la provocación de irritaciones sociales y el cuestionamiento de los sistemas políticos establecidos. Esto es, poniendo en crisis a la propia democracia restringida o neoliberal, incapaz de administrar las consecuencias de la aplicación de dichos postulados. Enseguida de ocasionar una ilusoria y breve primera impresión, lo que el neoliberalismo logró no fue pegarse un tiro en el pie, sino en la mano de empuñar el revólver.

Y ahora, bajo el impacto de la crisis económica mundial engendrada en las grandes instituciones financieras estadounidenses y europeas, hasta los ortodoxos más obsesivos aceptan que la desregulación y la consiguiente falta de supervisión y control del Estado indujeron y aceleraron esa catástrofe. Ahora —cuando los mercados del Norte siguen al borde del naufragio y millones de trabajadores (y de parásitos) norteamericanos y europeos están al garete— reconocen los peligrosos efectos de esa prédica, pese a que los latinoamericanos hace años los veníamos exhibiendo y denunciando. Con lo cual ahora todos admiten que finalmente el muro neoliberal también ha caído.

Paradójicamente, nuestras izquierdas hace mucho lo advirtieron mediante una crítica sistemática de las hipótesis y las prácticas neoliberales, y de sus dolorosas consecuencias sociales. Aun así, no por ello dispusieron de lo necesario para elaborar y proponer otra alternativa de pensamiento económico capaz de superar y remplazar los planteamientos neoliberales, como tampoco de lo requerido para prever y sortear la crisis económica mundial, pese a tantos años de anunciar que ella iba a sobrevenir.

En una situación que recuerda la descrita por Antonio Gramsci, el pasado ya muere sin que todavía hayamos producido su sepulturero: el fracaso neoliberal (y el estallido de la crisis) ocurrieron antes de que hubiéramos elaborado un sistema conceptual y operativo idóneo para remplazarlo. Así las cosas, ¿de qué otro sistema conceptual podremos disponer —y cuándo— para manejar la crisis e impulsar nuestras propias alternativas de desarrollo —especialmente ahora que los grandes adversarios del cambio histórico están en problemas—, sin dañar la integración Sur-Sur ni retroceder a antiguos aislamientos proteccionistas?

Una crisis del sistema político

De regreso al tema del actual desplazamiento a la izquierda de varios gobiernos latinoamericanos, cabe observar que la mayoría de los estudios disponibles acerca de las consecuencias del neoliberalismo, y de sus incidencias entre los electores en nuestros países, vienen de análisis de género económico y sociológico. A ellos corresponden muchos aciertos. Mas será oportuno añadir algunas apreciaciones sobre el aspecto específicamente político del fenómeno.

Las democracias restringidas ofrecieron un ámbito acotado donde ejercer cierta convivencia social, libertades públicas y derechos ciudadanos. La sustentación económica de ese ámbito generalmente correspondió, en uno u otro grado y forma, a los tranquilizadores efectos iniciales de los «reajustes» neoliberales. Las más de las veces su uso implicó gobiernos civiles débiles y atormentados por el desastre económico legado por los regímenes oligárquico-militares —el servicio de la deuda externa incluido—, los respectivos espectros de estancamiento, desempleo e hiperinflación y el consiguiente apremio por obtener financiamiento externo.

Esos gobiernos nacieron en una trampa, cuyas precariedades y urgencias económicas y políticas fueron impiadosamente aprovechadas por los tecnócratas de las instituciones financieras internacionales y otros agentes financieros extranjeros —ninguno de ellos democráticamente electo—, destinada a hacerlos asumir los respectivos compromisos y «reajustes». Aplicarlos no fue cuestión de si nuestros gobernantes eran o no neoliberales o estaban dispuestos a convertirse: aquella no fue una opción voluntaria y quienes se resistieron no tuvieron oportunidad de superar el embrollo.

En el ámbito social y político así acotado, las democracias restringidas funcionaron según lo que alguna vez califiqué como democracias de servicio a la deuda (externa) y gobiernos civiles de administración de la crisis (social). Por lo que se requería diferenciar «la democracia que deseábamos» de «la que nos dejaron tener», a fin de destacar la necesidad de impulsar movilizaciones y usar los mecanismos disponibles para rehacer esa democracia «real» o realmente existente y lograr «la democracia que queremos».[1]

Ese género de régimen democrático, como cualquier otro, demanda y genera su propio *sistema político*, el que le sea más funcional. No aludo con esto solo a la entidad político-electoral constituida por los partidos, normas, autoridades y calendarios que intervienen en la organización y el financiamiento de comicios y participan directamente en su realización. Más abarcadoramente, me refiero al conjunto mayor e inclusivo de todos los diversos agentes sociales, económicos, institucionales, culturales y políticos que interactúan para constituir el ambiente dentro del cual se forman y rehacen las agendas temáticas, actitudes, corrientes de opinión y liderazgos que sustentan, moldean y le dan determinada conformidad y previsibilidad a las conductas políticas de los principales sectores de la población, conjunto del cual dicha entidad o subsistema político-electoral es una parte.

Un ambiente que, así, propicia la aceptación, legitimación y acatamiento de ciertos parámetros y reglas del juego —escritas o no— dentro de las cuales los contendientes políticos podrán actuar normalmente (en el sentido de que «normal» es aquello que se atiene a la norma), e incluso relevarse entre sí. Lo que debe conseguirse una y otra vez sin desestabilizar el funcionamiento y la continuidad (o re-producción) del conjunto de la totalidad cultural, social y económica que el sistema político debe reiteradamente cohesionar, administrar y representar.

Como es sabido, para moldear el ambiente social donde se consagran y acatan esas reglas del juego, y donde se moldean las agendas políticas y la conformidad de los comportamientos políticos (en el sentido no solo de moldear y consensuar actitudes y expectativas sociales, sino de desacreditar y marginar todo amago de inconformidad), tiene especial relevancia el control y la penetración de los medios de comunicación. Estos siempre han tenido enorme influencia: desde el poder oscurantista del púlpito en la Edad Media, al de la imprenta en la difusión de las otras formas de pensar y las rebeliones de la Reforma, y el de la prensa en las insurgencias de los siglos XIX e inicios del XX, hasta la irrupción de la radio y la actual hegemonía de la televisión.

Hoy por hoy, los medios más poderosos funcionan como pilares de la dominación sociopolítica, incluso disputándole ese papel a los partidos políticos. Enseguida de cada una de las referidas zancadas del progreso en los instrumentos de comunicación masiva, las clases dominantes han procurado controlar y desarrollar a su manera los medios de mayor penetración. No solo para fines mercantiles, sino también para alinearlos a favor de la consolidación y defensa de los lugares comunes del pensamiento y las conductas sociales que sus propietarios consideran más funcionales para reproducir el sistema político donde ellos protegen sus intereses.

Esto no significa, mecánicamente, que los medios más poderosos siempre expresan el pensamiento y las preferencias privadas de los prohombres de la clase dominante. Significa, eso sí, que difunden los modos de pensar y los comportamientos que esos prohombres procuran sembrar y consolidar en la cultura política de los demás sectores de la sociedad. De la misma forma, que la frase «la cultura dominante es la cultura de la clase dominante» no significa que la burguesía se afana para que todo obrero piense como un burgués, sino que el burgués educa a su hijo para hacer de él un ejecutivo exitoso, pero al obrero para formarlo como un autómata disciplinado y rentable.

En el caso que nos ocupa, los medios de comunicación son un poderoso instrumento de cultivo y administración de la cultura política correspondiente al respectivo sistema de dominación social. Con este fin, en la prensa y la publicidad, así como en la cultura, la clase dominante reparte los roles y valores culturales e informativos que mejor corresponden a la finalidad de preservar y perfeccionar su dominación, procurando que los demás grupos sociales asuman los comportamientos públicos —distintos pero complementarios— que mejor correspondan a la misma.

Privatización y resocialización del sistema

En la democracia restringida —ya sea esta neoliberal o posneoliberal—[2] esto contribuye continuamente al efecto de encarecimiento y virtual *privatización* de las actividades políticas, sobre todo las actividades electorales. Para lograr implantarse, los partidos, candidaturas y propuestas progresistas están virtualmente forzados a realizar campañas cada vez más costosas, que con frecuencia requieren contratar expertos extranjeros y empresas transnacionales de la publicidad. En muchos de nuestros países, el principal acreedor (y extorsionador) de los partidos y/o los candidatos son los consorcios que dominan la televisión.

Los subsidios estatales destinados a mitigar esa situación, cuando los hay, suelen ser insuficientes y estar sesgadamente distribuidos. Para los grandes partidos conservadores esto no es un problema, ya que como tales cuentan con el respaldo de los poderes económicos dominantes. En tal caso, medios y partidos son dos botones de la mancuerna que adorna la mano de la clase que maneja la batuta. Los contrincantes políticos burgueses se retan en las tribunas políticas pero comparten el café y los intereses en las juntas directivas de las mismas empresas.

Ello tiene efectos sistemáticamente selectivos y excluyentes contra los movimientos sociales y partidos contestatarios, los cuales así quedan obligados a hacer esfuerzos desproporcionados para financiar sus actividades regulares y campañas electorales. Eso les plantea el reto de desarrollar procedimientos originales y creativos para hacerle frente a semejante desigualdad de condiciones competitivas.

Este hecho lleva a destacar una cuestión de extrema importancia: la principal necesidad de los movimientos y partidos que representan la inconformidad social y la lucha por lograr cambios de fondo es la de *producir una contracultura política* que oponerle a la implantada por el sistema existente.

La expansión y arraigo de esa contracultura es quien, llegado el momento, puede dar sustentación a campañas más eficaces, una vez que esa contracultura le posibilita a los sectores populares y medios desarrollar la necesaria independencia crítica frente a las influencias hegemónicas de los grandes medios de comunicación y los demás instrumentos ideológicos de la clase dominante. El desarrollo de esa contracultura le permite a las organizaciones populares plantearse una agenda propia capaz de ganar mayor sustentación social.

El éxito electoral de los movimientos y partidos contestatarios no puede depender de sus limitados recursos publicitarios y comunicativos de campaña, en el mismo terreno donde sus adversarios operan en situación ventajosa. Sobre todo, cuando la obtención de financiamientos de campaña obliga a pactar deudas y compromisos políticos con los donantes de esos recursos, una necesidad que no pocas veces hace mediatizar y hasta derechizar el discurso e incluso las propuestas de campaña, lo que contribuye a diluir tanto la identidad de los movimientos y partidos como la mística de sus seguidores, y a abrirle opciones al oportunismo.

Así pues, en el marco «normal» de la democracia neoliberal no han sido pocos los obstáculos de este género que las izquierdas han debido superar. Incluso así, al cabo de un tiempo en varios de nuestros países las consecuencias de las políticas neoliberales contribuyeron a acumular disgustos e inconformidades sociales que terminaron por desbordar los cauces del sistema político establecido, desacreditado y desautorizado por su ineficacia para responder a las demandas populares y de las capas medias. En diversos tiempos y formas según cada realidad nacional, el malestar y las disconformidades sociales sobrepujaron al sistema establecido, cuestionándolo, desacatándolo y ocasionando los consiguientes efectos políticos.

De antemano, la incapacidad manifiesta de las prácticas políticas tradicionales y de los partidos ya instalados en el sistema —algunos de izquierda incluidos— para resolver el malestar social y construir soluciones alternas los llevó, asimismo, a compartir ese descrédito y perder la confianza pública. Después de probar inútilmente unas y otras de las opciones existentes, la mayoría de los electores pasó al escepticismo y el abstencionismo, y a la *antipolítica* en general, como forma —más emotiva que racional— de repudio generalizado a los partidos y los políticos, estigmatizándolos en bloque como cúpulas insensibles a la suerte de la población.

Al cabo, por diferentes caminos las consiguientes explosiones sociales y sus posteriores consecuencias políticas han dado lugar a la elección de los gobiernos progresistas surgidos en los últimos años. No es cuestión de intentar aquí un relato histórico de esos procesos, ya conocidos.

Antes bien, intentando una mirada de conjunto, lo que sí cabe es observar que ese fenómeno se ha realizado a lo largo de dos rutas, que no necesariamente se excluyen entre sí y que en algunos casos se han relevado consecutivamente: primera, esa donde la profundización de la disconformidad dio lugar a sucesivos levantamientos urbanos, capaces de tumbar gobiernos, pero carentes de las propuestas y la organización necesarias para instaurar nuevos regímenes. Segunda, aquella donde el disgusto social llevó a la mayoría de los electores a secundar una opción electoral contestataria del sistema político vigente.

En el primer caso —como en Caracas, en Buenos Aires, en el Alto y la Paz, o en Quito— los partidos y dirigencias políticas tradicionales ya no estaban en condiciones de sortear el descontento. La rebelión urbana desconoció, desacralizó e inutilizó al sistema político vigente, y defenestró gobiernos o los dejó en situación precaria. Luego, según las singularidades y vicisitudes propias de cada caso nacional, lo que restaba de la anterior institucionalidad política apenas serviría para organizar un proceso electoral atípico que permitiera cederle el mando presidencial a un candidato contrapuesto al viejo sistema, es decir, un contracandidato u *outsider*, para evitar el riesgo de perderlo todo.

En el segundo, un sentimiento social de creciente y extendida insatisfacción respecto a las habituales opciones electorales ofrecidas por el sistema vigente, sin desembocar en un estallido civil, viabilizó la progresiva aceptación ciudadana de las propuestas de un movimiento o partido antisistémico o crítico del sistema, como en los casos de Chile, Brasil, Uruguay o Paraguay. Para lograrlo fue necesario invertir larga persistencia y, también, moderar los objetivos y el discurso de esos partidos. A la postre, se instaló un gobierno venido de fuera del sistema político, pero sin experimentar levantamientos urbanos.

La primera variante viabilizó soluciones más radicales, que hicieron posible la opción de revisar y rehacer al sistema constitucional y político-electoral, como en los casos de Venezuela, Ecuador y Bolivia, aunque con mayores resistencias y dificultades en este último país debido a las complejidades y contrastes regionales, ideológicos y etnoculturales involucradas. Por su parte, pese a la fortaleza de la rebelión urbana bonaerense, la difícil definición de un nuevo liderazgo que pudiera orientar el cambio, junto a los obcecados vetos de unas izquierdas contra otras, terminaron por reducir la opción argentina a una variedad del segundo tipo, y moderar sus alcances.

Sin embargo, al cabo es claro que ninguno de esos ejemplos ha dado lugar a una revolución en el sentido clásico del término. Ninguno involucró la toma de la totalidad del Poder del Estado por una fuerza capaz de fundar una nueva formación histórica en remplazo del capitalismo. Entendido que no es lo mismo llegar al gobierno que tomar el Poder, todos esos procesos se resolvieron en cambios de gobierno institucionalmente obtenidos y reconocidos por medios electorales, más o menos en el marco de las restricciones o limitaciones características del sistema político preexistente.

Lo cual también significa que —dentro de las respectivas particularidades— la mayor parte de esos nuevos presidentes asumió la dirección del Órgano Ejecutivo sin disponer de las mayorías parlamentarias requeridas para poder ir más allá de cierto género de cambios, ni disponer de control sobre el Órgano Judicial, como tampoco sobre otros poderes reales como las fuerzas armadas, las instituciones financieras o los medios de comunicación. O, en su caso, del gobierno de los estados o provincias federales.

A esto se añade que, pese al colapso ideológico del neoliberalismo y el descrédito del reordenamiento estructural que éste hizo implantar, las reformas neoliberales han quedado como un hecho material ya establecido, o *hecho cumplido*, difícil de remover: quiérase o no, las privatizaciones están hechas, las reglas macroeconómicas y financieras implantadas siguen vigentes, hay compromisos jurídicos que cumplir, y esas realidades no son fáciles de remover.

Por añadidura, los nuevos gobiernos progresistas, en parte electos por efecto de las consecuencias políticas de las descalabradas secuelas del régimen anterior, a su vez se estrenaron constreñidos a priorizar la lucha contra la inflación y/o a salvar el valor de la moneda y/o recuperar el crédito y/o a mantener la dolarización, etc., etc., para evitar que dichas secuelas colapsaran al Estado. Esto es, constreñidos a rescatar la salud del capitalismo local para impedir un mayor agravamiento de la situación heredada y disponer de recursos con los cuales emprender proyectos de interés social.

En esas circunstancias, más que abrir el camino a un proceso revolucionario, con frecuencia los nuevos gobiernos progresistas han coincidido en tres grandes avenidas en las que han logrado significativa incidencia: la social, encaminada a combatir la pobreza, la exclusión, el hambre y el desempleo y, en la medida de lo factible, a mejorar la distribución del ingreso. La de rescate de soberanía, dirigida a recuperar importantes cuotas de autodeterminación e independencia, y convertir a América Latina en una comunidad de naciones con mucho mayor iniciativa frente a la tradicional hegemonía imperialista. Y la integracionista, orientada a concretarle mayor impulso a los procesos de integración Sur-Sur dentro de la región e incluso más allá del continente.

No obstante, con todo y su indudable valor en el ámbito de la liberación nacional, esto no configura un marco revolucionario, sino uno donde las cosas se pueden hacer mejor desde el punto de vista social y humanitario, así como uno donde se hace más factible recuperar y ampliar las condiciones «subjetivas» y organizativas necesarias para madurar otras aspiraciones colectivas de mayor aliento.

En realidad, se trata de los resultados políticos del malestar social que deslegitimó al sistema político existente —el de la democracia restringida y neoliberal— y lo puso en crisis. Una crisis política multiforme que desembocó en la disposición a apoyar candidatos y propuestas antisistémicas pero que, aún así, no conformó situaciones revolucionarias, esto es, no completó —no podía completar— los requisitos clásicos de una situación revolucionaria.

Al respecto no cabe menos que preguntarse: ¿estaban (o están) esos pueblos latinoamericanos en condiciones de materializar y defender desarrollos revolucionarios de mucho mayor alcance y riesgo? O, en su lugar, ¿qué más faltaba (y falta) para que eso pueda darse, y en qué medida estos gobiernos progresistas eventualmente podrán contribuir a viabilizarlo? En el lenguaje de los albores de la III Internacional, ¿qué hace falta para que tales procesos de liberación puedan dar pie a procesos revolucionarios?

Creo que el déficit radica en problemas confrontados en el desarrollo de los factores subjetivos y organizativos de las alternativas revolucionarias. Luego de un apogeo de las ideas y sentimientos revolucionarios de los años sesenta y setenta del siglo pasado, un conjunto de acontecimientos cuestionó o incluso frustró sus propuestas doctrinarias y sus expectativas.

Por una parte, el deterioro y desaparición de las opciones del nacionalismo revolucionario liderado por militares,[3] la desestabilización y violenta liquidación del intento democrático de Salvador Allende, y la derrota o desmovilización negociada de las alternativas guerrilleras. Por otra, la reformulación de la estrategia propuesta por China, el deterioro y colapso del ejemplo soviético —que para muchos aún tenía un valor paradigmático—, la aspereza sectaria del manejo de la diversidad entre las corrientes de izquierda, y la dureza del «período especial» cubano que llevó a mantener la solidaridad con la Isla pero desistir del modelo que ella representó. Y, explotando esos telones de fondo, la potencia y penetración de la ofensiva neoconservadora.

El derrumbe del modelo soviético pudo tener consecuencias liberadoras, al desembarazar las capacidades creativas del marxismo y el socialismo, en unos tiempos en que los pueblos latinoamericanos —peor sometidos, explotados y empobrecidos— más requerían nuevas soluciones revolucionarias. Pero ese conjunto de factores acarreó el cuestionamiento de no pocas confianzas y creencias, con un largo saldo de decepciones, incertidumbres y desmovilizaciones.

Aún así, dos lustros después la mayor parte de nuestros pueblos estuvieron listos para rechazar tanto las iniciativas neoliberales como a sus promotores. Mas ese repudio careció de otro conjunto de propuestas de izquierda que pudiera darle sentido y propósito a esa disconformidad. A diferencia de los años sesenta y setenta, en ausencia de la necesaria contracultura política las demandas se dirigieron más a reclamar la derogación de esas iniciativas específicas que a cuestionar al capitalismo como tal.[4]

En ese extravío intervinieron otros factores, incluso algunos que afectaron a los sujetos sociales de las alternativas revolucionarias. Las reestructuraciones implantadas durante la hegemonía neoliberal dispersaron una parte valiosa de los trabajadores y de la militancia obrera —eliminados o reformulados los puestos de trabajo, salieron a sobrevivir en la informalidad— y constituyeron otras modalidades del «pobretariado». Las capas medias se debilitaron en número y autonomía y una parte de la intelectualidad se vio arrollada por las nuevas dudas, recriminaciones y sectarismos.

No puede escamotearse el hecho de que grandes contingentes de los pobres y desplazados de las ciudades y el campo pasaron a engrosar las clientelas políticas de los líderes y partidos de la clase dominante, unas veces por un mendrugo pero otras seducidas por mucho más que eso. Hoy en varios países latinoamericanos también la derecha dispone de contingentes populares convencidos y organizados.

En el campo ideológico y cultural revertir esa situación no podía ser fácil ni rápido. Tampoco en el campo de la recreación de las conciencias de clase, donde es preciso recuperar la independencia política, la visión del interés colectivo, las opciones estratégicas y la cooperación solidaria de los distintos segmentos del nuevo «pobretariado».

Revertirla exige tanto renovar propuestas como remozar lenguajes y estilos, exige reformular los objetivos y los correspondientes métodos de actuación popular, en las circunstancias —esto es, las limitaciones y las oportunidades— de cada realidad nacional. Las derechas y sus clientelas pueden permitirse el lujo de ofrecer más de lo mismo, empaquetándolo en nuevos formatos. Las izquierdas no. Y menos cuando el sistema político está en crisis y sus ofertas ya no son confiables y, justamente ante una gran crisis económica mundial que desmiente al neoliberalismo pero agrava sus secuelas.

También los partidos son entidades vivas que, en interacción con otros actores del sistema político, en ocasiones crecen, se deforman o engarrotan; que pueden anclarse en las concepciones de una época o crear otras. Se pueden marchitar o relanzar, según dónde, cómo y para qué enraícen en unos u otros campos sociales y opciones históricas, donde pueden perder o recuperar autenticidad.[5]

¿Reforma o revolución? Mientras no dispongamos de propuestas que faciliten desarrollar la necesaria contracultura política y darle efectiva sustentación de masas a una renovada ofensiva revolucionaria, es irresponsable demandar que nuestros actuales gobiernos progresistas asuman ese papel. Ellos no son producto de una situación revolucionaria puesto que el componente «subjetivo» de esa situación no se ha dado —o mejor dicho, aún no lo hemos generado. Son efecto de una crisis del sistema político-electoral, no del sistema general de dominación.

Nuestros gobiernos progresistas pueden y deben contribuir al necesario proceso de formación de conciencia, de expansión y fortalecimiento de la contracultura popular, de organización de los sectores sociales interesados en cambiar más profundamente la situación y sus perspectivas. Pero no pueden dar de sí más de lo que pueden dar las alianzas que los hicieron posibles, ni más de lo que el sistema en su conjunto puede tolerar. Si las circunstancias hicieron factible elegir estos gobiernos, no hacer la revolución ¿acaso era preferible votar por la derecha?

Por otra parte, la crisis política que hizo posible elegir estos gobiernos no es irreversible. La esperanza de que nuestros pueblos —sin haber desarrollado todavía esa contracultura— seguirán votando por ofertas electorales de uno u otro matiz de las izquierdas puede ser más o menos temporal. Porque ni la clase dominante ni los sectores más reaccionarios del imperialismo están maniatados ni desprovistos de recursos, ni renunciarán a la arena política.

País por país, los grandes medios de comunicación siguen cumpliendo su papel, muchas veces como Estado Mayor de los partidos tradicionales. También la derecha puede crear y recrear vistosos comediantes antisistémicos en la forma y continuistas por su función, como Fujimori o Berlusconi.

La cuestión no es si tenemos o no gobiernos revolucionarios o si ellos deberían cumplir el papel que sus críticos de izquierda no han sabido realizar. Como en su momento bien señaló Rosa Luxemburgo, «la reforma social y la revolución no son [...] diversos métodos del progreso histórico que a placer podamos elegir en la despensa de la Historia, sino momentos distintos del desenvolvimiento de la sociedad de clases».[6]

La formación de momentos más propicios es obra humana. Visto que sus condiciones objetivas están dadas, compete completarlas con las nuevas propuestas que este tiempo reclama, y con ellas sistematizar los trabajos que permitirán masificar la cultura política que pone esa opción en «la despensa de la Historia» y la puede hacer sostenible.

Notas

1. Véase a Nils Castro: «¿Es viable la socialdemocracia?», *Tareas* no. 73, Panamá, septiembre-diciembre de 1989. También «Comentario», *Secuencia* no. 18, Instituto Mora, México D.F., septiembre-octubre de 1990. Asimismo «Democracia y democratización real», *Estrategia* no. 107, México D.F., septiembre-octubre de 1992. Además, «De la crisis de a "democracia" a la democratización real», *Tareas* no. 83, Panamá, enero-abril de 1993.

2. La crisis y sustitución del neoliberalismo no implica que el modelo de democracia «que nos han dado» o permitido deje de ser el modelo restringido, al menos hasta que nuestra acción política lo reforme y remplace.

3. Como los casos de Juan Velasco Alvarado en Perú, Omar Torrijos en Panamá y Juan José Torres en Bolivia.

4. Todavía ahora, bajo el impacto de la crisis económica global, son más las voces que piden medidas anticíclicas con sensibilidad social —defensa del empleo y el salario— que no castiguen a los ahorristas sino a los banqueros, que las que cuestionan al sistema como tal. Sintomáticamente, lo que se demanda es un adecentamiento del capitalismo, no su remplazo, lo que es revelador de esa inoportuna ausencia de una propuesta alterna renovada y sostenible.

5. Véase a Nils Castro: «Crisis y reconstrucción de los partidos», *Reflexiones en un Panamá democrático*, Tribunal Electoral, Panamá, 2006.

6. Rosa Luxemburgo: *Reforma social o revolución y otros escritos contra los revisionistas*, Editorial Fontamara, México D.F., 1989, pp. 118-119.

Las diferentes estrategias de las izquierdas latinoamericanas

*Valter Pomar**

Se ha vuelto lugar común decir que hay dos izquierdas en América Latina: una sería «vegetariana», la otra «carnívora»; una sería radical, la otra moderada; una sería revolucionaria, la otra reformista; una sería socialista, la otra capitalista.

Definiciones dicotómicas de este tipo son hechas por los portavoces (oficiales u oficiosos) del Departamento de Estado de los Estados Unidos, con el propósito explícito de provocar discordias en la izquierda latinoamericana, haciéndola luchar entre sí y no contra los enemigos comunes.

Evidentemente, no hay manera ni motivo para negar la existencia de diferencias programáticas, estratégicas, tácticas, organizativas, históricas y sociológicas en la izquierda latinoamericana. Hablaremos de estas diferencias más adelante, pero una interpretación dicotómica de las diferencias realmente existentes, además de servir a los propósitos políticos de la derecha, expresa una interpretación teórica incorrecta.

El *reduccionismo* (decir que hay *dos* izquierdas en América Latina) ayuda políticamente a la derecha, porque trae implícita la siguiente conclusión: el crecimiento de una depende del debilitamiento de la otra, en una ecuación que convenientemente quita de escena a los enemigos comunes.

El reduccionismo es, por otra parte, una interpretación teórica incorrecta, incluso por no lograr explicar el fenómeno histórico de los últimos once años (1998-2009). A saber: el crecimiento simultáneo de las varias izquierdas latinoamericanas.

---

* Secretario de Relaciones Internacionales del Partido de los Trabajadores (PT), de Brasil.

Al contrario de los partidarios de la visión reduccionista, bajo cualquiera de sus formas, defendemos que el fortalecimiento experimentado, desde 1998 hasta hoy, por parte de las distintas corrientes de la izquierda latinoamericana, se debe en parte a su diversidad, que ha permitido expresar la diversidad sociológica, cultural, histórica y política de las clases dominadas de nuestro continente. Si fuera homogénea y uniforme, si fuera tan solo una o dos, no presentaría la fortaleza actual.

Defendemos, también, que la continuidad del fortalecimiento de las izquierdas latinoamericanas dependerá *en buena medida* de la cooperación entre las distintas corrientes existentes. Tal cooperación no excluye la lucha ideológica y política entre las múltiples izquierdas; pero esta lucha necesita darse en los marcos de una máxima cooperación estratégica.

Tal cooperación será más difícil mientras más imperfecta sea nuestra comprensión acerca del proceso que estamos viviendo.

La base *político-material* que hace posible la cooperación entre la mayoría de las distintas corrientes de la izquierda latinoamericana es la existencia de una *situación estratégica común*. Si esta situación va a continuar existiendo o no, dependerá de la lucha político-social que está en curso en este exacto momento.

Las corrientes *ultraradicales* o *hipermoderadas* que se niegan a percibir la existencia de una situación estratégica común son exactamente aquellas que, consciente o inconscientemente, prestan servicio a las clases dominantes locales o al imperialismo.

Trazos de la formación histórica

Lo que conocemos hoy como América Latina contribuyó a la llamada «acumulación originaria» y, desde entonces, está totalmente integrada al capitalismo mundial. Del debate sobre el carácter de esta integración se derivan las diferentes posiciones existentes acerca de la naturaleza del desarrollo realmente existente en cada país y en el conjunto de la región, acerca de las posibilidades de la lucha reformista y revolucionaria, del «capitalismo democrático» y del socialismo.

La resistencia nacional a la invasión y explotación por parte de las potencias europeas, así como la resistencia de los productores directos a la explotación practicada por las clases dominantes locales y extranjeras, ha asumido variadas formas desde 1492.

El siglo XX —en un ambiente marcado por la creciente industrialización, por el imperialismo, por las guerras mundiales, por la Revolución Rusa, por las revoluciones y guerras anticoloniales— las luchas populares latinoamericanas pasaron a combinar, de distintas formas, las demandas por democracia política, soberanía nacional y reforma agraria, con objetivos anticapitalistas y socialistas.

Hasta la década de 1950, la combinación predominante enfatizaba las demandas nacional-democráticas: derrotar al imperialismo y a los latifundios, que para algunos constituían «restos feudales», industrializar la economía, democratizar el Estado y afirmar la soberanía nacional. Esta orientación nacional-democrática era compartida por la mayor parte de los socialistas, incluso por los partidos comunistas surgidos a partir de los años 1920.

Denominada en la variante marxista como «etapismo» (primero la revolución burguesa, después la revolución socialista), la orientación nacional-democrática fue criticada, dentro de la propia izquierda, por tres motivos principales: a) por subestimar los vínculos orgánicos entre latifundio, imperialismo y capitalismo; b) por creer en la viabilidad de una alianza estratégica del proletariado con la «burguesía nacional»; c) por concebir cómo «etapas» relativamente estancadas, lo que sería más adecuado concebir como «flujo», como «transcrecimiento».

La formulación más consistente del etapismo, así como su defensa frente a las críticas, fue hecha por los partidos comunistas. Aquí no se hace necesario rememorar los detalles del debate, pero es preciso enfatizar dos cosas.

Primero, tenían razón los que decían que era necesario *relativizar* los «obstáculos» al desarrollo capitalista en América Latina. El «imperialismo» y el «latifundio», la dependencia y el mercado interno limitado, fueron metabolizados e incorporados al desarrollo capitalista realmente existente. Por lo tanto, deducir de estos obstáculos la posibilidad de una alianza revolucionaria (antimperialista, antilatifundista) entre la burguesía «nacional» y el proletariado, era transformar lo secundario (las contradicciones realmente existentes, que llevaron a fracciones de la burguesía a adoptar actitudes más radicales) en una contradicción principal. Llevando al error de extraer de esta contradicción, supuestamente principal, consecuencias (concebir al proletariado como ala izquierda de la revolución democrático burguesa) sin una base material adecuada.

Segundo, tenían razón los que decían que la lucha por el socialismo en América Latina no podía *minimizar* las llamadas «tareas pendientes» de la revolución democrático burguesa. Temas como soberanía nacional, industrialización, democratización política, reforma agraria y políticas públicas de bienestar social constituyen aún hoy la materia prima de toda y cualquier lucha política implementada por los socialistas en América Latina. El hecho de que la burguesía no esté en condiciones de dirigir la lucha por estas reivindicaciones no las retira del horizonte político; el hecho de que el proletariado sea llamado a asumir la vanguardia de estas reivindicaciones no elimina su carácter democrático burgués.

El debate teórico esbozado arriba solo puede encontrar completa solución en el terreno de la práctica, a saber, la lucha por demandas históricamente democrático burguesas puede cumplir uno u otro papel estratégico, en dependencia de la correlación de fuerzas en los ámbitos nacional, continental y mundial. Si el proletariado tiene fuerza y radicalidad suficientes, la lucha por demandas democrático-nacionales puede sufrir un «transcrecimiento» hacia las transformaciones de tipo socialista. En cambio, si el proletariado es débil y subalterno, la lucha por la «revolución democrática» no será ni democrática, ni revolucionaria, mucho menos acumulará fuerzas hacia el socialismo.

La discusión sobre el *carácter de la revolución* (socialista, democrática u otro) latinoamericana fue siempre simultánea al debate sobre la *vía de la revolución*: violenta o pacífica, guerrilla o insurrección. Nuevamente, diferentes combinaciones fueron establecidas: desde «etapistas» adeptos de las formas más radicales de la violencia, hasta socialistas imbuidos del más firme compromiso con la «transición pacífica».

Las distintas variantes del «etapismo» y del «reformismo» fueron duramente cuestionadas por la victoria de la Revolución Cubana en 1959. Para algunos sectores de la izquierda, la discusión estratégica (sobre el carácter y sobre la vía de la revolución) parecía resuelta en favor de un determinado «modelo», pero la Revolución Cubana realmente existente era una cosa, y los «modelos» que se formularon a partir de ella eran otra. Divergencia similar se dio en el caso ruso de 1917 y en el caso chino de 1949: los modelos simplificaban y muchas veces contradecían enormemente la estrategia realmente implementada.

Observaciones sobre la transición socialista y estrategia

Hay tanta confusión acerca de los términos «capitalismo», «transición», «socialismo» y «comunismo», que se hace necesario explicar lo que se quiere decir, en este texto, con estas palabras.

Por capitalismo entendemos un modo de producción basado en la propiedad privada de los medios de producción, modo de producción donde los productores directos son obligados a vender su fuerza de trabajo a los capitalistas, que se apropian de la «plusvalía» de los asalariados; contraponemos al capitalismo otro modo de producción, fundado en la propiedad social de los medios de producción. Es imprescindible trabajar con las categorías *comunismo* (aquel otro modo de producción) y *socialismo* (el período de transición entre uno y otro modo de producción).

Por razones históricas conocidas, el término «comunismo» es rechazado o simplemente dejado de lado por amplios sectores de la izquierda, incluso por algunos que se proclaman revolucionarios. Pero, desde el punto de vista teórico, el uso del término es esencial, una vez que permite distinguir entre lo que es la «transición» y lo que es el «objetivo final» (o sea, la forma madura de la sociedad que se pretende construir).

Cuando hablamos de socialismo, hablamos de transición entre capitalismo y comunismo. Por lo tanto, la transición socialista (o el socialismo) es, por definición, una formación social que combina capitalismo con anticapitalismo. Lo que define si estamos frente a una formación socialista es la existencia de un movimiento orgánico, estructural, hacia la propiedad social (con todas las complejas consecuencias políticas y sociales de esto). En otras palabras, lo que define si estamos frente a una transición socialista es la existencia de un movimiento en dirección a la socialización de la producción, de la propiedad y del poder político.

Esta definición del socialismo como *movimiento en dirección a* contiene al menos dos motivos potenciales de confusión. El primero de ellos es el que considera la transición como un proceso lineal, de acumulación progresiva, tomando cualquiera retroceso como señal de regreso al capitalismo, como motivo para creer que la transición hacia el socialismo fue interrumpida. El segundo de ellos es la confusión entre: a) la lucha que trabamos dentro del capitalismo, a favor del socialismo; b) la construcción o transición socialista.

En nuestra opinión, una variable fundamental para eliminar la confusión, en los dos casos, es saber quién ejerce el poder político. O sea, la diferencia entre retroceso y desbandada; entre concesión y capitulación; entre «mejoramiento» y lucha por reformas.

Por ejemplo, la diferencia entre *la lucha por el socialismo* y la *transición socialista* puede no estar entre las medidas en sí, pero necesariamente tiene que estar presente en la política, en la correlación de fuerzas, en el poder del Estado. Esto se debe a que las limitaciones de la base material pueden obligar a un gobierno revolucionario a adoptar medidas procapitalistas. Pero estas medidas adquieren distintos sentidos estratégicos, cuando son adoptadas por un gobierno burgués o por un gobierno socialista.

Para transformar la lucha por el socialismo en efectiva transición socialista, para comenzar la construcción del socialismo, es preciso controlar el poder del Estado, o sea, tener los medios para incidir en la estructura de la sociedad, en el control de la economía, en los medios de producción. Claro está que estos medios son determinados, en última instancia, por la base material preexistente: toda la voluntad política del mundo, el más absoluto poder del Estado, no es capaz de transformar una base material precapitalista en materia prima suficiente para la construcción del socialismo. En este caso, lo que el poder político puede garantizar, dentro de ciertos límites, es que las políticas de desarrollo capitalista estén al servicio del proyecto estratégico de construir el socialismo.

Mientras la clase trabajadora no tenga el poder de Estado, ella puede incidir muy poco en las macrodeterminantes económicas, que producen y reproducen cotidianamente el capitalismo. Solo con el poder del Estado, la clase trabajadora puede cambiar el patrón de acumulación existente en la sociedad, haciendo que el polo hegemónico deje de ser la propiedad privada y la acumulación de capital, pasando a ser la propiedad colectiva y la acumulación social.

La conquista del poder del Estado es un proceso complejo, cuyo punto de cristalización es el establecimiento del monopolio de la violencia. No es que no pueda haber un enfrentamiento a este monopolio, pero este no puede llegar al punto de poner en cuestión el propio poder del Estado. Además del monopolio de la violencia, la conquista del poder del Estado incluye otros elementos, tales como la creación de una nueva institucionalidad política y jurídica; la capacidad de gestión de la economía y de la comunicación social; y el reconocimiento de hecho y de derecho por parte de otros Estados. Por último, como ya sabemos, el poder es una relación social, que se puede ganar y perder. Lo que ocurre en escala micro con los gobiernos electos, también puede ocurrir en escala macro con los Estados originarios de grandes revoluciones sociales. Las revoluciones solo son «irreversibles» en algunos discursos, no en la historia real.

Ninguna clase social o bloque de clases llegó al poder de Estado utilizando solo una vía de acumulación de fuerzas o una única vía de toma del poder. La victoria de la insurrección soviética, de las guerras populares china y vietnamita, de la guerra de guerrillas cubana, se harían incomprensibles, si desvinculáramos las formas de lucha que fueron principales en cada caso, de las otras formas de lucha que se hicieron presentes al lado de la forma de lucha principal: luchas de masa o de vanguardia, legales o clandestinas, electorales o de acción directa.

Sin embargo, las condiciones históricas de un país o de una época confieren a esa determinada forma de lucha, el papel de catalizador y de ariete principal en el enfrentamiento con las clases enemigas y su poder de Estado. Pero esta condición de catalizador, de forma de lucha principal, es un producto orgánico de una situación concreta, que no puede ser trasplantada a otra situación histórica.

Hablamos varias veces de la conquista del poder de Estado, siendo necesario recordar lo obvio: si el poder es una relación social, conquistar el poder de Estado exige construir una correlación de fuerzas social distinta, un bloque político-social que apunte a concretar un determinado programa.

¿Qué programa? La respuesta a esta cuestión nos lleva de vuelta al debate sobre el carácter de la revolución.

En una sociedad capitalista, la construcción de una alternativa histórica para las contradicciones existentes en esta sociedad exige dar inicio a la transición socialista. Pero esta conclusión teórica e histórica, según la cual está en el «orden del día» superar el capitalismo, cuando es traducida al terreno de la estrategia política, puede ser entendida al menos de dos maneras diferentes:

a) la manera izquierdista defiende construir un bloque político-social en torno a un programa socialista;

b) la manera «democrático-popular y socialista» defiende construir un bloque político-social en torno a un programa que articule medidas democráticas con medidas socialistas.

En las condiciones actuales de desarrollo del capitalismo, las medidas democráticas no son socialistas, pero pueden asumir un sentido anticapitalista.

Para quien cree que socialismo y anticapitalismo son sinónimos, esto no pasa de un juego de palabras. Está claro que el socialismo es el anticapitalismo *consecuente*, aquel anticapitalismo que implica la superación del modo de producción capitalista. Pero, en la vida cotidiana, el capitalismo es confrontado de diversas formas: la lucha por mayores salarios, la reforma agraria, la lucha contra los monopolios privados, la defensa de las empresas públicas, las políticas públicas de carácter universal, la lucha contra el imperialismo y otras.

Esas luchas se libran contra aspectos del capitalismo o, a lo sumo, contra la forma hegemónica del capitalismo en una dada situación histórica, no apuntando en sí a la derrota del capitalismo en general, en tanto modo de producción basado en la propiedad privada y en la extracción de la plusvalía.

O sea, son luchas capitalistas contra el capitalismo. Luchas que en general apuntan a construir sociedades capitalistas más democráticas, política, económica y socialmente.

Sin embargo, bajo otras condiciones, estas luchas capitalistas contra el capitalismo pueden integrar un movimiento que conduzca a la superación del modo de producción capitalista. En estos casos, es como si al lado del *anticapitalismo* o *socialismo proletario*, existiera un *anticapitalismo pequeño-propietario*, un *socialismo pequeño-burgués*.

El bloque político-social capaz de disputar y conquistar el poder de Estado debe organizarse en torno a un programa que combine medidas (o tareas, o reivindicaciones) socialistas, con medidas anticapitalistas que no son en sí socialistas. Para usar palabras más precisas, son medidas democráticas, democrático-burguesas, defensoras de la pequeña propiedad contra la gran propiedad, defensoras de lo público (que es diferente de lo social y colectivo) contra lo privado, defensoras de lo nacional contra el imperialismo.

La forma en que la izquierda ve la construcción del bloque político-social no es capaz de tener éxito por dos razones. La primera de ellas tiene relación con el debate sobre el carácter de la revolución en América Latina, revolución que, como ya dijimos antes, necesariamente tendrá que hacerse cargo de las tareas democráticas. La segunda razón es estrictamente política: la correlación de fuerzas que precede a la conquista del poder de Estado y el nivel de conciencia dominante en la clase trabajadora y sus aliados hacen imposibles, por definición, constituir un bloque de poder solo o principalmente en torno a la «lucha directa por el socialismo».

O sea, si existe dominación capitalista, entonces el nivel de conciencia mayoritario en el pueblo no es socialista. Este nivel de conciencia solo puede hacerse consecuentemente socialista en el curso del proceso, motivo por el cual *el punto de partida* programático del nuevo bloque político-social no tiene cómo ser explícita o consecuentemente socialista.

Podemos decir que: a) el proceso de lucha de clases no necesariamente va a alcanzar la «temperatura» necesaria para producir un nivel de conciencia socialista en sectores mayoritarios del pueblo; b) se espera que los sectores socialistas actúen tanto en el sentido de «aumentar la temperatura» (estimulando el proceso de luchas en sí), como en el sentido de elevar el nivel de conciencia.

Por las razones explicadas antes, el bloque político-social capaz de disputar y conquistar el poder de Estado necesita organizarse: a) en torno a las cuestiones de «futuro» (la construcción del socialismo); b) y principalmente en torno a las cuestiones del «pasado y presente» (enfrentar los problemas derivados del capitalismo realmente existente).

Lo que significa decir que las fuerzas socialistas solo conquistan y mantienen el poder del Estado siempre y cuando logran construir mayorías políticas en torno a programas de acción para las cuestiones inmediatas. El ejemplo clásico de esto sigue siendo la consigna «pan, paz y tierra».

La Revolución Rusa de 1917, la Revolución China de 1949 y la Revolución Cubana de 1959, resultaron exactamente de la continua radicalización democrática, popular y nacional. Fueron «revoluciones socialistas» no *a priori* sino debido al curso que tomaron, al proceso global en el que estaban insertas.

Solo tiene sentido hablar de «lucha directa por el socialismo» si la comprendemos de la siguiente forma: *la conquista del poder de Estado apuntando a ejecutar medidas programáticas democrático-populares* puede venir a ser parte integrante de la transición socialista, sin que haya *necesariamente* fases intermedias estancadas.

La palabra «necesariamente» es fundamental en este análisis: el etapismo es un error porque supone la necesidad de fases intermedias *estancadas*; pero esto no quiere decir que estas fases intermedias no puedan existir, ni que no puedan parecer «estancadas», como ocurrió en la Nueva Política Economica (NEP) y ocurre ahora en el «socialismo de mercado» chino, que a los ojos de muchos parece ser un período prolongado de abandono de la construcción del socialismo.

La expresión «puede llegar a ser» también es fundamental, pues indica que estamos frente a un *problema político*, que depende de la correlación de fuerzas, del nivel de conciencia de las masas, de la dirección general del proceso. Problema político, que puede producir soluciones que dependerán, en última instancia, del nivel de desarrollo material y del potencial productivo alcanzado previamente por la sociedad.

Por estos motivos, es necesario combatir dos tipos de izquierdismo:

a) por un lado, aquel izquierdismo que se manifiesta en la defensa de un socialismo abstracto, desvinculado de las luchas anticapitalistas parciales;

b) por otro lado, aquel izquierdismo que confunde medidas anticapitalistas de sentido estricto, con medidas «socialistas» en el sentido amplio.

Este segundo tipo de izquierdismo, muy presente en la actual coyuntura latinoamericana, confunde la radicalización retórica y política de los procesos, causada en gran medida por la intransigencia de las clases dominantes, con su radicalización económico-social, olvidando que la superación del capitalismo exige que haya desarrollo capitalista a ser superado.

A lo que dijimos hasta ahora, debe añadirse otra variable: la línea neoetapista de la izquierda moderada latinoamericana, que rompió los vínculos entre las tareas democráticas y la lucha por el socialismo. En algunos casos, por ser una izquierda que abandonó el socialismo. En otros casos, por ser una izquierda que, en vez de enfrentar y superar, prefiere capitular a la correlación de fuerzas. O aún por ser una izquierda que, incluso cuando mantiene un compromiso genuinamente socialista, lo hace a partir de una «estrategia proceso» (cuya traducción musical está en el verso de una canción muy popular en Brasil, que dice así: «*Deixa a vida me levar...*»).

Así, podemos decir que hay por lo menos tres grandes diseños programáticos: el *izquierdista*, el *neoetapista* y el *democrático-popular*. Los izquierdistas no perciben adecuadamente las diferencias; los neoetapistas ven una muralla China; y los democrático-populares buscan vincular orgánicamente la lucha contra el neoliberalismo y la lucha por el socialismo.

Estas diferencias se cruzan, de distintas formas, cuando pasamos de la discusión programática a la discusión sobre la vía de acumulación de fuerzas y sobre la vía de toma del poder.

Guerra de guerrillas y vía electoral

La década de 1960 asistió a una radicalización de la lucha de clases en toda América Latina, reflejando la madurez de las contradicciones propias del modelo de desarrollo capitalista predominante en la región: dependiente y conservador. Esto, en los marcos del recrudecimiento de la injerencia de los Estados Unidos en la región y del conflicto entre «campos».

En aquel momento, parte de la izquierda latinoamericana, estimulada por la experiencia cubana y convocada por la consigna de crear «muchos Vietnam», adoptó la estrategia de la «guerra de guerrillas», la mayoría de las veces bajo la versión «foquista».

En algunos países, la guerra de guerrillas tenía raíces orgánicas en la situación nacional. En la mayoría de los casos, sin embargo, no la tenía o esta organicidad no fue suficiente para que prosperara. Con la excepción de Nicaragua y de la propia Cuba, en ningún otro lugar de América Latina la guerra de guerrillas desembocó en una victoria revolucionaria. En algunos casos, como El Salvador y Guatemala, la guerrilla adquirió fuerza suficiente para conseguir acuerdos de paz que delimitaran el fin del conflicto armado; pero en la mayoría de los casos, la guerrilla fue completamente destruida. Hoy, en América Latina, Colombia es el único país donde hay grupos expresivos que defienden la adecuación táctica de la estrategia guerrillera.

Con el fin del ciclo guerrillero, a finales de los años setenta e inicio de los años ochenta, comenzó a tomar cuerpo otra estrategia, basada en la combinación entre lucha social, disputa de elecciones y ejercicios de gobiernos en los ámbitos nacional, subnacional y local.

Esta estrategia fue coronada, desde 1998 (Chávez) hasta 2009 (Funes), por una ola de victorias de partidos de izquierda y progresistas, en las elecciones para los gobiernos nacionales de varios países de América Latina.

Esta ola de victorias electorales es producto de diversas circunstancias, entre las cuales se destacan las siguientes: a) la desatención relativa de los Estados Unidos a su *patio trasero*; b) los efectos dañinos del neoliberalismo, inclusive sobre los partidos derechistas; c) la acumulación de fuerzas por parte de la izquierda, especialmente en la combinación entre lucha social y lucha electoral.

Actualmente existe una nueva correlación de fuerzas en la región, que además de impulsar cambios dentro de cada país, *limita* la injerencia imperialista.

Esta situación regional convive con otras dos variables, éstas de carácter mundial: *la defensiva estratégica de la lucha por el socialismo, y la larga y profunda crisis del capitalismo.*

Esta es la base *material* que hace posible la cooperación entre las distintas corrientes de la izquierda latinoamericana: la existencia de una situación histórica en la cual se cruzan la presencia de la izquierda en múltiples gobiernos de la región, la defensa estratégica de la lucha por el socialismo, y una larga y profunda crisis del capitalismo.

Estas son las variables fundamentales de la *situación estratégica común* a toda América Latina, que hacen posible y a la vez exigen un alto nivel de cooperación entre los diferentes sectores de la izquierda latinoamericana, sin lo cual no se conseguirá superar la defensiva estratégica, ni se conseguirá evitar los riesgos derivados de la crisis del capitalismo.

Desde el punto de vista de una *izquierda socialista*, las cuestiones centrales a tener en cuenta son: ¿cómo utilizar la existencia de gobiernos de izquierda y progresistas como punto de apoyo en la lucha por el socialismo? ¿Cómo coordinar los diferentes procesos en curso, en cada país, de modo que ellos refuercen los unos a los otros?

Integración y estrategia

Al largo del siglo XX, la izquierda latinoamericana y caribeña enfrentó dos grandes obstáculos: la fuerza de los adversarios en el plano nacional y la injerencia externa. Esta última siempre estuvo presente, especialmente en aquellos momentos en que la izquierda intentaba llegar, o llegaba efectivamente, ya sea al gobierno central, ya sea al poder. Cuando las clases dominantes locales no podían contener a la izquierda, apelaban a los *marines*.

Actualmente, el ambiente progresista y de izquierda colabora en las elecciones y reelecciones, ayuda a evitar golpes (contra Chávez y Evo Morales, por ejemplo) y fue fundamental en la condena de la invasión a Ecuador por tropas de Colombia. Además de inviabilizar o por lo menos minimizar políticas de bloqueo económico, que jugaron un papel importante en la estrategia de la derecha contra el gobierno Allende y continúan afectando a Cuba.

La existencia de una correlación de fuerzas favorable en la región crea mejores condiciones para que cada proceso nacional siga su propio curso. Esto crea posibilidades inmensas y en cierto sentido inéditas, para todos los programas y estrategias de izquierda. En este sentido, la primera tarea de la izquierda latinoamericana es preservar esta correlación de fuerzas continental.

Ocurre que, cuando fuerzas de izquierda consiguen llegar al gobierno central de un determinado país, lo hacen con un programa basado en un trípode: igualdad social, democratización política y soberanía nacional.

Y la defensa de la soberanía nacional no se hace solo contra las «metrópolis imperialistas», incluye también administrar los conflictos entre países de la región.

Estos conflictos no fueron «inventados» por los actuales gobiernos; por lo general son herencia de períodos anteriores, incluso del desarrollo dependiente y desigual ocurrido en la región. En la mayoría de los casos, no podrán ser superados en el corto plazo: por poseer causas estructurales, solo podrán tener solución en el largo plazo, en los marcos de un adecuado proceso de integración regional.

La exacerbación de estos conflictos regionales tendría, como subproducto, disimular las contradicciones mucho más relevantes con las metrópolis imperialistas.

Por lo tanto, desde el punto de vista estratégico, debemos impedir que estos conflictos se conviertan en contradicción principal pues, si esto sucede, la correlación de fuerzas latinoamericana se alterará en favor de la injerencia externa.

Es sabido que los gobiernos progresistas y de izquierda de la región siguen el camino del desarrollo y de la integración, mediante diferentes estrategias y con diferentes velocidades.

Y ya se ha dicho que la posibilidad mayor o menor de éxito, en el ámbito nacional, está vinculada a la existencia de una correlación latinoamericana favorable a la posiciones de la izquierda y progresistas.

Por lo tanto, nuestro obstáculo estratégico puede ser resumido así: ¿cómo compatibilizar las múltiples estrategias nacionales, con la construcción de una estrategia continental común, que preserve la unidad con diversidad?

La solución estructural de los conflictos regionales supone una reducción de la desigualdad, no solo dentro de cada país, sino también entre las economías de nuestro subcontinente. La institucionalidad de la integración, tanto multilateral como las relaciones bilaterales, tiene que estar sintonizada con este propósito.

La reducción de la desigualdad en cada país supone enfrentar la herencia «maldita» y realizar reformas sociales profundas. Pero esto no es suficiente para eliminar las disparidades existentes entre las economías, objetivo que exige combinar, en el largo plazo, medidas de solidaridad, intercambio directo y también medidas de mercado.

Hoy coexisten tres «modelos» de convivencia: el decadente modelo subordinado a los Estados Unidos, el modelo Alba y el modelo Unasur.

Independientemente de lo que podamos pensar acerca de su sustentabilidad interna, naturaleza de los acuerdos firmados, materialización efectiva, efectos en los países receptores, el modelo del Alba es extremadamente meritorio.

Pero no existe correlación de fuerzas, mecanismos institucionales y situación económica que permitan al conjunto de los países de la región adoptar los principios solidarios del Alba y/u operar de manera semejante al gobierno venezolano. En esencia, porque no es sustentable que países capitalistas mantengan una política externa socialista.

Por esto, aunque toda alternativa de izquierda deba incluir un componente de solidaridad, la dimensión principal de los acuerdos en la actual etapa de integración latinoamericana aún tiene que ser la de los acuerdos comerciales, económicos e institucionales, involucrando gobiernos, empresas públicas y/o privadas. Es el caso, exactamente, de la Unasur (incluidos el Banco del Sur y el Consejo de Defensa).

Este camino contiene diversos riesgos: a) iniciativas como la Unasur suponen compartir la mesa con adversarios políticos e ideológicos, que siguen gobernando importantes países de la región; b) la dinámica de la integración incluye momentos de mayor protagonismo político de los presidentes, combinados con períodos de predominio del espíritu en general más burocrático de las respectivas cancillerías; c) los acuerdos económico-comerciales siempre benefician, en mayor o menor escala, a los intereses del capital, por lo menos mientras este modo de producción sea hegemónico en los países en cuestión; d) las empresas involucradas generalmente ponen en primer lugar su ganancia inmediata y en segundo lugar el sentido estratégico de la operación, o sea, el desarrollo y la integración; y e) la supervivencia de la Unasur depende del compromiso de las principales economías de la región.

Conclusión: en los marcos de una ecuación estratégica común (la de «ser gobierno como parte de la lucha para ser poder»), debemos operar políticas nacionales distintas, pero combinadas en una estratégica continental común, cuyo ritmo será dado por el sentido y por la velocidad de las transformaciones en los mayores países, empezando por Brasil. Aunque eso haga más lenta la marcha, es mejor mantener la «vanguardia» bien próxima del «cuerpo principal» de la tropa. Lo que nos lleva a discutir cómo utilizar la existencia de gobiernos de izquierda y progresistas como punto de apoyo en la lucha por el socialismo.

Gobiernos electos y lucha por el socialismo

Si excluimos a los hipermoderados y los ultraizquierdistas, podemos decir que hay dos posiciones básicas entre los socialistas latinoamericanos, frente a los gobiernos progresistas y de izquierda existentes en la región:

a) están lo que ven tales gobiernos solo como parte del proceso de acumulación de fuerzas;

b) están los que consideran que estos gobiernos constituyen parte fundamental de la acumulación de fuerzas y también *de la vía de toma del poder.*

Ambas posiciones se basan, en primer lugar, en la observancia de los vínculos existentes entre reforma y revolución.

En la historia de la humanidad, hay períodos de evolución «reformista» y períodos de evolución «revolucionaria». La diferencia entre unos y otros reside en tres aspectos combinados: el contenido de los cambios, la forma en que son impuestos los cambios y la velocidad con que ocurren. Pero la diferencia fundamental es la naturaleza de los cambios.

Los «cercados», la difusión de las máquinas y la ofensiva imperialista sobre China, para citar ejemplos de los siglos XVIII, XIX y XX, respectivamente, fueron revolucionarios en la medida en que alteraron las *relaciones sociales de producción.* Fue esto, y no la velocidad ni la forma violenta, lo que definió el carácter revolucionario de los procesos citados.

Los procesos revolucionarios no surgen de la nada, de un momento a otro, por generación espontánea. Las revoluciones constituyen un momento de la evolución de las contradicciones de una sociedad, el momento en que estas contradicciones alcanzan un punto de ruptura, de transformación hacia algo distinto. Dicho de otra forma, las revoluciones ocurren cuando una sociedad no puede más evolucionar solamente de manera «reformista». Hay, por lo tanto, continuidad, pero también ruptura, entre los momentos «reformistas» y los momentos «revolucionarios» de evolución de una sociedad. La revolución no existiría sin las reformas; pero la revolución existe exactamente porque las reformas no son ya suficientes.

A todo esto se debe añadir que un componente decisivo en la transformación de las reformas en revolución reside en la combinación entre la disposición de lucha de las clases dominadas y de resistencia de las clases dominantes. Cuando los de abajo luchan intensamente por cambios y los de arriba ofrecen brutal resistencia, se están creando las condiciones para transformar la lucha por reformas en revolución.

Pasando del ángulo histórico al estratégico, es obvio que los procesos electorales no son suficientes para iniciar la construcción del socialismo, una vez que ellos nos permiten llegar al gobierno, no al poder. Por este motivo, en las sociedades donde la izquierda consiguió llegar al gobierno por la vía electoral, es preciso construir un camino hacia el poder que considere el hecho de estar en el gobierno como variable muy relevante de una política revolucionaria, como parte de las circunstancias históricas, no como un «problema imprevisto» o un «desvío indeseable».

Curiosamente, la mayor parte de la izquierda no ve dificultad en articular teóricamente el momento reformista y el momento revolucionario de la estrategia, cuando lo que está en cuestión es la lucha sindical o la elección de parlamentarios. Pero enfrenta una enorme dificultad, cuando lo que está en cuestión es la relación entre el ejercicio de un gobierno nacional y la lucha por el poder.

Uno de los motivos para esta dificultad es que, en la mayor parte de los casos en que asumió electoralmente gobiernos nacionales, la izquierda no logró acumular fuerzas en dirección al socialismo: o abandonó su programa, o fue derrotada electoralmente, o fue derribada por golpes y/o intervenciones extranjeras. Si las revoluciones socialistas son eventos raros, mucho más raras parecen ser las transiciones socialistas a partir de gobiernos electos.

No obstante, la derrota de experiencias como la de la Unidad Popular, así como la derrota de incontables tentativas revolucionarias clásicas, no permite concluir la inviabilidad de un camino estratégico; permite apenas concluir que, actuando bajo determinadas condiciones históricas y actuando en ellas con determinadas opciones, la izquierda fue derrotada.

Para los que piensan que victorias electorales de la izquierda constituyen siempre la antesala de la derrota, se hace necesario responder a dos
cuestiones:

a) ¿cómo acumular fuerzas, en una coyuntura histórica en la que predomina la «democracia electoral»?

b) ¿Cómo conferir legitimidad a las vías clásicas de toma del poder,
en un momento en que la izquierda está consiguiendo victorias
electorales?

A los que piensan que, en determinadas condiciones históricas, adoptando
determinadas políticas, es posible transformar victorias electorales en
gobiernos que acumulen fuerzas en dirección al socialismo, es preciso responder si:

a) ¿tales gobiernos constituyen una especie de «parada» en una ruta que
llevará a un enfrentamiento revolucionario?

b) ¿tales gobiernos constituyen parte integrante de una vía de toma del
poder *diferente* de la insurrección y de la guerra popular?

Los que defienden esta segunda posición están llamados a estudiar otra
de las experiencias paradigmáticas de la izquierda latinoamericana: el
gobierno de la Unidad Popular chilena (1970-1973).

La izquierda hipermoderada considera tener poco que aprender con la
experiencia de la Unidad Popular (UP), una vez que ésta se proponía explí-
citamente como una vía para el socialismo.

Cuando más, usan la experiencia de la UP para *infundir* un temor reve-
rencial en relación a la derecha, al imperialismo y a las fuerzas armadas, así
como para «comprobar» que no se debe «forzar» la correlación de fuerzas.

La izquierda ultraradical tampoco le da mucha importancia a la UP, que
no se encaja en sus paradigmas preferidos: la insurrección, la guerra de
guerrillas o, más recientemente, el «movimientismo».

Cuando más, usan la experiencia de la UP para confirmar sus temores en
relación a la derecha, al imperialismo y a las fuerzas armadas, así como para
«comprobar» que es infructífero intentar una vía electoral al socialismo.

En rigor, hipermoderados y ultraizquierdistas dudan de la posibilidad de utilizar los procesos electorales (y los mandatos de allí resultantes) como punto de apoyo para la lucha por el socialismo.

Cuando discutimos hoy el papel de los gobiernos nacionales electos en la lucha por el socialismo, lo hacemos en una situación histórica distinta de aquella existente en 1970-1973, pero las cuestiones fundamentales a estudiar y debatir no se han alterado:

a) la composición y el programa de un bloque histórico popular;

b) la combinación entre la presencia en el aparato del Estado y la construcción de un contrapoder, especialmente en el caso de las fuerzas armadas;

c) cómo lidiar con la actitud de las clases dominantes, que frente a amenazas a su propiedad y a su poder, quiebran la legalidad y empujan el proceso hacia situaciones de ruptura;

d) la mayor o menor madurez del capitalismo existente en cada formación social concreta y la resultante posibilidad de tomar medidas socialistas.

La gran novedad, que incide sobre los términos de la ecuación arriba resumidos, es la constitución, entre 1998 y 2009, de una correlación de fuerzas en América Latina que permite limitar la injerencia externa. *Mientras exista esta situación*, será posible especular teórica y prácticamente acerca de una vía de toma del poder que, aunque también revolucionaria, sea *diferente* de la insurrección y de la guerra popular.

Traducción del portugués al español por Celina La Grutta.

LOS GOBIERNOS DE IZQUIERDA EN AMÉRICA LATINA
Roberto Regalado

Ensayo que incita a una serie de interrogantes: ¿En qué contexto se produce la elección de los nuevos presidentes de izquierda y progresistas? ¿Qué relación tienen sus gobiernos con las dos vertientes históricas del movimiento obrero y socialista: la que optó por la *reforma* y la que optó por la *revolución*? ¿Significan estas victorias que en América Latina impera un sistema democrático que la izquierda puede aprovechar en beneficio de los sectores populares?

52 páginas, ISBN 978-1-921235-72-6

BOLIVIA EN LOS TIEMPOS DE EVO
Claves para entender el proceso boliviano
Hugo Moldiz

Este libro nos conduce a través del complejo proceso político boliviano: la crisis del Estado, el despertar protagónico e irreversible de los excluidos, la construcción de su propio «instrumento político» en respuesta a la caducidad del sistema de partidos, y la lucha entre un bloque nacional-indígena-popular y un bloque imperial-burgués-colonial, o sea, entre el proyecto fundacional de una nueva Bolivia, y el proyecto refundacional de los sectores históricamente dominantes.

178 páginas, ISBN 978-1-921438-45-5

ANTIIMPERIALISMO Y NOVIOLENCIA
Miguel d'Escoto

Con una visión nítida y realista sobre la condición humana en tanto proceso histórico, a través de conferencias, artículos y reflexiones, su autor, cristiano y revolucionario, hilvana un tratado de teología: teología de la noviolencia, de la insurrección evangélica, de la praxis política, del ecumenismo cristiano, de la globalización, del antiimperialismo y del latinoamericanismo.

484 páginas, ISBN 978-1-921235-81-8

CON SUEÑOS SE ESCRIBE LA VIDA
Autobiografía de un revolucionario salvadoreño
Salvador Sánchez Cerén (Leonel González)

Recoge la ejemplar trayectoria de Salvador Sánchez Cerén, «Comandante Leonel González», quien, a través de la memoria, describe sus pasos por las luchas sociales y la guerrilla salvadoreña, guiado por ideales revolucionarios. Su vida es una gran fotografía llena de detalles que muestra a lectoras y lectores cómo la razón y la pasión, cuando caminan unidas, pueden hacer de las personas conductoras de pueblos, líderes para una mejor humanidad.

346 páginas, ISBN 978-1-921438-16-5

AMÉRICA LATINA ENTRE SIGLOS
Dominación, crisis, lucha social y alternativas políticas de la izquierda
Roberto Regalado

Una aproximación al contexto político y social latinoamericano, con énfasis en su conflictiva relación con los Estados Unidos. El texto sintetiza las vivencias y reflexiones acumuladas por un testigo privilegiado, activo participante en los debates de la izquierda latinoamericana y caribeña. El autor hace un análisis teórico e histórico de la polémica reforma o revolución en el continente y aborda diferentes experiencias políticas, con atención particular en las alternativas que la izquierda se propone construir.

278 páginas, ISBN 978-1-921235-00-9

CHILE Y ALLENDE
Una mirada al proceso revolucionario chileno
Fidel Castro

En noviembre de 1971, Fidel Castro, realizó un recorrido de casi un mes por el Chile gobernado por el presidente Salvador Allende. Esta visita era el símbolo de un abrazo entre dos formas de lucha: la conquista del poder en Cuba mediante la guerra de guerrillas y el triunfo electoral de la Unidad Popular en Chile. En sus alocuciones Fidel alerta que si bien la izquierda chilena había llegado al gobierno por la vía pacífica, tenía que prepararse para una brutal reacción contrarrevolucionaria.

316 páginas, ISBN 978-1-921235-42-9

MANIFIESTO
Tres textos clásicos para cambiar el mundo
Carlos Marx, Federico Engels, Rosa Luxemburgo y Ernesto Che Guevara

Una selección que presenta tres textos clásicos sobre socialismo y liberación: *El Manifiesto Comunista* de Marx y Engels, *Reforma o Revolución* de Rosa Luxemburgo; y *El socialismo y el hombre en Cuba*, del Che Guevara, que inspiran a las nuevas generaciones que creen en una sociedad más justa.

186 páginas, ISBN 978-1-920888-13-8

INTRODUCCIÓN AL PENSAMIENTO SOCIALISTA
El socialismo como ética revolucionaria y teoría de la rebelión
Néstor Kohan

El actual movimiento de resistencia global pone de manifiesto la necesidad de comprender y debatir la teoría socialista. Este libro ofrece una síntesis de la historia del pensamiento socialista mundial, desde una perspectiva latinoamericana. Incluye textos clave de la obra de Carlos Marx, Che Guevara, Fidel Castro, Rosa Luxemburgo, José Carlos Mariátegui, Julio Antonio Mella, Flora Tristán, entre otros.

263 páginas, ISBN 978-1-921235-52-8

ocean sur
una nueva editorial latinoamericana

Ocean Sur, hermana de Ocean Press, es una nueva casa editorial latinoamericana que ofrece a sus lectores las voces del pensamiento revolucionario de América Latina de todos los tiempos: Bolívar, Martí, Che Guevara, Fidel Castro, Haydee Santamaría, Roque Dalton, Hugo Chávez, Evo Morales y otros. Inspirada en la diversidad étnica, cultural y de género, las luchas por la soberanía nacional y el espíritu antimperialista, Ocean Sur desarrolla múltiples líneas editoriales que divulgan las reivindicaciones y los proyectos de transformación social de los protagonistas del renacer de Nuestra América.

Publicamos relevantes contribuciones sobre teoría política y filosófica de la izquierda, la historia de nuestros pueblos, la trayectoria de los movimientos sociales y la coyuntura política internacional. Nuestras colecciones, entre ellas, Proyecto Editorial Che Guevara, Fidel Castro, Roque Dalton, Biblioteca Marxista, Proyecto Contexto Latinoamericano, Vidas Rebeldes, Historias desde Abajo, La otra historia de América Latina y Pensamiento Socialista, promueven el debate de ideas como paradigma emancipador de la humanidad. Ocean Sur es un lugar de encuentro.

www.oceansur.com ■ info@oceansur.com